꿈을 향한 도전,
김앤북이 함께 합니다!

「김앤북」은 **편입** 교재 외에 **컴퓨터/IT** 관련 교재,
전기/소방, 미용사/사회복지사 등 전문 **자격 수험서**까지
다양한 분야의 도서를 출간하는 **종합 출판사**로 성장하고 있습니다.

편입수험도서
출판전문

취업실용도서
출판전문

김앤북
KIM&BOOK

합격을 완성할 단 하나의 선택!
편입수험서 No.1 김앤북

축적된 **방대한 자료**와 **노하우**를 바탕으로 **전문 연구진들**의 교재 개발,
실제 시험과 유사한 형태의 **문항**들을 개발하고 있습니다.
수험생들의 **합격**을 위한 **맞춤형 콘텐츠**를 제공하고자 합니다.

내일은 시리즈 (자격증/실용 도서)

자격증

정보처리기사 필기, 실기

컴퓨터활용능력 1급, 2급 실기

빅데이터분석기사 필기, 실기

데이터분석 준전문가(ADsP)

GTQ 포토샵 1급

GTQi 일러스트 1급

리눅스마스터 2급

SQL개발자

실용

코딩테스트

파이썬

C언어

플러터

자바

코틀린

SQL

유니티

전기/소방 자격증

2024 전기기사 필기
필수기출 1200제

2025 소방설비기사 필기
공통과목 필수기출 400제

2025 소방설비기사 필기
전기분야 필수기출 400제

2025 소방설비기사 필기
기계분야 필수기출 500제

김앤북의 가치

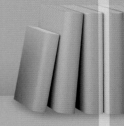

도전 신뢰

끊임없이 개선하며 **창의적인 사고**와 **혁신적인 마인드**를 중요시합니다.
정직함과 **도덕성**을 갖춘 사고를 바탕으로 회사와 고객, 동료에게 **믿음**을 줍니다.

함께 성장

자신과 회사의 **발전**을 위해 **꾸준히 학습**하며, 배움을 나누기 위해 노력합니다.
학생, 선생님 **모두 만족**시킬 수 있는 **최고의 교육 콘텐츠**와 **최선의 서비스**를
위해 노력합니다.

독자 중심

한 명의 독자라도 **즐거움**과 **만족**을 느낄 수 있는 책, 많은 독자들이 함께 **교감**하는
책을 만들기 위해 노력합니다. **분야를 막론**하고 **독자들의 마음속**에 오래도록 깊이
남는 **좋은 콘텐츠**를 만들어가겠습니다.

김앤북은 메가스터디 아이비김영의
다양한 교육 전문 브랜드와 함께 합니다.

김영편입
김영평생교육원
미대편입 Changjo
UNISTUDY
더조은아카데미
 메가스터디아카데미
메가스터디교육그룹 아이비원격평생교육원
엔지니어랩

합격을 완성할 단 하나의 선택

김영편입
영어

2025 중앙대학교

기출문제 해설집

김앤북
KIM&BOOK

합격을 완성할 단 하나의 선택
김영편입 영어
2025 중앙대학교
기출문제 해설집

PREFACE

중앙대 기출문제 해설집, 합격을 향한 완벽 가이드!

편입영어 시험은 단순히 영어 능력만을 평가하는 것이 아니라, 해당 대학에서의 수학능력을 평가하는 도구로서 활용됩니다. 따라서 편입영어 시험에서는 어휘, 문법, 논리, 독해 영역에서 높은 이해도를 요구하며, 이를 통해 학생들의 역량을 평가하게 됩니다.

편입영어 시험은 대학마다 출제 방식이나 난이도가 다르기 때문에, 각 대학의 특성에 맞게 대비해야 합니다. 또한, 자신의 목표와 상황에 따라 적절한 전략을 수립하여 효율적으로 공부하는 것이 중요합니다.

『김영편입 영어 2025 중앙대학교 기출문제 해설집』은 편입 수험생이 2020학년도~2024학년도 중앙대 편입영어 시험에 출제된 문제를 통해 출제경향과 난이도를 파악하여 실전에 대비할 수 있도록 구성했습니다. 연도별 심층분석 자료와 더불어, 중앙대 편입 성공을 이루어 낸 합격자의 영역별 학습법을 수록하였습니다. 지문 해석뿐만 아니라 선택지 해석, 어휘, 문제풀이 분석 및 오답에 대한 설명을 제공하여 편입 시험에 도전하는 수험생을 위하여 기출문제에 대한 자신감을 갖도록 기획했습니다.

김영편입 컨텐츠평가연구소

HOW TO STUDY

기출문제 해설집에 수록된 모든 유형의 문제를 풀어보자!

 5개년 기출문제는 실제 시험의 출제경향과 난이도를 파악할 수 있는 중요한 참고 자료입니다. 기출문제는 연도별 난이도의 편차와 유형의 차이가 존재하므로, 5개년 기출문제를 통해 출제 포인트와 난이도를 파악하고 이에 맞춰 학습목표를 설정하는 것이 중요합니다.

실제 시험과 동일한 환경에서 풀어보자!

편입시험은 제한된 시간에 많은 문제를 풀어야 하기 때문에 시간안배가 중요합니다. 또한 문항별 배점이 다른 대학의 경우 배점이 높은 문제를 먼저 풀어 부족한 시간에 대비하는 것도 필요합니다. 실제 시험장에서 긴장하지 않고 시험환경에 얼마나 잘 적응할 수 있느냐가 고득점의 필수요건이므로, 기출문제집을 통해 이에 대비해야 합니다.

풀어본 문제는 해설과 함께 다시 한 번 확인하여 정리하자!

- 기출문제 해설집에는 지문 해석뿐만 아니라 문제의 해석, 분석, 어휘, 오답에 대한 설명 등이 상세하게 수록됐습니다.

- 어휘는 기출어휘에서 출제되는 경향이 높으므로 표제어뿐만 아니라, 선택지에 제시된 어휘를 잘 정리해서 암기해야 합니다. 출제된 어휘를 상세하게 수록하여 사전의 도움 없이 어휘 학습이 가능하도록 구성했습니다.

- 문법은 문제별 출제 포인트를 제시하고, 해설과 문제에 적용된 문법 사항을 정리하여 문제를 쉽게 이해할 수 있도록 했습니다. 오답 노트를 만들어 취약한 부분을 정리하는 것이 필요하며, 해설이 이해가 안 되는 경우 문법 이론서를 통해 해당 문법 사항을 반드시 이해하고 넘어가야 합니다.

- 논리완성은 문제를 풀기 위해서 문장을 정확히 분석하는 능력을 키우는 동시에 다량의 어휘를 숙지하고 있어야 합니다. 문제에 대한 정확한 해석뿐만 아니라 글이 어떻게 구성되어 해당 어휘가 빈칸에 적절한지에 대한 상세한 분석이 돼 있습니다. 또한 문제 및 선택지에 출제된 어휘도 상세히 수록하여 어휘 학습을 병행하는 데 도움이 되도록 구성했습니다.

- 독해는 편입시험에서 가장 비중이 높은 영역입니다. 지문 해석뿐만 아니라 선택지도 해석이 돼 있어 편입을 처음 접하는 학생들도 쉽게 이해할 수 있도록 구성했으며 오답에 대한 설명을 수록하여 문제의 이해도를 높였습니다.

CONTENTS

교재의 내용에 오류가 있나요?

www.**kimyoung**.co.kr ➡ 온라인 서점 ➡ 정오표 게시판

정오표에 반영되지 않은 새로운 오류가 있을 때에는 교재 오류신고 게시판에 글을 남겨주세요. 정성껏 답변해 드리겠습니다.

문제편

출제경향 및 난이도 분석

▶ ▶ 중앙대 편입영어 시험은 40문항·60분으로 진행됐으며, 영역별 차등배점이 부여됐다. 작년과 마찬가지로 관용어구를 알아야 풀 수 있는 생활영어 문제, No error 보기가 들어있는 문법 문제, 그리고 복잡한 구조와 긴 지문이 특징인 독해 문제가 출제됐다.

2020~2024학년도 중앙대 영역별 문항 수 비교

구분	어휘&생활영어	문법	논리완성	독해	합계
2020학년도	9	3	14	14	40
2021학년도	8	3	15	14	40
2022학년도	8	3	15	14	40
2023학년도	9	3	14	14	40
2024학년도	9	3	14	14	40

2024 중앙대 영역별 분석

어휘&생활영어

구분	2020	2021	2022	2023	2024
동의어	7	6	6	7	7
생활영어	2	2	2	2	2
합계	9/40(22.5%)	8/40(20%)	8/40(20%)	9/40(22.5%)	9/40(22.5%)

▶ ▶ 동의어 유형 7문제와 생활영어 유형 2문제가 출제됐다. 밑줄 친 어휘와 의미가 가장 가까운 것을 고르는 동의어 문제에서는 lurch(=stagger), crockery(=dish), reprehend(=fulminate), vitiate(=invalidate), brackish(=saline), victual(=food), parturition (=delivery)이 출제됐는데, 제시어와 선택지 모두 고급어휘가 출제되어 단어의 정확한 의미를 알지 못했던 수험생들은 문제를 풀기 어려 웠을 것이다. 대화의 흐름상 적절하지 않은 보기를 고르는 생활영어 문제는 관용어구의 이해도를 평가하는 것이 특징이다. pull down(허물어버리다), phase out(단계적으로 폐기하다), cut to the chase(시간 낭비 말고 본론으로 직행하다), pull up one's socks(분발하다), fall head over heels about(~에게 홀딱 반하다), knockout(굉장한 미녀) 등이 출제됐다.

문법

구분	2020	2021	2022	2023	2024
문항 수 (W/E)	3/40(7.5%)	3/40(7.5%)	3/40(7.5%)	3/40(7.5%)	3/40(7.5%)

▶ 문장의 밑줄 친 부분 중 문법적으로 적절하지 않은 보기를 고르는 Written Expression 유형이 3문제 출제됐다. 이번 시험에서는 현재분사와 과거분사의 구분, 정관사 용법, 동사 measure와 명사 measurement를 구분하는 문제가 출제됐다. 특히 정관사 용법을 묻는 문제에서는 '1970년대에(in the 1970s)'와 같이 연도 앞에 정관사가 붙고 그 뒤에는 복수형으로 s가 온다는 사실을 알고 있어야 정답을 고를 수 있었다.

논리완성

구분	2020	2021	2022	2023	2024
문항 수	14/40(35%)	15/40(37.5%)	15/40(37.5%)	14/40(35%)	14/40(35%)

▶ 한 문장으로 이루어진 짧은 문장에서 빈칸을 완성하는 어휘형 빈칸완성 8문제와 단락 길이의 문제에서 빈칸을 완성하는 논리형 빈칸완성 6문제가 출제됐다. 단문의 어휘형 논리완성 문제는 빈칸 전후로 단서가 비교적 명확하게 제시되어 있어서 빈칸에 들어갈 의미를 유추하는 것이 어렵지 않았지만, 선택지로 고급어휘가 제시되어 정답을 푸는 데 어려움이 있었을 것이다. 예를 들어, panegyric(칭찬)과 유사한 의미를 정답으로 고르는 문제가 출제됐는데, 선택지에 anecdote(일화), stipend(봉급, 급료), encomium (칭찬), homily(설교)가 제시되어 선택지의 뜻을 정확히 모를 경우 정답을 고르기 힘들었을 것이다. 논리형 빈칸완성 문제에서는 아이아이 원숭이의 환경 적응, 인상주의의 특징, 17세기의 의료 관행, 복잡한 육지 생태계를 제공해 주는 다양한 식물, 언어가 의사소통에 영향을 미치는 방법, 체내에서 과잉염분을 배출해 주는 바닷물고기의 특수세포 등의 내용이 출제됐고, two-blank 논리 완성 문제에서는 '이유'를 나타내는 접속사 since, 진술된 내용을 '부연 설명'할 때 쓰는 부사 indeed(사실) 등의 연결사를 활용하여 글의 흐름에 적절한 내용을 정답으로 골라야 했다.

독해

구분	2020	2021	2022	2023	2024
지문 수	9	9	9	9	8
문항 수	14/40(35%)	14/40(35%)	14/40(35%)	14/40(35%)	14/40(35%)

▶ 문학과 비문학에서 발췌한 수준 높은 글이 독해 지문으로 출제됐다. 출제된 유형을 살펴보면 단락배열, 문장삽입, 내용추론, 내용일치, 글의 제목, 글의 주제, 빈칸완성, 글의 흐름상 적절치 않은 보기 고르기 등이 나왔는데, 글의 전체 내용을 전반적으로 파악해야 정답을 고를 수 있었다. 출제된 지문의 내용을 살펴보면 인간과 자연의 심오한 관계, 대기의 제일 아래층을 형성하는 대류권, 생물학 혁명이 시작되는 미래, 교정시설에서의 정신건강 치료, 찰스 라이엘(Charles Lyell)의 작품과 생애, 인공지능을 지적 시스템으로 이해하는 방법, 유전학의 하위분야인 후생유전학(epigenetics) 소개 등이 출제됐다.

2025 중앙대 대비 학습전략

▶ 동의어, 생활영어, 논리완성 문제의 경우, 고급어휘와 관용어구가 주로 출제되므로 이에 대한 대비를 해야 한다. 문법은 특정 품사의 용법보다는 전체적인 문장구조 파악에 중점을 두고 문제가 출제되므로, 기출문제나 모의고사 등을 통해 문제에 대한 응용력을 길러야 한다. 그리고 독해는 긴 지문에 비해 문항수가 적어 시간이 부족할 수 있으므로 속독 훈련이 요구되며, 장문의 수준 높은 지문이 문제로 출제되므로 서강대, 성균관대, 한양대 등 상위권 대학의 기출문제를 비롯해 전문 분야를 다루는 저널과 다양한 에세이에 관심을 갖고 배경지식을 습득하는 것이 중요하다.

CHUNG-ANG
UNIVERSITY

중앙대학교

2024학년도 인문계 A형
▶▶ 40문항·60분

[01-07] 다음 문장의 밑줄 친 부분과 가장 가까운 의미를 지닌 것을 고르시오. 각 2점

01 As we walked together, she'd now and then <u>lurch</u> into me.

① stagger   ② jive

③ saunter   ④ glide

02 We manufacture in quality and, relatively speaking, in price the finest and best value <u>crockery</u> in the world.

① cutlery   ② dish

③ glassware   ④ silverware

03 If citizens respond in a negative way to what we are saying, we should be the last people to <u>reprehend</u> them.

① fulminate   ② approve

③ eulogize   ④ override

04 Development programs have been <u>vitiated</u> by the rise in population.

① vilified   ② accentuated

③ invalidated   ④ correctified

05 I am very happy to be able to provide you with this <u>victual</u>.

① ticket   ② food
③ truce   ④ freshet

06 The centurion found the wells in this area were <u>brackish</u>.

① gooey   ② palatable
③ saline   ④ soporific

07 The difficulties anticipated by the doctors at <u>parturition</u> did not materialize.

① diagnosis   ② delivery
③ operation   ④ postmortem

[08-09] 다음의 대화들 중 흐름이 가장 적절하지 않은 것을 고르시오. 각 2점

08
① A: No one is likely to buy it anymore.
   B: We'd better phase it out immediately.
② A: When are we going to open?
   B: Christmas day. The schedule is tight, but we can pull this down.
③ A: Welcome to my office. How was the weather getting in?
   B: I am in a hurry. Let's cut to the chase.
④ A: Is that pizza place legit?
   B: Do you doubt it?

09
① A: I have to wade through the hefty document.
   B: That is right. You need to skim the surface of the subject.
② A: For her re-election, Sam must have pulled up her socks and decided to go the extra mile.
   B: You bet. Every dog has its day.
③ A: I am sure I will hit the jackpot this time.
   B: Wait. Don't count your chickens before they hatch.
④ A: He's fallen head over heels about her.
   B: No wonder. She is a knockout.

10 For companies like FedEx, the ①optimization problem of efficiently ②routing holiday packages is so complicated that they often employ highly ③specializing software to find a solution. ④No error.

11 This concept was developed ①in the 1970 by a group of Dutch women dissatisfied with ②the increasing importation of food and the decreasing number of farms and farmers in ③their communities. ④No error.

12 Lewis Rutherford ①was educated as a lawyer, and among his inventions ②was a micrometer for ③the measure of astronomical photographs. ④No error.

[13-20] 다음 빈칸에 가장 적합한 단어 및 구문을 고르시오. ^각 2점

13 He was sickened by _____ and panegyrics expressed by speakers who had previously been among the first to slander the man.

① anecdotes   ② stipends
③ encomiums   ④ homilies

14 Even though the king was a(n) _____ man, the sudden attack took him by surprise, and his resistance was short-lived.

① inane   ② germinal
③ congenial   ④ redoubtable

15 In 1633, the inquisition of the Roman Catholic Church forced Galileo Galilei to _____ his theory that the Earth moves around the Sun.

① recant   ② retard
③ beatify   ④ buttress

16 The cycles include a wide variety of factors that cause the economy to go from recession to _____ to recession over a period of years.

① anomaly
② obloquy
③ expansion
④ depression

17 The prominence of the independent filmmaker at this time underscores the fact that filmmaking largely remained an individual enterprise at the outset of the twentieth century, _____ the corporatist structure of film production that became synonymous with Hollywood and the studio system by the 1920s.

① removed from
② associated with
③ resulted from
④ collaborated with

18 Arriving in New Orleans days after Hurricane Katrina had passed and without an adequate number of vehicles of its own, the armed forces began to _____ any working form of transportation they could find.

① abrogate
② encumber
③ rehabilitate
④ commandeer

19 Some anthropologists contend that the ancient Egyptians switched from grain production to barley after excessive irrigation and salt accumulation made the soil _____ to grains.

① inhospitable
② acrimonious
③ evanescent
④ benignant

20 Because mercury has a variety of innocuous uses, including in thermometers and dental fillings, few people realize that it is one of the most _____ substances on the planet.

① congenital
② deleterious
③ antiquated
④ rudimentary

21 The government of Madagascar has recently designated portions of the territory and the surrounding islands as protected reserves for wildlife. Madagascar is home to a vast array of unique, exotic creatures. One such animal is the aye-aye. Initially categorized as a member of the order Rodentia, the aye-aye is more closely related to the lemur, a member of the primate order. Since the aye-aye is so different from its fellow primates, however, it was given its own family: Daubento-niidae. The aye-aye is perhaps best known for its large, round eyes and long, extremely thin middle finger. These _____ are quite sensible, allowing the aye-aye to be awake at night and retrieve grubs, which are one of its primary food sources, from deep within hollow branches.

① adaptations
② similitudes
③ prototypes
④ nomenclatures

22 By the late 1880s and early 1890s, Impressionism was a firmly established feature of the art landscape, familiar even outside France, and was continually attracting new followers. Its fate was that of every modern creative concept: on the one hand, traditionalists continued to combat the movement, accusing it of _____ aesthetic norms and, in the broadest of political terms, of undermining the existing order; on the other hand, Impressionism had itself become the target of newer movements with their own new scales of values. Any style is necessarily one-sided and will offer opponents a purchase if they choose to highlight its shortcomings. The Impressionists no longer saw any point in _____ with academic views in order to gain entry to the Salon. Indeed, certain aspects of the Impressionist programme had meanwhile _____ the art that was given official support.

① adhering to — aligning — mirrored
② embracing — opposing — contrasted
③ challenging — departing — superseded
④ abandoning — compromising — influenced

23 Medical practice at the beginning of the 17th century was still largely based on the system of medicine introduced by Hippocrates. This had been consolidated as a comprehensive theoretical system of treatment by Galen in the 2nd century. It was believed that disease was caused by the _____ of the body's four humours. Physicians examined their patients to determine which humour was in excess and prescribed accordingly. Many of the treatments involved bleeding, purgatives, diaphoretics and clysters (enemas) to rid the body of these _____ influences. It was not unusual for heroic treatment to further weaken an already weak patient, although presumably those of a more robust constitution took such medicine in their stride.

① proportion — neutral
② composition — natural
③ imbalance — noxious
④ alignment — beneficial

24 Microbes probably took root on land early in Earth history, but it is plants that changed the world, providing both food and physical structure for complex terrestrial ecosystems. Today, some 400,000 species of land plant account for half of Earth's photosynthesis and an estimated 80 percent of our planet's total biomass. Indeed, Earth's resplendent robe of green is such a _____ feature of our planet that it can be detected from space. In 1990, as NASA's Galileo spacecraft winged toward Jupiter, it trained its mechanical eyes on the distant Earth, revealing in our planet's reflected light a distinctive peak in the so-called Vegetation Red Edge. This signature arises because land vegetation strongly absorbs incoming visible radiation but reflects _____ wavelengths back to space. Visitors to the early Earth would have observed no such feature.

① lugubrious — radioactive
② clairvoyant — embellished
③ pervasive — infrared
④ indigenous — isotopic

25 The importance of language becomes evident when looking at names and terminology, which carry surprisingly strong meanings. For example, recent research shows that the language used to describe health threats can affect people's memory and risk perceptions. Furthermore, the words we choose can influence how well our listeners _____ new information. The use of figurative speech and metaphors, for example, can make abstract concepts easier to grasp.

① hand in   ② take in
③ give in   ④ barge in

26 Saltwater fish drink water through their gills, where it is _____ the bloodstream. Since seawater has a high level of salinity, saltwater fish are at risk of having too much salt in their system. This problem is overcome by using special cells in the gills and scales that excrete excess salt. The other main difficulty that saltwater fish face is that they dehydrate easily. The relative salinity of the seawater that surrounds them is much higher than the water inside their own body, so they are constantly _____ water through osmosis — the process by which water naturally goes from an area of low to high density. To make up for this, saltwater fish urinate infrequently, and in small and highly concentrated amounts.

① passed through — ensuring
② infiltrated in — inhaling
③ enlivened by — keeping
④ diffused into — losing

[27-28] 다음 글을 읽고 물음에 답하시오. 각 3점

To go into solitude, a man needs to retire as much from his chamber as from society. I am not solitary whilst I read and write, though nobody is with me. But if a man would be alone, let him look at the stars.

A The stars awaken a certain reverence, because though always present, they are inaccessible; but all natural objects make a kindred impression, when the mind is open to their influence. Nature never wears a mean appearance. Neither does the wisest man extort her secret, and lose his curiosity by finding out all her perfection. Nature never became a toy to a wise spirit. The flowers, the animals, the mountains, reflected the wisdom of his best hour, as much as they had delighted the simplicity of his childhood.

B When we speak of nature in this manner, we have a distinct but most poetical sense in the mind. We mean the integrity of impression made by manifold natural objects. It is this which distinguishes the stick of timber of the wood-cutter, from the tree of the poet. The charming landscape which I saw this morning, is indubitably made up of some twenty or thirty farms. Miller owns this field, Locke that, and Manning the woodland beyond. But none of them owns the landscape. There is a property in the horizon which no man has but he whose eye can integrate all the parts, that is, the poet. This is the best part of these men's farms, yet to this their warranty-deeds give no title.

C The rays that come from those heavenly worlds, will separate between him and what he touches. One might think the atmosphere was made transparent with this design, to give man, in the heavenly bodies, the perpetual presence of the sublime. Seen in the streets of cities, how great they are! If the stars should appear one night in a thousand years, how would men believe and adore; and preserve for many generations the remembrance of the city of God which had been shown! But every night come out these envoys of beauty, and light the universe with their admonishing smile.

27 위 글의 단락을 논리적 흐름에 맞게 순서대로 배열한 것으로 가장 적합한 것을 고르시오.

① B — A — C ② B — C — A
③ C — B — A ④ C — A — B

The layer of air next to the earth, which extends toward for about 10 miles, is known as the troposphere. On the whole, the troposphere makes up about 75% of all the weight of atmosphere. It is the warmest part of the atmosphere because most of the solar radiation is absorbed by the earth's surface, which warms the air immediately surrounding it. A steady decrease of temperature with increasing elevation is a most striking characteristic of this region, whose upper layers are colder because of their greater distance from the earth's surface and because of the rapid radiation of heat into space. Temperatures within the troposphere decrease about 3.5° per 1,000-foot increase in altitude. Within the troposphere, winds and air currents distribute heat and moisture. Strong winds, called jet streams, are located at the upper levels of the troposphere. These jet streams are both complex and widespread in occurrence. They normally show a wave-shaped pattern and move from west to east at velocities of 150 mph, but velocities as high as 400 mph have been noted. The influences of changing locations and strengths of jet streams upon weather conditions and patterns are no doubt considerable. Current intensive research may eventually reveal their true significance.

28   위 글을 통해 추론할 수 있는 것으로 가장 적합한 것을 고르시오.

① On average, the velocities in the jet streams within the troposphere are around 275 mph.

② The atmosphere is thicker than the remaining 25% of the troposphere for its proximity to the earth.

③ A jet plane will usually have its better rate of speed on its run from Seoul to Washington DC than the other way round.

④ At the top of Jungfrau, about 12,000 feet above the town of Interlaken in Switzerland, the temperature is usually 42° colder than on the ground.

[29-30] 다음 글을 읽고 물음에 답하시오. 각 3.5점

While the 20th century was the century of physics, electronics, and communication, the years to come are considered to be mainly dominated by the biological revolution that already started in the second half of the 20th century as well as nanotechnology. It is an exciting new front that deals with minuscule nanometer-scaled assemblies and devices. Traditionally, miniaturization was a process in which devices became smaller and smaller by continuous improvement of existing techniques. Yet, we rapidly approach the limits of miniaturization using the conventional top-down fabrication tools. One of the key futuristic ways of making tiny machines will be to scale them up from _____. For that purpose, many lessons could be learned about the arrangement of nano-scale machines as occurs in each and every biological system. The living cell is actually the only place in which genuine functional molecular machines, as often described in futuristic presentations of nanotechnology, could actually be found. Molecular motors, ultrasensitive nano-scale sensors, DNA replication machines, protein synthesis machines, and many other miniature devices exist even in the very simple early pre-bacterial cells that evolved more than 3 billion years ago. When we climb higher on the evolution tree, the nanomachines of course become more sophisticated and powerful. Yet, only billions of years after life emerged, we are beginning to utilize the concepts of recognition and assembly that lead to the formation of nano-scale machines for our technological needs. On the other hand many principles and applications of nano-technology that were developed for non-biological systems could be very useful for immediate biological applications such as advanced sensors and molecular scaffolds for tissue engineering as well as long-term prospects such as *in situ* modifications at the protein and DNA levels.

While the fields of nanobiotechnology and bionanotechnology are very new, their prospects are immense. The marriage between biotechnology and nanotechnology could lead to a dramatic advancement in the medical sciences. It may well be a place in which many of the current diseases and human disorders will be eradicated. In a reasonable time-scale, cancer and AIDS may be regarded in the same way that polio and tuberculosis are being considered now. Genetic defects could be identified and corrected already even before birth. Nano-scale robots that may be inserted into our body could perform very complicated surgical tasks such as a brain surgery.

29 빈칸에 들어가기에 가장 적합한 것을 고르시오.

① the bacterial level   ② the physical level

③ the molecular level   ④ the atomic level

30 위 글을 통해 추론할 수 <u>없는</u> 것을 고르시오.

① The 21st century is dominated by biological revolution and nanotechnology, a shift from traditional sciences.

② Nanobiotechnology barely promises treatments for diseases such as cancer and AIDS, similar to the way cures were found for polio and tuberculosis.

③ Miniaturization approaches its limits; future technology focuses on nano-scale machine development.

④ Nano-scale robots and machines could revolutionize the medical technologies, performing intricate surgeries and cellular-level manipulations.

[31-32] 다음 글을 읽고 물음에 답하시오. 각 3.5점

　　In Baltimore, as in many communities with a lot of drug addicts, the city sends out a van stocked with thousands of clean syringes to certain street corners in its inner-city neighborhoods at certain times in a week. The idea is that for every dirty, used needle that addicts hand over, they can get a free clean needle in return. Ⓐ<u>In principle</u>, needle exchange sounds like a good way to fight AIDS, since the reuse of old HIV-infected needles is responsible for so much of the virus's spread. But, at least on first examination, it seems to have some Ⓑ<u>obvious limitations</u>. Addicts, for one, aren't the most organized and reliable of people. So what guarantee is there that they are going to be able to regularly Ⓒ<u>break into</u> the needle van? Second, most heroin addicts go through about one needle a day, shooting up at least five or six times — if not more — until the tip of the syringe becomes so blunt that it is _____. They need a lot of needles. How can a van, coming by once a week, serve the needs of addicts who are shooting up Ⓓ<u>around the clock</u>? What if the van comes by on Tuesday, and by Saturday night an addict has run out? To analyze how well the needle program was working, researchers at Johns Hopkins University began to ride along with the vans in order to talk to the people handing in needles.

---

31 빈칸에 들어가기에 가장 적합한 것을 고르시오.

① effective　　　　　　② useless

③ refined　　　　　　　④ weighty

32 위 글에서 논지의 흐름상 가장 적합하지 <u>않은</u> 것을 고르시오.

① Ⓐ　　　　　　　　② Ⓑ

③ Ⓒ　　　　　　　　④ Ⓓ

The mental health movement in the United States began with a period of considerable enlightenment. Dorothea Dix was shocked to find the mentally ill in jails and almshouses and crusaded for the establishment of asylums in which people could receive humane care in hospital-like environments and treatment which might help restore them to sanity. By the mid 1800s, 20 states had established asylums, but during the late 1800s and early 1900s, in the face of economic depression, legislatures were unable to appropriate sufficient funds for decent care. A Asylums became overcrowded and prison-like. Additionally, patients were more resistant to treatment than the pioneers in the mental health field had anticipated, and security and restraints were needed to protect patients and others. Mental institutions became frightening and depressing places in which the rights of patients were all but forgotten.

These conditions continued until after World War II. At that time, new treatments were discovered for some major mental illnesses theretofore considered untreatable (penicillin for syphilis of the brain and insulin treatment for schizophrenia and depressions), and a succession of books, motion pictures, and newspaper exposés called attention to the plight of the mentally ill. B Improvements were made, and Dr. David Vail's Humane Practices Program became a beacon for today. But changes were slow in coming until the early 1960s. At that time, the Civil Rights movement led lawyers to investigate America's prisons, which were disproportionately populated by blacks, and they in turn followed prisoners into the only institutions that were worse than the prisons — the hospitals for the criminally insane. The prisons were filled with angry young men who, encouraged by legal support, were quick to demand their rights. C The young cadre of public interest lawyers liked their role in the mental hospitals. The lawyers found a population that was both passive and easy to champion. These were, after all, people who, unlike criminals, had done nothing wrong. And in many states, they were being kept in horrendous institutions, an injustice, which once exposed, was bound to shock the public and, particularly, the judicial conscience. Patients' rights groups successfully encouraged reform by lobbying in state legislatures.

Judicial interventions have had some definite positive effects, but there is growing awareness that courts cannot provide the standards and the review mechanisms that assure good patient care. D The details of providing day-to-day care simply cannot be mandated by a court, so it is time to take from the courts the responsibility for delivery of mental health care and assurance of patients rights and return it to the state mental health administrators to whom the mandate was originally given.

33 아래의 문장이 들어갈 위치로 가장 적합한 곳을 고르시오.

The hospitals for the criminally insane, by contrast, were populated with people who were considered "crazy" and who were often kept obediently in the place through the use of severe bodily restraints and large doses of major tranquilizers.

① Ⓐ   ② Ⓑ
③ Ⓒ   ④ Ⓓ

34 위 글의 제목으로 가장 적합한 것을 고르시오.

① Development of Mental Health Treatment in Correctional Facilities
② Reform of Asylums after the Civil Rights Movement
③ Long-term Care of the Mentally Ill for the Benefit of Community
④ Role of the Judicial Interventions in Improving the Mental Institutions

[35-36] 다음 글을 읽고 물음에 답하시오. 각 3.5점

By 1829 Lyell was beginning to formulate an idea that would occupy him all his life, namely that present day natural forces could explain all geological events and there was no need for catastrophes in the geologic past. Cuvier and Brongniart had published an important study of the sediments and fossils of the Paris basin in 1811. They saw that freshwater shells alternated with marine shells, and they interpreted this to be due to revolutions in Earth history, but Lyell thought the pattern could also be explained by slow alternation between freshwater and marine conditions. He saw a similarity between present-day Scottish lake sediments that he had studied earlier and the older Paris sediments, and saw no need to invoke Earth revolutions. His travels to volcanic areas in Italy led him to the same conclusion.

Lyell practiced law from 1825 to 1827 but poor eyesight suggested he needed a different career, and he chose geology. He was elected a fellow of the Geological Society in 1826. In 1828 he visited the Auvergne volcanic region in south-central France with Murchison. In 1831 he was appointed professor at King's College London where he lectured in geology, but did not remain there for long. His interests turned to publishing a book on geology, possibly for better financial gain compared to that of academia. He published the first edition of his most important work, *Principles of Geology*, in three volumes between 1830 and 1833; it was very popular among the general public and underwent twelve editions (the last edition being posthumous).

For Lyell, not only were presently operative causes able to explain past events, but _____. This made his book quite controversial, especially among catastrophists such as Sedgwick and Conybeare. Lyell also did not accept that the Earth was undergoing long-term cooling, which would have invalidated his uniformity of nature assumption. Lord Kelvin, the English physicist repeatedly pointed out that Lyell's view violated the second law of thermodynamics.

Charles Darwin and Lyell became good friends: "I saw more of Lyell than of any other man both before and after my marriage. His mind was characterized, as it appeared to me, by clearness, caution, sound judgment and a good deal of originality." Lyell welcomed Darwin's new theory on coral reefs but was much less enthusiastic about Darwin's natural selection theory in *Origin of the Species* (1859). For Lyell, the evolution of the species implied a progressive path which was inconsistent with his repetitive cyclic approach and his concept of uniformity in nature.

35 빈칸에 들어가기에 가장 적합한 것을 고르시오.

① he thought cataclysmic events played a significant role in the formation of the Earth's surface

② he implausibly maintained their intensity was the same as today

③ he firmly believed the laws that govern geologic processes had changed during Earth's history

④ he argued that the Earth had largely been shaped by sudden, short-lived, and violent events

36 위 글의 내용과 일치하지 않는 것을 고르시오.

① Lyell's view of constant past and present natural forces clashed with catastrophists and violated thermodynamics principles.

② Lyell argued that slow and continuous natural forces could explain Earth's geological history.

③ Lyell, initially a lawyer, became a renowned geologist and authored *Principles of Geology*.

④ Darwin and Lyell were close; Lyell admired Darwin's coral reef theory, agreeing with his concept of natural selection.

Let's ask the deceptively simple question, What is artificial intelligence? If you ask someone in the street, they might mention Apple's Siri, Amazon's cloud service, Tesla's cars, or Google's search algorithm. If you ask experts in deep learning, they might give you a technical response about how neural nets are organized into dozens of layers that receive labeled data, are assigned weights and thresholds, and can classify data in ways that cannot yet be fully explained.

A In 1978, when discussing expert systems, Professor Donald Michie described AI as knowledge refining, where "a reliability and competence of codification can be produced which far surpasses the highest level that the unaided human expert has ever, perhaps even could ever, attain." In one of the most popular textbooks on the subject, Stuart Russell and Peter Norvig state that AI is the attempt to understand and build intelligent entities. "Intelligence is concerned mainly with rational action," they claim. "Ideally, an intelligent agent takes the best possible action in a situation."

B What are the social and material consequences of including AI and related algorithmic systems into the decision-making systems of social institutions like education and health care, finance, government operations, workplace interactions and hiring, communication systems, and the justice system? There are a lot of issues on code and algorithms or the latest thinking in computer vision or natural language processing or reinforcement learning.

C Each way of defining artificial intelligence is doing work, setting a frame for how it will be understood, measured, valued, and governed. If AI is defined by consumer brands for corporate infrastructure, then marketing and advertising have predetermined the horizon. If AI systems are seen as more reliable or rational than any human expert, able to take the "best possible action," then it suggests that they should be trusted to make high-stakes decisions in health, education, and criminal justice.

D When specific algorithmic techniques are the sole focus, it suggests that only continual technical progress matters, with no consideration of the computational cost of those approaches and their far-reaching impacts on a planet under strain.

37 위 글에서 논지의 흐름상 가장 적합하지 않은 것을 고르시오.

① Ⓐ ② Ⓑ
③ Ⓒ ④ Ⓓ

38 위 글의 주제로 가장 적합한 것을 고르시오.

① The primary reason for focusing on AI's rational and intelligent action
② The various ways of defining and understanding AI as an intelligent system
③ The importance of human experts in managing AI systems
④ The computational impacts on AI's high-stakes decisions

It has been a long-held belief within the field of biology that our DNA is fixed and unchangeable. While environmental factors may cause us to gain weight, lose a limb, or contract a virus, our underlying genetic sequence will remain constant. ⒜However, this popular view among scientists is beginning to shift towards a more fluid definition of the human genome; a new subfield within genetics, epigenetics, is exploring how environmental factors can actually change the expression of our genetic code throughout the course of our lives.

Epigenetics is the study of heritable changes to the cellular phenotypes of the DNA sequence, changes that have occurred as a result of external environmental factors after conception. ⒝Environmental factors are able to stimulate a particular gene, switching it on or off or altering it in some way. Through cellular division, the changes to the gene then have the potential to be passed on as heritable traits in subsequent generations.

One way that scientists are delving into epigenetic inquiry is by studying heritability in animals. ⒞Scientists have been able to show that when a rat is subjected to a stressful environment during pregnancy, epigenetic changes to the fetus can engender behavioral problems in the rat's progeny as they mature and reach adulthood.

Scientists are also using human twins to better understand epigenetics and a related process called DNA methylation. DNA methylation causes genes to be expressed either stronger or weaker. By testing DNA samples taken from identical twins, scientists are able to identify areas where DNA methylation has impacted the expression of a particular gene in the sequence. ⒟Since identical twins have identical DNA, creating a methylation profile for each twin allows scientists to account for any subtle to extreme differences in behavior, closing the window to understanding how epigenetic processes affect both our personalities and our genetic code.

Epigenetics is still in the nascent stages of its development as a field of biological study, but it is nonetheless an incredibly exciting and groundbreaking area. It throws a wrench into Darwin's theory of evolution since it demonstrates how evolutionary changes can occur within one generation instead of spanning thousands of years. The possibility of such rapid evolutionary changes has major implications for how we think of not only life on earth but also the power we have to impact it, for better or worse.

39 위 글의 흐름상 가장 적합하지 <u>않은</u> 것을 고르시오.

① Ⓐ   ② Ⓑ

③ Ⓒ   ④ Ⓓ

40 위 글의 내용과 일치하는 것을 고르시오.

① Epigenetics is a subfield of biological study focusing on the variability of heritability.

② Darwin's theory illustrates the way evolutionary changes go along with epigenetics.

③ DNA methylation profiles show where DNA structures have affected the environmental factors.

④ Biological changes are not determined by the function of DNA in both animals and humans.

공부도 다이어트!
늘려가는게 아니라 점점 줄여가야 합니다.

박○수

중앙대학교 사회학과
편입구분: 일반편입

어휘 학습법

2월부터 5월까지는 하루 평균 400개의 단어를 암기했고, 단어에만 약 4~6시간 정도를 투자했습니다. 시험이 끝나는 1월까지도 계속해서 고난이도의 새로운 단어들을 외웠습니다. 숙제와 기출풀이 시 모르는 단어들은 개별적으로 노트에 적어 늘 손에 갖고 다니며 암기했습니다. 아무리 외워도 모르는 단어와 비슷하게 생긴 단어, 유의어들은 전부 포스트잇에 적어 벽면에 붙여 생활 속에서도 눈에 익도록 하였습니다.

문법 학습법

2월부터 문법 기초를 시작했으며 10월까지 정병권 선생님의 문법 커리 교재들은 권별로 12회독 정도 했습니다. 11월에는 다시 문법 기초를 복습하고자 백지 공부법으로 2주 내로 빠르게 정리했습니다. 이때 불안한 문법들만 모아 따로 정리했습니다.

논리 학습법

논리에서 가장 중요한건 '정확성' 잡기입니다. 단문 논리든, 장문 논리든 반드시 빈칸과 비슷한 유의어나 반의어가 들어간다는 것을 알게 되었고, 절대 감으로 문제를 풀려고 하지 않았으며, 빈칸에 적합한 단어를 찾기 위해 지문 내에서 단어의 정확성을 파악하는 눈을 키우려고 노력했습니다.

독해 학습법

정병권 선생님의 트레이드마크 '이분법'을 반드시 모든 독해지문에 적용하도록 노력했고 1/3부분에서는 글의 전체 주제와 이분법을 잡고, 2/3까지 이분법을 이어가도록 읽었습니다. 이분법으로 접근하면 아무리 어렵고 난해한 지문이어도 제대로 이해할 수는 없어도 문제는 풀 수 있습니다. 특히 제한시간 관리가 매우 중요한 한양대, 중앙대, 한국외대, 숭실대는 지문당 2~5분 내로 문제를 풀어야 하므로, 11월부터는 한 지문당 최대 5분을 맞춰놓고 연습했습니다. 대중교통에서 뉴욕타임스, 코리아헤럴드, 브레이킹뉴스같은 영어 신문을 보면서 이동했습니다. 독해 지문에 정치, 사회, 경제 소재들이 자주 등장하기 때문에 영어 신문이 도움이 된 것 같습니다.

중앙대학교 | 2023학년도 일반·학사편입 A형 | 40문항·60분

어휘&생활영어

▶ 동의어 유형에서는 exponential(=rampant), pedestrian(=uninteresting), chasten(=moderate), irascible(=choleric), ribald (=salacious), alacrity (=eagerness), sleazy(=trashy)가 출제됐다. 대화의 흐름상 적절하지 않은 보기를 고르는 생활영어 문제는 관용어구의 이해도를 평가하는 것이 특징이다. as sure as death(확실히), as proud as a peacock(거만한), as dry as a bone(바싹 마른, 앙상한), as cute as a button(귀여운)과 같은 as ~ as 관용표현, swing it(잘 해내다), on a shoestring(돈을 아주 적게 쓰는), a feather in one's cap(자랑거리), keep one's head above water(빚을 안 지고 있다) 등이 출제됐다.

문법

▶ 문장의 밑줄 친 부분 중 문법적으로 적절하지 않은 보기를 고르는 Written Expression(W/E) 유형이 3문제 출제됐다. 출제된 문법 사항으로 동명사의 태, 선행사와 주격관계대명사절 안에 있는 동사의 수일치, 분사의 용법, 특정 명사와 호응하는 전치사 등이 있었다.

논리완성

▶ 단문의 어휘형 논리완성 문제는 빈칸을 해결할 수 있는 단서가 비교적 명확하게 제시되어 있어 문맥상 빈칸에 들어갈 의미를 유추하기 어렵진 않았지만, 선택지에 제시된 단어가 고급 어휘로 구성되어 있어 문제를 풀기 어려웠다. 출제된 대표적인 문제에는 위내시경으로 생길 수 있는 인후통을 가라앉히는 약인 sedative(진정제)를 고르는 문제, 글로벌 식물 시스템의 목표가 어떤 것으로부터 보호하는 것이라고 했는데, 빈칸 뒤에 기후, 정치, 인간의 실수를 열거해 '예측 불허의 가변성'을 뜻하는 vagary를 고르는 문제, ecosystem(생태계)과 호응하면서 문제에 언급된 항목을 연관 지어 arboreal(수목의)을 고르는 문제 등이 출제됐다. 논리형 빈칸완성 문제에서는 이주 작가가 모국어 대신 다른 언어로 글을 쓰는 것에 대한 사람들의 인식 문제(언어적 배신행위), 빛을 활용하는 사진작가에게 있어 밝은 하늘의 의미, 아프리카와 달리 신대륙에서 대형 동물이 사라지게 된 이유, 대체 코팅 기술 개발에 사용되어 온 생체 모방의 단점 등의 내용이 출제됐고, two-blank 논리완성 문제에서는 문맥상 적절한 어휘와 글의 흐름에 적절한 연결사를 동시에 물어봤다.

독해

▶ 지문이 길고, 대부분의 문제가 글의 요지 및 제목, 내용일치, 글의 흐름상 적절하지 않은 문장 고르기, 단락배열과 같은 전체 내용 파악과 관련한 문제여서 문제를 푸는 데 많은 시간이 요구됐다. 출제된 독해 지문의 내용을 살펴보면, 간헐적 단식의 이점과 권고사항, 인류언어학과 사회언어학의 차이점, 컴퓨터 인터페이스 체제의 변화, 사람들이 재난 상황을 시청하는 이유, 제1차 세계대전의 심각하고 치명적인 후유증, 학문 자본주의가 미국 고등(대학) 교육에 미치는 영향, 최소 침습 수술 기술을 훈련하는 데 도움이 되는 새로운 교육 방법 등이 나왔다.

CHUNG-ANG
UNIVERSITY

중앙대학교　　2023학년도 일반·학사편입 A형
　　　　　　　　▶▶ 40문항·60분

[01-07] 다음 문장의 밑줄 친 부분과 가장 가까운 의미를 지닌 것을 고르시오. 각 2점

01　The potential for <u>exponential</u> growth is practically a necessity for the new social entrepreneurs.

　　① rampant　　　　　　　② discreet
　　③ incessant　　　　　　④ veracious

02　The movie received some glowing reviews from film critics, but I found it <u>pedestrian</u>.

　　① exaggerated　　　　　② officious
　　③ embellished　　　　　④ uninteresting

03　Americans who enter France as missionary church planters ought to <u>chasten</u> their optimism and approach the French wall of separation with humility.

　　① outstretch　　　　　② substantiate
　　③ moderate　　　　　　④ detonate

04　There is nothing clear but the allegation of an <u>irascible</u> doctor at the other end of the telephone, ringing up somebody late at night.

　　① inclement　　　　　　② choleric
　　③ desperate　　　　　　④ genial

05 Some of the movie's most <u>ribald</u>, and thus funniest, scenes were cut for showing on broadcast television.

① innocuous
② eccentric
③ salacious
④ ludicrous

06 The <u>alacrity</u> with which Northerners enlisted for military service whenever warfare flared up on the border speaks for itself.

① eagerness
② sincerity
③ fugitiveness
④ encumbrance

07 Whether you label her as talented, attractive, <u>sleazy</u> or fake, you can't deny the mark she has left as a Hollywood legend.

① swarthy
② trashy
③ lazy
④ testy

[08-09] 다음의 대화들 중 흐름이 가장 적절하지 않은 것을 고르시오. 각 2점

08 ① A: Is there a pretty good chance that you'll finish on time?
　　B: Yes, it is as sure as death.
② A: Do you think she will admit to her mistake?
　　B: I doubt it. She's as proud as a peacock.
③ A: Is there any chance he'll change his mind?
　　B: No way. He's as dry as a bone.
④ A: Have you seen the new baby? How is she?
　　B: She's as cute as a button.

09 ① A: Can we go to the movies?
　　B: I wish I could, but I can't swing it today.
② A: Can we move up the meeting?
　　B: That's a good idea. I want to meet them later.
③ A: Out of the blue, he opened up a business on a shoestring.
　　B: That's a feather in his cap.
④ A: I'm racking my brain to find a way to keep my head above water.
　　B: I didn't know you were hard up.

10 Parents shouldn't fool themselves ①into thinking that they can keep their kids from making mistakes, ②which is part of growing up and ③being learned. ④No error.

11 Eventually, however, an area was discovered, bare generally, ①but possessing isolated areas of vegetation which ②was raised considerably above the general level of the bare area and the upper edges ③of which were undercut — roots being exposed — strongly suggesting the existence of a surface sand blast. ④No error.

12 Humming birds, some of the smallest birds ①found on Earth, possess the ability to flap their wings at incredible ②speeds seemingly unfitting their small stature, but nonetheless ③useful for their survival. ④No error.

13 Most gastroscopies are done without any problem. Some people have a mild sore throat for a day or so afterwards. You may feel tired or sleepy for several hours if you have _____. There is a slightly increased risk of developing a chest infection or pneumonia following a gastroscopy.

① expectorants   ② constipants
③ sedatives   ④ antacids

14 The goal of the new global plant bank system is to protect the precious stored plant genes from the _____ of climate, politics, and human error.

① impunities   ② interlocutions
③ ripostes   ④ vagaries

15 The extremes of heat and cold are _____ to the formation of the sanguine temperament, either in maintaining it as an inherited peculiarity, or in developing it out of other constitutions.

① conducive   ② effusive
③ recumbent   ④ incandescent

16 One practical way of protecting the tribes is to limit the activities of the loggers; the Brazilian government has already closed down 28 illegal sawmills in Acre state. Another is to _____ curious tourists.

① aspirate   ② deter
③ upbraid   ④ uplift

17 The _____ ecosystem is vitally important to global and local biogeochemical processes, the maintenance of biodiversity in natural systems, and human health in urban environments.

① ethereal   ② nautical
③ somatic   ④ arboreal

18 An American artist _____ the solemnity of the artistic gesture and brings the work of art to a playful object to lampoon the cult of personality and the idea of becoming a celebrity.

① venerates   ② enlivens
③ desecrates   ④ conscripts

19 If the management does not learn how to _____ its product to the market in a more affordable and desirable way, they run the risk of having to close the business altogether.

① retch   ② attribute
③ traduce   ④ gear

20
The antonym of "betrayal" is "loyalty" or "allegiance." Uneasy about those words, the migrant writer feels guilty because of his physical absence from his native country, which is conventionally viewed by some of his countrymen as "desertion." Yet the ultimate betrayal is to choose to write in another language. No matter how the writer attempts to rationalize and justify adopting a foreign language, it is an act of betrayal that alienates him from his mother tongue and directs his creative energy to another language. This linguistic betrayal is the ultimate step the migrant writer dares to take; after this, any other act of _____ amounts to a trifle.

① estrangement
② recapitulation
③ abatement
④ mollification

21
Light literally reveals the subject. Without light, there is nothing: no sight, no color, no form. How light is pursued and captured is the photographer's constant challenge and constant joy. Photographers watch it dance across a landscape or a face, and they prepare for the moment when it illuminates or softens or ignites the subject before them. Light is rarely interesting when it is _____. They may be the only people at the beach or on the mountaintop praying for clouds, _____ nothing condemns a photograph more than a blazingly bright sky. Light is usually best when it is fleeting or dappled, razor sharp or threatening or atmospheric.

① amiss — when
② vacillating — but
③ awry — although
④ flawless — because

22 Ironically, the long human presence in Africa is probably the reason the continent's species of big animals survive today. African animals co-evolved with humans for millions of years, as human hunting prowess gradually progressed from the _____ skills of our early ancestors. That gave the animals time to learn a healthy fear of man and, with it, a healthy avoidance of human hunters. _____, North and South America and Australia were settled by humans only within the last tens of thousands of years. To the misfortune of the big animals of those continents, the first humans they encountered were already fully modern people, with modern brains and hunting skills. Most of those animals — wooly mammoths, saber-toothed cats, and in Australia marsupials as big as rhinoceroses — disappeared soon after humans arrived. Entire species may have been exterminated before they had time to learn to beware of hunters.

① ingenious — Consequently
② rudimentary — In contrast
③ dexterous — On the other hand
④ deciduous — As a result

23 A well-known nutrition consultant believes that there are really two different kinds of trends. The first kind develops from a(n) _____ of interest. It can come from a new book or a study that presents a new theory. Scientific research often contributes to new nutrition trends. These kinds of trends are usually promoted by the media and continue until the public loses interest. The second kind of trend occurs when a major milestone happens. When there's a food recall or people die from a food-related disease, people stop and think.

① groundswell
② respite
③ asperity
④ qual

24 He is a mesmerizing _____, the kind who collects the stories he hears on the street and then reprises the voices of the storytellers, many of them long gone. Although lightly struck, that elegiac note reverberates throughout his book, which begins as one sad drunk's personal quest for redemption and becomes a lament for all the old familiar things that are now almost lost, almost forgotten.

① renderer　　　　　　　　　② necromancer
③ raconteur　　　　　　　　　④ manumitter

25 We leaned against the wall, smoking, and the tramps began to talk about the spikes they had been in recently. It appeared from what they said that all spikes are different, each with its peculiar merits and demerits, and it is important to know these when you are on the road. An old hand will tell you the _____ of every spike in the country, as: at A you are allowed to smoke but there are bugs in the cells; at B the beds are comfortable but the porter is a bully; at C they let you out early in the morning but the tea is undrinkable; at D the officials steal your money if you have any — and so on interminably.

① peculiarities　　　　　　　② iniquities
③ configurations　　　　　　 ④ neotinies

26 Biomimicry has been used to develop alternative coating techniques. First, the metal is treated with strong base or acid. This treatment transforms the surface into an alkali salt or hydrated oxide. These show negative surface charges, so they can attract Ca^{2+} and cause calcium phosphate to grow on the implant. However, a disadvantage of this method is that it can cause surface problems, and these can _____ the survival of the implants. In addition, these methods cannot be used to coat stainless steel because its alkali salts and oxides do not show negative surface charges.

① succor　　　　　　　　　　② extrude
③ affect　　　　　　　　　　④ engender

[27-29] 다음 글을 읽고 물음에 답하시오. 각 3점

Why does intermittent fasting appear to work? Is it really possible to experience weight loss and other health benefits by adjusting our eating schedule? Scientists know that when we eat, carbohydrates break down into sugars, which are burned for energy. Sugar that isn't burned is transferred to fat cells with the help of insulin. When we don't eat, our insulin levels go down, and consequently, our fat cells release their sugars as energy. A long period of fasting allows the insulin to decrease and our body to burn unwanted fat. Apart from weight loss, studies have shown that people at risk of diabetes who followed a time-restricted fast and only ate between 7 a.m. and 3 p.m. experienced lower insulin levels as well as lower blood pressure.

If intermittent fasting sounds interesting, experts offer the following advice for successfully adapting it into your lifestyle. First, there are certain groups who should not fast, including pregnant and breastfeeding women, people who take multiple daily medications for chronic illnesses (including diabetes), and people with a history of eating disorders. They also advise that intermittent fasting is not a license for eating whatever you want. It works best when fasters eat a diet rich in fruits, vegetables, and whole grains. If you are concerned about a deficiency in any nutrients, additional vitamins are recommended. Fasters should stay hydrated and should drink water even during the non-eating hours. Initially, fasters may feel moody and fatigued. These uncomfortable feelings should decrease after a few weeks, as the body gets used to the new pattern of eating and fasting.

27 위 글의 내용과 가장 거리가 먼 것을 고르시오.

① The experts recommend people who already have diabetes and take medications not to fast.

② A decrease in insulin results from fat cells releasing energy.

③ The benefits of intermittent fasting can be observed in a certain amount of time.

④ The intermittent fasting should be carried out with careful diet.

Anthropological linguistics is the sub-field of linguistics which is concerned with the place of language in its wider social and cultural context, its role in forging and sustaining cultural practices and social structures. As such, it may be seen to overlap with another sub-field with a similar domain, sociolinguistics, and in practice this may indeed be so. Still, however, they are distinct from each other in some respects. Anthropological linguistics views language through the prism of the core anthropological concept, culture, and, as such, seeks to uncover the meaning behind the use, misuse or non-use of language, its different forms, registers and styles. It is an interpretive discipline peeling away at language to find cultural understandings. Sociolinguistics, on the other hand, views language as a social institution, one of those institutions within which individuals and groups carry out social interaction. It seeks to discover how linguistic behavior patterns with respect to social groupings and correlates differences in linguistic behavior with the variables defining social groups, such as age, sex, class, race, etc.

28 다음 중 윗글의 내용과 가장 일치하는 것을 고르시오.

① Anthropological linguistics tries to discover the hidden meaning behind the misuse of language.

② Sociolinguistics focuses on the forms and registers, and styles of language to understand cultural practices.

③ Anthropological linguistics employs interpretive approach in analyzing the variables of linguistic behaviors.

④ Sociolinguistics regards language not as a social institution but as an individual linguistic pattern of each social group.

As computer interfaces evolved, most famously thanks to new design patterns arising from Xerox PARC's laboratories and maturing at Apple Computer and Microsoft, the computer screen evolved from a repository for symbolic, textual, master-slave dialogue to a two-dimensional graphical blackboard. With graphical representations of folders, trash cans, and other physical concepts, the computer screen shifted from syntax to metaphorical representation. ⒶThe advent of windows arranged across a computer screen added a wholly new interaction paradigm: that of multiple instantiations of interaction, all occurring in parallel. ⒷIn this graphically centered world, human users depend upon their sense of physical spatiality alongside symbolic understanding and furthermore can invoke multiple computer operations simultaneously across multiple windows, awaiting results from each window, in any presented order. ⒸThe earlier interleaved, synchronized, master-slave model was replaced by new relationships: now computers no longer simply responded in lock step to human commands. ⒹThe modern internetconnected machine, from televisions and mobile phones to refrigerators, is a small node in a highly connected system of knowledge and reaction that spans the world. Computers were busy with multiple activities and would notify humans of results episodically, as they happened to be available.

29 위 글의 흐름상 가장 적합하지 <u>않은</u> 문장을 고르시오.

① Ⓐ   ② Ⓑ

③ Ⓒ   ④ Ⓓ

Early in the morning, while all things are crisp with frost, men come with fishing-reels and slender lunch, and let down their fine lines through the snowy field to take pickerel and perch; wild men, who instinctively follow other fashions and trust other authorities than their townsmen, and by their goings and comings stitch towns together in parts where else they would be ripped.

A The latter raises the moss and bark gently with his knife in search of insects; the former lays open logs to their core with his axe, and moss and bark fly far and wide. He gets his living by barking trees. Such a man has some right to fish, and I love to see nature carried out in him. The perch swallows the grub-worm, the pickerel swallows the perch, and the fisher-man swallows the pickerel; and so all the chinks in the scale of being are filled.

B They sit and eat their luncheon in stout fear-naughts on the dry oak leaves on the shore, as wise in natural lore as the citizen is in artificial. They never consulted with books, and know and can tell much less than they have done. The things which they practice are said not yet to be known. Here is one fishing for pickerel with grown perch for bait.

C You look into his pail with wonder as into a summer pond, as if he kept summer locked up at home, or knew where she had retreated. How, pray, did he get these in midwinter? Oh, he got worms out of rotten logs since the ground froze, and so he caught them. His life itself passes deeper in nature than the studies of the naturalist penetrate; himself a subject for the naturalist.

30 위 글의 단락 A, B, C를 논리적 흐름에 맞게 순서대로 배열한 것으로 가장 적합한 것을 고르시오.

① A → B → C
② B → A → C
③ A → C → B
④ B → C → A

[31-32] 다음 글을 읽고 물음에 답하시오. 각 3점

Like most of us, you have probably spent too many hours captivated by television images of people suffering through all our worst nightmares: You might have seen them fleeing a deadly tide, stumbling out of bombed subway tunnels, or walking past the destruction of hurricane in the streets of a great American city. And after that first it-can't-happen-here moment of horror, you probably also experienced a confusing flood of other emotions. One moment you're crying along with a father who's lost everything; the next moment you turn away with contempt toward the victims, or in embarrassment over your own voyeuristic curiosity. Why do we watch? Why do we grow so emotional about people we'll never meet? Why do we sit through endless replays of the same horrible scenes Ⓐ_____ maybe this time they'll come out differently?

Scientists say we watch partly for self-preservation: Paying attention to other people's disaster is a way to keep the same things from happening to us. That's one reason we like thrillers and shark-attack movies so much. It may seem shocking to associate the experience of a hurricane with watching a horror movie. But scary reality and scary fantasy both affect biological systems that have evolved to help us save our own lives. Psychologists call it Ⓑ_____ fear, and the explanation starts with the victims themselves. Let's say you narrowly escaped the flooding of a hurricane. "Flashbulb memories" of the event are probably imprinted on your brain, particularly in the amygdala, which is your Ⓒ_____ fear center. If you then encounter some hint of that experience — a cloud formation, a change in the wind — the amygdala's role is to put you on alert before your conscious mind suspects that anything is wrong. That way, you have a head start on your escape route and a better chance of getting out alive.

31 빈칸 Ⓐ, Ⓑ, Ⓒ에 들어가기에 가장 적합한 것을 고르시오.

① whether — innate — unconscious
② while — unexpected — pathological
③ as if — instructed — subconscious
④ though — aseptic — instinctive

32 위 글의 요지로 가장 적합한 것을 고르시오.

① When you watch disaster movies on TV, your amygdala makes you feel the fear of the victims.

② You try to identify the feelings that the characters in the thriller movies experience.

③ Watching danger in the disaster movies affects our biological systems.

④ Watching disasters on TV can help people avoid or survive similar situations in the future.

[33-34] 다음 글을 읽고 물음에 답하시오. 각 3점

It is impossible even now to describe what actually happened in Europe on August 4, 1914. The days before and the days after the first World War are separated not like the end of an old and the beginning of a new period, but like the day before and the day after an explosion. Yet this figure of speech is as inaccurate as are all others, because the quiet of sorrow which settles down after a catastrophe has never come to pass. The first explosion seems to have Ⓐ_____ a chain reaction in which we have been caught ever since and which nobody seems to be able to stop. The first World War exploded the European comity of nations beyond repair, something which no other war had ever done. Inflation destroyed the whole class of small property owners beyond hope for recovery or new formation, something which no monetary crisis had ever done so radically before. Unemployment, when it came, reached fabulous proportions, was no longer Ⓑ_____ the working class but seized with insignificant exceptions whole nations. Civil wars which ushered in and spread over the twenty years of uneasy peace were not only bloodier and more cruel than all their predecessors; they were followed by migrations of groups who, unlike their happier predecessors in the religious wars, were welcomed nowhere and could be assimilated nowhere. Once they had left their homeland they remained homeless, once they had left their state they became stateless; once they had been deprived of their human rights they were rightless, the scum of the earth. Nothing which was being done, no matter how stupid, no matter how many people knew and foretold the consequences, could be undone or prevented. Every event had the finality of a last judgment, a judgment that was passed neither by God nor by the devil, but looked rather like the expression of some unredeemably stupid fatality.

33 빈칸 Ⓐ, Ⓑ에 들어가기에 가장 적합한 것을 고르시오.

① touched off — restricted to
② resulted in — acclimatized to
③ unbraced by — incentivized to
④ broken with — exposed to

34 위 글의 제목으로 가장 적합한 것을 고르시오.

① The Destruction of Europe's Political System After the First World War
② The Severe and Fatal After-effects of the First World War
③ Inflation and Migration as the Most Important Outcomes of the First World War
④ The Catastrophic Explosion and the Economic Crisis in the First World War

The theory of academic capitalism moves beyond thinking of the student as consumer to considering the institution as marketer. When students choose colleges, institutions advertise education as a service and a life style. Colleges and universities compete vigorously to market their institutions to high-ability students able to assume high debt loads.

A Once students have enrolled, their status shifts from consumers to captive markets, and colleges and universities offer them goods bearing the institutions' trademarked symbols, images, and names at university profit centers such as unions and malls. Colleges and universities also regard their student bodies as negotiable, to be traded with corporations for external resources through all-sports contracts, test bed contracts, single product contracts, and direct marketing contracts.

B When students graduate, colleges and universities present them to employers as output/product, a contribution to the new economy, and simultaneously define students as alumni and potential donors. Student identities are flexible, defined and redefined by institutional market behaviors.

C Student consumers choose (frequently private) colleges and universities that they calculate are likely to bring a return on educational investment and increasingly choose majors linked to the new economy, such as business, communications, media arts.

35 위 글의 단락 A, B, C를 논리적 흐름에 맞게 순서대로 배열한 것으로 가장 적합한 것을 고르시오.

① A → C → B 　　　② B → A → C

③ B → C → A 　　　④ C → A → B

36 위 글을 통해 추론할 수 <u>없는</u> 것으로 가장 적합한 것을 고르시오.

① Colleges and universities are expected to attract more competitive students regardless of their financial situation.

② Colleges and universities are supposed to return to their original academic arena in the future.

③ Analysis of the role of academic capitalism in the new economy offers essential insights into the future of American higher education.

④ Colleges and universities will try to get more profits from corporations as well as from their student bodies.

[37-38] 다음 글을 읽고 물음에 답하시오. 각 3.5점

Recent years have seen the rapid emergence of minimally invasive surgery procedures in operating theaters. However, the training of surgeons in this field still leaves much to be desired. A researcher has changed this state of affairs by developing a realistic training system which records and analyses the surgeon's movements. As a result there is now, for the first time, an objective benchmark for measuring a surgeon's basic skills in the field of minimally invasive surgery.

A Thus both of these training methods have their drawbacks. The researcher has sought to change this situation by developing a training tool that is realistic for the surgeon and at the same time records and analyses the motion of the instruments manipulated by the surgeon. This is accomplished with an inexpensive and relatively simple tracking device known as the 'TrEndo'. A TrEndo incorporates three optical computer-mouse sensors which record the movements made by the surgeon in all directions.

B Broadly speaking, there are currently two safe training methods for minimally invasive surgery. The first is the so-called box trainer, an enclosed rectangular box in which trainee surgeons can practise performing basic manipulative tasks with the surgical devices, such as picking up and moving objects. As they do this, they can be assessed by an experienced surgeon. Clearly, this is a somewhat subjective process.

C The other option is the virtual reality trainer, employing computer simulations, which allows for excellent recording and analysis of the surgeon's actions. However, this training method still has the major disadvantage that it lacks realism. For example, users feel no tactile response when performing surgical tasks.

D Despite its considerable advantages, the relatively recent technique of minimally invasive surgery still has a number of drawbacks. One such disadvantage relates to the training of surgeons, which is still, for the most part, delivered in a rather unstructured manner and, moreover, without any objective benchmark with which to measure the progress made by trainee surgeons.

37 위 글의 단락 A, B, C, D를 논리적 흐름에 맞게 순서대로 배열한 것으로 가장 적합한 것을 고르시오.

① D → B → C → A

② B → A → C → D

③ A → B → C → D

④ B → A → D → C

38 위 글의 내용과 가장 거리가 먼 것을 고르시오.

① The minimally invasive surgery procedures in operating theaters have emerged in the recent past.

② The virtual reality trainer is not an effective recorder of the surgeon's performance in operating theaters.

③ Certain devices are required when trainee surgeons practice performing some surgical tasks.

④ The researcher's device records and analyses the motion of the instruments manipulated by the surgeons.

[39-40] 다음 글을 읽고 물음에 답하시오. 각 3.5점

In a few decades, the advent of automation probably will empty the factories and liberate mankind from its oldest and most natural burden, and the burden of laboring and the bondage to necessity. Here, too, a fundamental aspect of the human condition is at stake, but the rebellion against it, the wish to be liberated from labor's "toil and trouble," is not modern but as old as recorded history. However, this is so only in appearance. The modern age has carried with it a theoretical Ⓐ_____ of labor and has resulted in a factual transformation of the whole of society into laboring society. Freedom from labor itself is not new; it once belonged among the most firmly established privileges of the few. In this instance, it seems as though scientific progress and technical developments had been only taken advantage of to achieve something about which all former ages dreamed but which none had been able to realize. The fulfillment of the wish, therefore, like the fulfillment of wishes in fairy tales, comes at a moment when it can only be self-defeating. It is a society of laborers which is about to be liberated from the fetters of labor, and this society does no longer know of those other higher and more meaningful activities for the sake of which this freedom would deserve to be won. Within this society, which is Ⓑ_____ because this is labor's way of making men live together, there is no class left, not aristocracy of either a political or spiritual nature from which a restoration of the other capacities of man could start anew. Even presidents, kings, and prime ministers think of their offices in terms of a job necessary for the life of society, and among the intellectuals, only solitary individuals are left who consider what they are doing in terms of work and not in terms of making a living. What we are confronted with is the prospect of a society of laborers without labor, that is, without the only activity left to them. Surely, nothing could be worse.

39 빈칸 Ⓐ, Ⓑ에 들어가기에 가장 적합한 것을 고르시오.

① denigration — communal
② glorification — egalitarian
③ depredation — doctrinaire
④ assentation — hierarchical

40 위 글을 통해 추론할 수 있는 것으로 가장 적합한 것을 고르시오.

① The wish of the mankind to be liberated from labor occurred relatively at the modern age.
② Labor has been considered not only as the social virtue but as the eclectic privilege at the modern age.
③ Laborers free from labor will make efforts to return to the laboring society to avoid the self-defeating situation.
④ The age of automation will plunge the laborers without labor into the spiritual chaos.

떠올릴 수 있다는 건, 지나올 수 있었다는 것이다.

한○빈

중앙대학교 영어영문학과
편입구분: 일반편입

어휘 학습법

편입 영어 공부의 핵심은 어휘입니다. 어휘 공부는 짧은 시간에 많은 양을 암기하는 것을 목표로 했습니다. 1~2월에는 학원에서 나눠주는 MVP 스타터를 하루에 155개씩 암기하고, 3월부터는 MVP 1, 2를 동시에 시작했습니다. 반복 학습을 중요시하며, 학원 가기 전에 MVP 1-5 DAYS를 읽고, 2회독 시 외우지 못한 단어들을 모아 단어집을 만들었습니다. 파이널 기간에는 MVP 단어 1,000개를 30분 내에 외우고, 나머지 시간에는 MVP 부록의 난해한 어휘들을 외웠습니다.

문법 학습법

5월까지는 계속 문법 공식 책만 보면서 암기를 탄탄하게 했습니다. 그리고 6월부터 문법 1단계를 90문제씩 풀면서 어떤 유형이 자주 나오는지 체득하려고 했습니다. 문법 2단계를 다 푼 시점인 9월부터 파이널까지는 문법 비중이 높은 단국대, 세종대를 풀었고 문법이 어렵게 나오는 편인 가천대를 풀면서 실전에서 어떤 문법 문제가 나와도 당황하지 않도록 대비하였습니다.

논리 학습법

단문 논리와 장문 논리를 고루 학습하려고 했고, 학원 교재에 나오는 논리 25문제를 일주일에 하나씩 풀었습니다. 9월부터 파이널 시기까지는 성균관대, 한양대, 중앙대의 기출을 풀면서 어려운 논리 문제에 대비했습니다.

독해 학습법

저는 시간 압박은 없었지만 그만큼 잔 실수가 많은 편이었습니다. 처음에는 독해 선생님이 내주신 숙제만 하다가 8월부터 본격적으로 기출 풀이를 시작하면서 독해 비중이 높은 한국외대, 성균관대, 숭실대 기출을 집중적으로 풀면서 긴 글을 실수 없이 읽는 법을 터득하려 노력했습니다.

중앙대학교 | 2022학년도 일반편입 A형 | 40문항 · 60분

어휘

▶ 중앙대 어휘 문제는 문장이 짧고, 밑줄 친 단어와 의미가 통하는 보기를 선택지로 제시하여 밑줄 친 단어의 의미를 정확히 알고 있지 못한 수험생은 문제를 풀기 어렵다. 동의어 유형에서는 natation(=swimming), plebian(=common), huffy(=irritated), flatly (=adamantly), seethe(=simmer), narked(=peeved)가 출제됐다. 대화의 흐름상 적절하지 않은 보기를 고르는 생활영어 문제는 관용어구의 이해도를 평가하는 것이 특징이다. just the job((특정 상황에 필요한) 바로 그것), get one's head round something(~을 이해하다), throw a red herring(주의를 딴 데로 돌리다), give somebody the creeps(소름끼치게 하다), lose one's bearings(어찌할 바를 모르다)와 같은 관용표현이 출제됐다.

문법

▶ 문법적으로 적절하지 않은 보기를 고르는 Written Expression(W/E) 유형 3문제가 출제됐다. 출제된 문법 사항으로 주어와 동사의 수일치, 시제 일치, 수동태, 선행사와 관계사절 내의 동사의 수일치, 동사 transplant와 호응하는 전치사 등이 출제됐다. 문장의 밑줄 친 부분이 문법적으로 모두 옳은 경우 No error를 선택하게 하여 정답을 고르는 데 혼동을 주었지만 문장의 구조가 어렵지 않았고 수일치, 시제와 같은 편입시험에 빈출되는 문법 사항이 출제되어 어렵지 않게 정답을 고를 수 있었을 것이다.

논리완성

▶ 한 문장으로 이루어진 짧은 문장에서 빈칸을 완성하는 어휘형 빈칸완성 8문제와 단락 길이의 문장에서 빈칸을 완성하는 논리형 빈칸완성 7문제가 출제됐다. 단문의 어휘형 논리완성 문제에 출제된 대표적인 문제를 살펴보면 even though 이하에 오리너구리가 포유류라는 내용을 통해, 주절에 포유류의 성질을 갖고 있지 않은 것을 설명하는 단어를 고르는 문제가 출제됐는데, 빈칸 앞에 not이 위치해 '새끼를 낳는'이란 뜻이 되도록 viviparous를 골라야 했다. two-blank 유형에서는 단문의 어휘형 논리완성과 달리 선택지가 비교적 쉬운 어휘로 제시됐다. 그러나 문맥 파악이 어려운 내용의 문제와 더불어 한 빈칸에 들어갈 수 있는 어휘를 선택지에 중복하여 제시하여 두 빈칸에 모두 적절한 선택지를 고르는 어려운 문제가 출제됐다.

독해

▶ 지문이 길고, 대부분의 문제가 글의 요지, 내용일치, 글의 흐름상 적절하지 않은 문장 고르기, 단락배열과 같은 전체 내용파악 문제여서 독해 문제를 푸는 데 많은 시간이 요구됐다. 또한 지문의 내용도 어려워 상당한 독해력이 요구됐다. 출제된 독해 지문의 내용을 살펴보면, 새로운 3D 영상촬영 기법을 통해 밝혀진 이집트 동물 미라의 세부사항, 힌두교의 교리, 클릭 사기(click fraud)를 둘러싼 구글의 노력과 이에 대한 비판, 신고전주의(neoclassicism)의 역사적 배경, 아리스토텔레스의 우주론에 대한 갈릴레오의 반박, 수은 오염을 줄임으로써 환경 회복을 보여준 실험 결과, 허리케인과 홍수의 기록을 제공해 주는 거짓 나이테(false tree rings) 등 과학, 역사, 환경과 관련된 수준 높은 내용의 지문이 독해문제로 출제됐다.

CHUNG-ANG UNIVERSITY

중앙대학교　　2022학년도 일반편입 A형
　　　　　　　▶▶ 40문항·60분

[01-06] 다음 문장의 밑줄 친 부분과 가장 가까운 의미를 지닌 것을 고르시오. 각 2점

01　The Red Cross emphasizes the need for courses in <u>natation</u>.

① evacuation　　　　② philanthropy
③ swimming　　　　④ fundraising

02　His speeches were aimed at the <u>plebeian</u> minds and emotions.

① patrician　　　　② common
③ lugubrious　　　　④ cordial

03　I asked her how she dealt with mavericks in that situation, the <u>huffy</u>, aloof, temperamental geniuses, who are so essential to the great sides.

① resilient　　　　② insolvent
③ irritated　　　　④ resigned

04　I even asked him to pull some strings so that I could climb with an Indian expedition, and he <u>flatly</u> said no.

① adamantly　　　　② pompously
③ falteringly　　　　④ tremulously

05 I <u>seethe</u> at the way this country is managed.

① simmer   ② rodomontade

③ jubilate   ④ topple

06 Oddly, all officials seem <u>narked</u> by this event.

① contented   ② unflinched

③ diverted   ④ peeved

[07-08] 다음의 대화들 중 흐름이 가장 적절하지 않은 것을 고르시오. 각 2점

07 ① A: Brian, is this camera what you've been looking for?

     B: Cool. It's just the job!

② A: Oh, It's already 12:35. I have another appointment at 12:40.

     B: Must dash. Break a leg.

③ A: Shawn, I need your help this time. Can you give me a hand?

     B: In your dreams. Do you mind me asking?

④ A: All tech stocks will reach all time high!

     B: I can't get my head round it. What's your ground?

08 ① A: He is a good seller in the fish market, isn't he?

     B: Yes, he often throws a red herring.

② A: Jackson gives me the creeps.

     B: You bet! He always sleepwalks around at night.

③ A: I don't know why he spent so much time doing nothing last week.

     B: Probably, he lost his bearings.

④ A: I think he is always punctual at work.

     B: Yes, his word is as good as his bond.

[09-11] 다음 문장의 밑줄 친 부분 중 문법적으로 적절하지 <u>않은</u> 부분의 번호를 선택하시오. 문장의 밑줄 친 부분이 문법적으로 모두 옳다면 ④를 선택하시오. 각 2점

09 The exhibition, which is free ①<u>but</u> requires timed admission tickets, ②<u>include</u> cases dedicated to religion, performance, visual arts, social activism and other themes, whose contents ③<u>will</u> rotate regularly. ④<u>No error</u>.

10 Burns are currently ①<u>treated with</u> skin grafting, ②<u>which involves</u> transplanting healthy skin from other parts of the body ③<u>onto the wounds</u>. ④<u>No error</u>.

11 As a result of the significant disruption that ①<u>was being caused by</u> the COVID-19 pandemic, we are ②<u>very</u> aware that many researchers will have difficulty in meeting the timelines ③<u>associated</u> with our peer review process during normal times. ④<u>No error</u>.

[12-19] 다음 빈칸에 가장 적합한 단어를 고르시오. 각 2점

12 On December 10, 1948, the member states of the UN, who had been _____ to consider the Universal Declaration of Human Rights, voted overwhelmingly to adopt this document.

① convoked   ② conjectured
③ concocted   ④ condoned

13 The duck-billed platypus of Australia and Tasmania is not _____ even though it is a mammal.

① avian   ② viviparous
③ hermaphroditic   ④ vociferous

14 _____ global geopolitics and an uncertain global economic situation combine to create an ever-changing supply and demand for oil, therefore driving oil prices to unpredictable and unprecedented levels.

① Volatile   ② Overweening
③ Baleful   ④ Staunch

15 At the Olympic Games, the fastest runners, highest jumpers, and most skillful drivers win medals and worldwide _____.

① denunciation   ② accolade
③ congeniality   ④ castigation

16 The pace of scientific growth has been _____ so much so that our age is frequently called the age of science and technology.

① ameliorated   ② accelerated
③ controlled   ④ exhausted

17 The grouping of rocks according to the mode and place of their origin is the first step toward _____ of the ancient history of a region.

① concussion   ② appellation
③ conciliation   ④ appreciation

18 The guy is _____ with vanity these days and boasting that he is sure to be a star.

① gentile   ② giddy
③ gratuitous   ④ grudging

19 Such events, whereby requests are met with a full response, are rare, often accompanied by _____ and buck-passing.

① elucidation   ② gumption
③ prevarication   ④ demotion

20 Pierre Paul Broca was a French pathologist and neurosurgeon who made the first great discovery regarding brain and language. He discovered a certain area of the cortex that is involved with the production of speech; that part of the cortex bears his name, Broca's area. Broca further noted that speech area is _____ the region of the motor cortex that controls the movement of the muscles of the articulators of speech. He posited that speech is formulated in Broca's area and then articulated via the motor area. Subsequent research _____ Broca's theory. The link between Broca's area and the motor area was later shown to be the nerve fibers of the arcuate fasciculus. The speech-production process would begin in Broca's area, pass on through the arcuate fasciculus to the motor area and from there to the articulators of speech and vocalization.

① adjacent to — substantiated
② connected to — refuted
③ accompanied by — hypothesized
④ governed by — heralded

21 Confucius also believed that governmental stability depended on well-educated officials. To this end, he required his followers to study history and literature from the Zhou dynasty to determine the value of these subjects for government officials. Some of the students of Confucius compiled his sayings into the Analects, a work which also served to educate the Chinese _____. The Han dynasty appreciated Confucian philosophy because it _____ order and submission to the government. The civil service examination that developed during the Han dynasty was based on the Analects and the course of study developed by Confucius.

① bureaucracy — supported
② democracy — upheld
③ aristocracy — subverted
④ meritocracy — convoyed

22 It is commonplace, but nonetheless valid, to speak of current times as turbulent, divisive, and uncertain to an unprecedented extent; amidst this, culture is a complex term with a no less complex role to play in calming, resolving, or further _____ divided selves and societies. Is culture to be understood as being backward-looking, driving people into defensive enclaves in the face of hostility? Or can _____ culture and celebrating differences, along with a more vivid appreciation of the diverse lifeways and creative practices of others, actually serve as a unifying force?

① widening — extenuating
② nullifying — extolling
③ severing — calibrating
④ polarizing — accentuating

23 The loss of hope and the increasing brutalization are, unfortunately, not the only evils that have befallen Western civilization since 1914. Another cause for the _____ of Western civilization is connected precisely with its greatest achievements. The industrial revolution has led to a degree of material production which has given the vast majority of the peoples of the West a standard of living which would have seemed unthinkable to most observers a hundred years ago. However, the satisfaction of real and legitimate needs has changed into the creation and satisfaction of a powerful drive, namely, "commodity hunger." Just as depressed individuals often are seized by a(n) _____ desire to buy things or in other cases to eat, modern man has a greedy hunger for possessing and using new things, a hunger which he rationalizes as an expression of his wish for a better life.

① evolution — irresistible
② deterioration — compelling
③ stagnation — feeble
④ pejoration — bewildering

24 Early on, infants discriminate sounds regardless of whether or not these sounds are to be found in the surrounding adult language. The innate perceptual abilities are then modified by exposure to the adult language. For example, Werker and Tees showed that infants born into English-speaking families in Canada could make _____ distinctions present in Hindi at the age of six months, but this ability _____ over the next two months. Adults can learn to make these distinctions again, so this finding is more likely to reflect a reorganization of processes rather than complete loss of ability.

① sonal — flourished
② audiovisual — intensified
③ acoustic — lingered
④ phonetic — declined

25 Teaching through the discussion of texts is based on a view of human experience that is really quite _____. The idea is that as people live in the world, events befall them, evoking responses of one sort or another: a grandmother dies and they weep over her loss, recalling what she has meant in their lives; a child is born and they shout for joy, anticipating the warmth and companionship ahead. Each response that one has to situations is the consequence of relating it to present understanding — understanding that is, in turn, the consequence of relating events to prior understanding.

① commonsensical
② agnostic
③ segmented
④ intractable

26 As much as I found the trip exhilarating, I would not say it is for everyone. Eco-tourism means responsible, low-impact travel, and generally involves some degree of 'roughing-it.' This trip is no exception. Three of the five nights were spent in hammocks, which did not suit everyone's natural _____. You must not be _____ to sun, sweat, mosquitoes, or bathing in rivers with little or no privacy. At $1,500 per person for the week-long trip, it's an excellent deal, but still prohibitively expensive for some people. If you can afford it, and don't mind a few ants in your pants, this trip will provide you with an incredibly unique experience that I guarantee you will never forget.

① contours — averse
② traits — tolerable
③ configurations — voracious
④ landscapes — insensitive

The three mummified Egyptian animals — a cat, a snake, and a bird — remained shrouded in bandages, and mystery, for more than 2,000 years. But a new 3D look inside is revealing deeper insights into how they lived and died. Scientists utilized so-called micro-computer tomography (micro-CT) scanning, which creates 3D images by merging thousands of 2D x-ray projections from different angles. Micro-CT provides up to 100 times higher resolution than a typical medical CT scan, meaning the researchers could zoom in to uncover much finer details without damaging the delicate specimens. The feline mummy appears to belong to an Egyptian domestic cat — younger than 5 months old, according to the presence of baby teeth. An unhealed fracture below the jaw suggests the cat's neck was broken either at or just after the time of death — possibly to keep the head upright during mummification. The bird is most likely a Eurasian kestrel, with a damaged beak and left leg, researchers report. However, the leg was found sticking out from its wrappings, so this may have occurred sometime after its death. The snake is a young Egyptian cobra, coiled into a tight bundle. It was likely killed by a spinal fracture, which the team suspects occurred during a "whipping" procedure, in which the animals were held by the tail while their heads were beaten against the ground. Damage to the kidneys indicates the snake was dehydrated at the time of its death, highlighting the poor conditions in which it was kept.

27 위 글의 요지로 가장 적합한 것을 고르시오.

① Findings from micro-CT overturned the existing hypothesis about the lives of the ancient Egyptian animals.

② Digitalized technology showed that the Egyptian animals were sacrificed to the gods.

③ 3D x-ray unwrapped the survival skills the Egyptian animals had exercised.

④ Details of the old animal mummies in Egypt were detected by 3D imaging.

Hinduism is a belief system that originated in India from the literature, traditions, and class system of the Aryan invaders. In contrast to other world religions, Hinduism did not have a single founder. As a result, the precepts and values of Hinduism developed gradually and embraced a variety of forms of worship. Hinduism took the polytheistic gods of nature that had been central to the worship of the Brahmins, or priests, then changed their character to represent concepts. According to Hindu belief, everything in the world is part of a divine essence called Brahma. The spirit of Brahma enters gods or different forms of one god. Two foms of the Hindu deity are Vishnu, the preserver, and Shiva, the destroyer. A meaningful life is one that has found union with the divine soul. Hinduism holds that this union is achieved through reincarnation, or the concept that after death the soul enters another human or an animal. The person's good or evil deeds in his or her personal life are that person's *karma*. Those who die with good karma may be reincarnated into a higher caste, whereas those with evil karma might descend to a lower caste or become an animal. If the soul lives a number of good lives, it is united with the soul of Brahma. Upon achieving this unification, or *moksha,* the soul no longer experiences worldly suffering. Hinduism goes beyond a mystical emphasis to effect the everyday conduct of its followers. The moral law, or *dharma,* serves as a guide to actions in this world. *Dharma* emphasizes that human actions produce consequences and that each person has obligations to the family and community.

28 위 글의 내용과 일치하는 것을 고르시오.

① Hinduism is one of the most dominant religions in India.
② Aryan invaders first implanted monotheistic Hinduism to India.
③ The accumulation of good karma makes a person Hindu deity.
④ Hindu believers are conscious of dharma that guides their daily lives.

The lively theoretical work and empirical research are going on these days in regard to questions about language touching human and nonhuman animals. There is no doubt that many animals across a wide range of species, including rodents, primates, canids and birds, do things few scientists expected them to be able to do. _____. When even Noam Chomsky, long famous for his touching faith that the hard science of linguistics proves that people do it and animals don't, becomes the object of his still pure colleagues' ire for reconsidering the matter from another point of view, we know something big is happening in evolutionary comparative cognitive sciences, and language is on the menu. In particular, MIT's Chomsky and his Harvard colleagues, Marc Hauser and W. Tecumseh Fitch, said in print, "However, we argue that the available data suggest a much stronger continuity between animals and humans with respect to speech than previously believed. We argue that the continuity hypothesis thus deserves the status of a null hypothesis, which must be rejected by comparative work before any claims of uniqueness can be validated. For now, this null hypothesis of no truly novel traits in the speech domain appears to stand." That nicely turns the tables on what has to be proved!

29 위 글의 흐름상 빈칸에 들어가기에 가장 적합한 것을 고르시오.

① These recently documented talents fuel conversations and arguments in several sciences as well as popular culture about what counts as language

② Academic attention has been paid to the questions and expressions of language in considering the doings of the great variety of animals and people alike

③ The scientific study of mammals is crisscrossed with lines drawn between human and animal on the basis of what counts as language

④ People end up better at language than animals, no matter how latitudinarian the framework for thinking about the matter is

One complaint is "click fraud." Advertisers make bids to place ads along the top and right-hand sides of Google search result pages. When potential customers click on an ad, Google collects a fee ranging from a few pennies to $30 or more, depending on how high the bidding went. Advertisers worry that dishonest businesses click on a competitor's ad to drive up their advertising costs. Non-Google websites can also cheat advertisers. To extend its advertising reach, Google allows websites to display Google ads and split the fee when a visitor clicks on an ad. Ⓐ<u>Google prohibits website owners from clicking on an ad they host, but there is still room for mischief if a website owner uses different IP addresses to make fraudulent clicks.</u> Ⓑ<u>But data mining through these fraudulent clicks can quickly provide information to advertisers.</u> Ⓒ<u>Google obviously wants advertisers to continue buying ads and recognizes that advertisers will need to lower their bids in order to offset losses due to click fraud.</u> Ⓓ<u>To reduce complaints, Google has continually improved its ability to spot fraudulent clicks and remove them before they are charged to the advertiser.</u> But critics contended that Google did not make a big enough effort to police click fraud and made huge profits from these clicks.

30 위 글의 흐름상 가장 적합하지 않은 문장을 고르시오.

① Ⓐ   ② Ⓑ

③ Ⓒ   ④ Ⓓ

Italy's seminal position as a cultural cornucopia was magnified in 1748 by the discovery of the buried city of Pompeii. Suddenly genuine Roman works were being dug up daily, and the world could admire an entire ancient city.

A Because of renewed interest in studying the ancients, art academies began to spring up around Europe and in the United States. Artists were trained in what the Academy viewed as the proper classical tradition — part of that training sent many artists to Rome to study works firsthand.

B The discovery of Pompeii inspired art theorist Johann Winckelmann to publish *The History of Ancient Art* in 1764, which many consider the first art history book. Winckelmann heavily criticised the waning Rococo as decadent, and celebrated the ancients for their purity of form and crispness of execution.

C The Salons had very traditional standards, insisting on artists employing a flawless technique with emphasis on established subjects executed with conventional perspective and drawing. History paintings, that is, those paintings dealing with historical, religious, or mythological subjects, were most prized. Portraits were next in importance, followed by landscapes, genre paintings, and then still lifes.

D The French Academy, for example, showcased selected works by its members in an annual or biannual event called the Salon, so called because it was held in a large room, the Salon Carré, in the Louvre. Art critics and judges would scout out the best of the current art scene, and accept a limited number of paintings for public view at the Salon. If an artist received this critical endorsement, it meant his or her prestige greatly increased, as well as the value of his or her paintings.

No education was complete without a Grand Tour of Italy. Usually under the guidance of a connoisseur, the tour visited cities like Naples, Florence, Venice, and Rome. It was here that people could immerse themselves in the lessons of the ancient world and perhaps collect an antiquity or two, or buy a work from a contemporary artist under the guidance of the connoisseur. The blessings of the Neoclassical period were firmly entrenched in the mind of art professionals and educated amateurs.

31 위 글의 단락을 논리적 흐름에 맞게 순서대로 배열한 것으로 가장 적합한 것을 고르시오.

① A — C — B — D

② A — D — B — C

③ B — A — D — C

④ B — D — A — C

32 위 글의 내용과 일치하는 것을 고르시오.

① The Grand Tour accompanied by a connoisseur expedited the discovery of Pompeii.

② Johann Winckelmann was an avid supporter of the French Academy.

③ The Salons challenged the traditional artistic conventions and invited aesthetic criticism.

④ The Grand Tour of Italy was an important part in education of the Neoclassical period.

Galileo attempted to use Copernican astronomy as a mathematician's means of subverting Aristotelian cosmology. He trampled on the usual Ⓐ_____ between physics and mathematics by stressing that the natural philosopher had to take into account the discoveries of the mathematical astronomer, since they directly affected the content of the natural philosopher's theorizing — the astronomer told the physicist what the phenomena were that required explanation. In his Italian work known as *Letters on Sunspots* (1613), Galileo made this point strongly in arguing for the presence of variable blemishes on the Sun's surface.

The Aristotelian heavens were held to be perfect and substantively unchanging; all they did was to wheel around eternally, exhibiting no generation of new things. The marks first seen on the face of the Sun by Galileo and others in 1611 did not appear to show the permanence and cyclicity characteristic of Ⓑ_____ bodies, and Galileo took the opportunity to argue that they were, in fact, dark blemishes that appeared, changed, and disappeared irregularly on the surface of the Sun. It was important to the Aristotelian argument that the spots should be located precisely on the Sun's surface itself. The Jesuit Christoph Scheiner, Galileo's main rival for the glory of their discovery, at first thought that the spots were actually composed of small bodies akin to moons, which orbited around the Sun in swarms so numerous as to elude, thus far, reduction to proper order.

Accordingly, Galileo presented careful, geometrically couched observational reasoning to show, first of all, that there was an apparent shrinkage of the spots' width as they moved across the face of the Sun from its centre towards the limb (and corresponding widening as they appeared from the other limb and approached the centre); and second, that this effect, interpreted as foreshortening when the spots were seen near the edges of the Sun's disc, was consistent with their having a location on the very surface of the Sun itself. The precise appearances, he argued, would be noticeably different if these necessarily flat patches were any distance above the Sun.

Galileo's argument leads to the following point: if it is established that the Sun's surface is Ⓒ_____ by dark patches that manifestly appear from nothing and ultimately vanish, then it becomes undeniable that there is, contrary to Aristotelian doctrine, generation and corruption in the heavens. Galileo thereby moved from a 'mathematical' explication of the external properties of things (here, the apparent size, shape, and motion of the sunspots) to a properly *physical* conclusion about the matter of the heavens.

33 빈칸 Ⓐ, Ⓑ, ©에 들어가기에 가장 적합한 것을 고르시오.

① Ⓐ classification — Ⓑ glacial — © demised
② Ⓐ demarcation — Ⓑ celestial — © blemished
③ Ⓐ ramification — Ⓑ terrestrial — © smudged
④ Ⓐ discrimination — Ⓑ heavenly — © perished

34 위 글을 통해 추론할 수 <u>없는</u> 것으로 가장 적합한 것을 고르시오.

① Aristotelians believed that heavens were eternally wheeling around, showing no generation of something new.
② For Galileo, Copernican astronomy was a useful mathematical means to change the traditional idea of Aristotelian cosmology.
③ Following Aristotelian way of using physics and mathematics, Galileo employed the two natural disciplines to explicate the matter of the heavens.
④ The careful observation of the dark marks changing on the Sun's surface led Galileo to argue that Aristotelian cosmology was wrong.

Mercury pollution is a global problem. Emissions from gold mining, coal burning, and other industrial processes travel through the atmosphere, eventually falling to Earth as rain or snow. The poison can make its way to fish and the humans who eat them, where it can damage the developing nervous system, causing problems with memory and language in children exposed in the womb.

When mercury lands in wetlands and lake sediment, microbes change the metallic element into a dangerous compound called methylmercury that builds up in food webs. Concentrations are highest in larger, predatory fish. Public health agencies regularly test such fish in many lakes, sometimes leading to warnings to limit consumption.

A To get a clear understanding, a large research project began an experiment in 2001 using a kind of chemical tracer: enriched stable isotopes of mercury. These forms of the element behave the same way chemically, but they can be distinguished from typical mercury in the environment. For 7 years, the researchers added one isotope of mercury to the water of Lake 658, part of a remote Canadian research station called the Experimental Lakes Area where 58 lakes and their watershed have been reserved for science. They also sprayed different isotopes from an airplane onto the surrounding wetland and upland to study how it moves into the lake.

B Since the 1980s, regulations to control air pollution have gradually lowered emissions of mercury in North America and Europe, but sources elsewhere are still increasing, particularly small-scale gold mining in Latin America and coal burning power plants in Asia. In 2013, nations agreed to an international treaty, called the Minamata Convention on Mercury, that requires signers to ban mercury in products such as light bulbs and batteries, as well as reducing industrial emissions.

C But how quickly do these measures have an effect? One hurdle to answering that question has been the complicated behavior of mercury in ecosystems, which makes it hard to figure out how much of a given decline in mercury concentrations in fish is due to reductions in air pollution rather than to factors such as excessive nutrients, invasive species, and other ecological changes.

Soon after the experiment began, isotopically labeled methylmercury began to accumulate in invertebrates living in the lake, such as zooplankton. It also rose in yellow perch and other small fish that eat the zooplankton, and increased by about 40% in larger fish such as pike, which eat smaller fish. After the first 7 years of the experiment, the researchers stopped adding the isotopic mercury and continued to check the concentrations in the animals living in the lake. During the next 8 years of the study, concentrations of isotopic mercury dropped by up to 91% in the small fish. Concentrations also fell in populations of the larger fish. Only a small amount of the mercury that was added to the surrounding land ended up in fish, and these levels also fell quickly.

The exact benefits to particular lakes will be difficult to predict, researchers say, because local conditions, such as the size of the surrounding watershed and rates of methylation, influence how much mercury ends up in fish. And even if all atmospheric emissions cease, some mercury — the legacy of past air pollution — will continue to enter lakes from the surrounding watershed.

35 위 글의 단락을 논리적 흐름에 맞게 순서대로 배열한 것으로 가장 적합한 것을 고르시오.

① B — A — C
② B — C — A
③ C — A — B
④ C — B — A

36 위 글의 요지로 가장 적합한 것을 고르시오.

① The long-term experiment was supported by the international authorities to prevent mercury contamination.
② Researchers analyzed the factors of raising the concentrations of mercury.
③ Lengthy experiment demonstrated environmental recovery by cutting mercury contamination.
④ Local conditions yielded the different results in terms of the concentrations of mercury.

Before we come to our main topic — the questions of what freedom means to modern man, and why and how he tries to escape from it — we must first discuss a concept which may seem to be somewhat removed from actuality. It is, however, a premise necessary for the understanding of the analysis of freedom in modern society. I mean the concept that freedom characterizes human existence as such, and furthermore that its meaning changes according to the degree of man's awareness and conception of himself as an independent separate being.

A In the life history of an individual we find the same process. A child is born when it is no longer one with its mother and becomes a biological entity separate from her. Yet, while this biological separation is the beginning of individual human existence, the child remains functionally one with its mother for a considerable period.

B The social history of man started with his emerging from a state of oneness with the natural world to an awareness of himself as an entity separate from surrounding nature and men. Yet this awareness remained very dim over long periods of history. The individual continued to be closely tied to the natural and social world from which he emerged; while being partly aware of himself as a separate entity, he felt also part of the world around him. The growing process of the emergence of the individual from his original ties, a process which we may call "individualism," seems to have reached its peak in modern history in the centuries between the Reformation and the present.

C To the degree to which the individual, figuratively speaking, has not yet completely severed the Ⓐ_____ cord which fastens him to the outside world, he lacks freedom; but these ties give him security and a feeling of belonging and of being rooted somewhere. I wish to call these ties that exist before the process of individuation has resulted in the complete emergence of an individual "primary ties." They are organic in the sense that they are a part of normal human development; they imply a lack of individuality, but they also give security and orientation to the individual. They are the ties that connect the child with its mother, the member of a primitive community with his clan and nature, or the medieval man with the Church and his social caste.

Once the stage of complete individuation is reached and the individual is free from these primary ties, he is confronted with a new task: to orient and root himself in the world and to find security in other ways than those which were characteristic of his Ⓑ_____ existence. Freedom then has a different meaning from the one it had before this stage of evolution is reached.

37 위 글의 단락을 논리적 흐름에 맞게 순서대로 배열한 것으로 가장 적합한 것을 고르시오.

① A — B — C
② A — C — B
③ B — A — C
④ C — B — A

38 빈칸 Ⓐ와 Ⓑ에 들어가기에 가장 적합한 것을 고르시오.

① navel — egocentric
② spinal — epistemological
③ funiculus — ontological
④ umbilical — preindividualistic

A tree's annual growth rings reveal how it has flourished — or floundered — over time, with the size of the rings indicating years of health or hardship. But sometimes nature Ⓐthrows a wrench into the works, and a tree will form more than one growth ring in a year. Now, such "false rings," found in trees along the U.S. Gulf Coast, have been linked to hurricanes, researchers report recently. With tree ring records stretching back more than 1,000 years, the team is preparing to examine how the frequency of historic storms compares with our modern, wanning world.

Clay Tucker, a geographer and his colleagues spent much of 2020 and this year wading and canoeing through stands of bald cypress trees across three river basins in coastal Mississippi, Alabama, and Florida. The team extracted pencil-width cores of wood from roughly 120 trees — a way to exhume a tree ring record Ⓑwithout hurting the trees, Tucker says. "A woodpecker would do more damage."

Back in the laboratory, the researchers examined the cores under a microscope to look for false rings, which form when a tree that's stopped growing for the season is suddenly kick-started out of dormancy. One common trigger for a secondary growth spurt is flooding, Tucker says. "The tree doesn't know it's not spring."

Next, Tucker and his colleagues linked 20 instances of false rings since 1932 with big floods, as recorded by stream gauges. Roughly 80% of those "flood years" had also experienced an accompanying tropical storm or hurricane, the team reports. That makes sense, Tucker says, because streamflow is Ⓒrarely linked to storm-related rainfall. "Water resources in the southeastern United States depend on hurricanes."

Dave Stahle, a geoscientist at the University of Arkansas, who was not involved in the find, says the strong association between false rings and storms will help scientists solve a fundamental question: Has the frequency of hurricanes making landfall gone up or down over time? Some research suggests we might see more hurricanes as the climate warms. But firming up that hypothesis will require a hurricane record that goes further back in time, Stahle says.

The new bald cypress record should offer exactly that, Tucker says. The team is about to start analyzing its core samples, some of which contain wood more than 1,000 years old. The researchers are also looking forward to combining their measurements with another proxy record of hurricanes: storm-tossed sediments. Tree rings have the advantage of being annual, but sediment records Ⓓstretch further into the past, Tucker says. "Maybe we can marry the two."

39 위 글에서 논지의 흐름상 가장 적합하지 <u>않은</u> 것을 고르시오.

① Ⓐ   ② Ⓑ

③ Ⓒ   ④ Ⓓ

40 위 글의 요지로 가장 적합한 것을 고르시오.

① False tree rings are important clues to years of health for the tree.

② False tree rings could inform researchers of the geometrical information.

③ False tree rings could provide the record of historic hurricanes and floods.

④ False tree rings are resources indicating the track of the historic storms.

CHUNG-ANG UNIVERSITY

중앙대학교

2022학년도 학사편입 A형
▶▶ 40문항·60분

[01-06] 다음 문장의 밑줄 친 부분과 가장 가까운 의미를 지닌 것을 고르시오. 각 2점

01 The opposition party claimed that his trip to Russia was merely a political <u>junket</u>.

① excursion
② incursion
③ exhortation
④ inchoation

02 My <u>erstwhile</u> companions have all gone for their separate ways.

① formal
② former
③ foraging
④ formidable

03 The old man resumes his career piloting the large passenger planes he had been <u>yearning</u> after.

① simpering
② searching
③ hankering
④ ensuing

04 Physicists of the late 1940s were <u>revered</u> for making atoms relevant to society and feared for what their toys could do if they were to fall into the hands of evil.

① derided
② venerated
③ extradited
④ mistrusted

05 Her advice was quite <u>gratuitous</u>.

① respective　　　　　② gamesome

③ showy　　　　　　　④ unwarranted

06 That <u>spoilsport</u> gets in the way of everything I do.

① wet blanket　　　　② imposter

③ energumen　　　　　④ fall guy

[07-08] 다음의 대화들 중 흐름이 가장 적절하지 않은 것을 고르시오. 각 2점

07　① A: What's wrong with Joe?

　　　　B: He is feeling bad because his boss jumped all over him this morning.

　　② A: Can you lend me a hand?

　　　　B: I need to do my homework now. I'll help you when I finish.

　　③ A: Do you know these drinks are on the house?

　　　　B: Don't worry. I'll pay the earth for them.

　　④ A: You should not spill the beans.

　　　　B: You bet! My lips are sealed.

08　① A: Sorry to hear that you are left high and dry.

　　　　B: Yeah. I'm not going to let this destroy me. I will make the best of it.

　　② A: Can't you stay some more days?

　　　　B: No, I don't want to wear out my welcome.

　　③ A: I can't seem to be able to finish writing this thesis.

　　　　B: Just take the bull by the horns and go for it.

　　④ A: Man, I'm up a tree today.

　　　　B: I will let you do the honors.

09 Cross-linguistic studies, which compare the abilities of infants ①<u>growing up with</u> different linguistic backgrounds, ②<u>show</u> common categorization by infants, ③<u>even when</u> there are differences in the phonologies of the adult language. ④<u>No error</u>.

10 She ①<u>has since tried</u> so many different insulin types, tools and devices ②<u>that</u> her experiences have almost mirrored the evolution of insulin ③<u>themselves</u>. ④<u>No error</u>.

11 The tour operators at Angel Eco-Tours ①<u>take</u> an interesting approach ②<u>in what</u> they emphasize the park and ③<u>its</u> people more than Angel Falls. ④<u>No error</u>.

[12-19] 다음 빈칸에 가장 적합한 단어를 고르시오. ^{각 2점}

12 Telecasts of the grievances of Native American women _____ Wilma Olaya, a Cherokee, to return to Oklahoma, where she became the tribe's first female chief.

① actuated   ② anesthetized
③ attired   ④ attenuated

13 In crisis countries, international aid is _____, or even minimal, and often imbalanced between military and civil expenditure.

① ebullient   ② efficacious
③ prodigal   ④ parsimonious

14 The journalist who shouted at the president as he made his speech was _____ from the press conference by security guards.

① dejected   ② disjected
③ injected   ④ ejected

15 They argued that it was proper to ban the practice, calling it a(n) _____ that had promoted barbarism over the last decade.

① relic   ② overhaul
③ masterstroke   ④ premonition

16 If you put your hand to your mouth, this either indicates that you are hiding something, or that you are nervous. _____ with your hands, for example, tapping the table with your fingers, also shows nervousness, and so does holding a bag or briefcase very tightly in front of the body.

① Coercing   ② Buttressing
③ Fidgeting   ④ Pledging

17 Electoral law has consistently been in _____ because many parties halted the passage of the bill.

① celerity   ② rapprochement
③ reactivation   ④ abeyance

18 The man who had been a well-known _____ splurged on home improvement in contrast with his reputation.

① cluck   ② miser
③ bullethead   ④ zealot

19 Pedagogy, or teacher-directed instruction as it is commonly known, places the student in a _____ role requiring obedience to the teacher's instructions.

① coactive   ② conative
③ submissive   ④ suppressive

20 One day, perhaps during the rainy season some 3.7 million years ago, two or three animals walked across a grassland savanna in what is now northern Tanzania, in East Africa. These individuals were early hominins, members of the same evolutionary _____ that includes our own species, *Homo sapiens*. Fortunately for us, a record of their passage on that long-forgotten day remains in the form of fossilized footprints, preserved in hardened volcanic deposits. As chance would have it, shortly after heels and toes were pressed into the damp soil, a nearby volcano erupted. The ensuing ashfall _____ everything on the ground. In time, the ash layer hardened into a deposit that remarkably preserved the tracks of numerous animals, including those early hominins, for nearly 4 million years.

① diagram — bracketed
② seriality — reticulated
③ lineage — blanketed
④ map — extricated

21 News headlines from forests, fields, rivers, and oceans suggest we are in a world of trouble. Storms ravage the coasts of Asia and the Americas, with more looming as sea levels slowly rise. Fresh water is increasingly scarce around the globe, owing not only to heavy water use but also widespread pollution; there is not a single drop of water in the Colorado River in the United States or the Rhone River in France that is not managed through complex dams and distribution systems, or affected by city and industrial waste along their paths to the sea. Agricultural soils are _____ from years of intensive cropping and from the ongoing application of fertilizers and pesticides in the search for ever-sustained increases of food and fiber; in North India, after decades of increasing production, yields of wheat and rice have hit a _____. Global temperatures are on the rise and, with this increase, whole ecosystems are at risk. Species of plants and animals are vanishing from the Earth, never to return. Perhaps most profoundly, the world's oceans — upon which these global systems rest — show signs of impending collapse.

① depleted — plateau
② fertilized — wall
③ petrified — rock
④ obsoleted — precipice

22 Law may be defined as the ethical control applied to communication, and to language as a form of communication, especially when this normative aspect is under the control of some authority sufficiently strong to give its decisions an effective social sanction. It is the process of adjusting the "couplings" connecting the behavior of different individuals in such a way that what we call justice may be accomplished, and disputes may be avoided, or at least _____. Thus the theory and practice of the law involves two sets of problems: those of its general purpose, of its conception of justice; and those of the technique by which these concepts of justice can be made effective.

① absolved
② adjudicated
③ conjugated
④ equivocated

23 The Greeks, who were apparently strong on visual aids, originated the term 'stigma' to refer to bodily signs designed to expose something unusual and bad about the moral status of the signifier. The signs were cut or burnt into the body and advertised that the bearer was a slave, a criminal, or a traitor — a(n) _____ person, ritually polluted, to be avoided, especially in public places. Later, in Christian times, two layers of metaphor were added to the term: the first referred to bodily signs of holy grace that took the form of _____ blossoms on the skin; the second, a medical allusion to this religious allusion, referred to bodily signs of physical disorder. Today the term is widely used in something like the original literal sense, but is applied more to the disgrace itself than to the bodily evidence of it.

① obsequious — vigorous
② facilitated — gorgeous
③ credulous — hectic
④ blemished — eruptive

24 Sexual selection is a form of natural selection that results from differences among individuals in their ability to obtain mates. Population genetic models have shown that changes in the way that a population of sexual organisms chooses or acquires mates can lead to rapid differentiation from ancestral populations. For example, if a new mutation led females in a certain population of barn swallows to prefer males with iridescent feathers instead of preferring males with long tails, then sexual selection would trigger _____.

① upturn   ② convergence

③ downturn   ④ divergence

25 Scientific results are _____ only in so far as they are the results of a certain stage of scientific development and liable to be superseded in the course of scientific progress. But this does not mean that truth is transmutable. If an assertion is true, it is true for ever. It only means that most scientific results have the character of _____, i.e. statements for which the evidence is inconclusive, and which are therefore liable to revision at any time. These considerations, though not necessary for a criticism of the sociologists, may perhaps help to further the understanding of their theories.

① impregnable — formula   ② endurable — axioms

③ relative — hypotheses   ④ tractable — doctrines

26 By the 1950s behaviorism and psychoanalytic theory had become the most influential schools of thought in psychology. However, many psychologists found these theoretical orientations unappealing. The principal charge hurled at both schools was that they were "dehumanizing." Psychoanalytic theory was attacked for its belief that behavior is dominated by primitive, sexual urges. Behaviorism was criticized for its preoccupation with the study of simple animal behavior. Both theories were criticized because they suggested that _____. Above all, many people argued, both schools of thought failed to recognize the unique qualities of human behavior.

① people are not masters of their own destinies

② theoretical orientation emphasizes the unique qualities of humans

③ the potential for personal growth is not so much important as really it is

④ humans are insensitive to their environment

[27-30] 다음 글을 읽고 물음에 답하시오. 각 3점

There are lots of people in our stories: good guys and bad, tragic characters, and mysterious personages. When we tell our own story, it reminds us that we're not alone, that we depend on others to help us along the way, to reach the happy endings. My friend needed stories. He needed to know that there were people like Professor X who could get beyond their wheelchairs, reach beyond their illnesses. And I needed my friend's stories: the stories in his comic books, of colorful heroes and wild adventures and evil villains, and the story in his head, of a boy dying of leukemia who reached out with a box of comics and passed on a treasure. These shared stories made us friends. That was all either of us could ask for or give. Stories connect us to other people, and we have a responsibility to respond to those stories. In his book *The Call of Stories,* the psychologist Robert Coles talks about how his mentors helped him learn the value and necessity of these stories. One of his mentors was the famous physician and poet William Carlos Williams, who put the lesson this way: "Their story, yours, mine — it's what we all carry with us on this trip we take, and we owe it to each other to respect our stories and learn from them."

27 위 글의 주장으로 가장 적합한 것을 고르시오.

① It is well reported that professors and students help themselves to create stories.
② Poets as well as psychologists play an important role in mentoring our life.
③ Reading books is not simply for fun, but for curing our illnesses.
④ We live a life of stories, answering the call the stories impose.

In the West, most people visit a dentist regularly for both hygiene and beauty. They use toothpaste and dental floss daily to keep their teeth clean. They have their teeth straightened, whitened, and crowned to make them more attractive to others in their culture. However, "attractive" has quite a different meaning in other cultures. In the past, in Japan, it was the custom for women to blacken, not whiten, the teeth. People in some areas of Africa and central Australia have the custom of filing the teeth to sharp points. And among the Makololo people of Malawi, the women wear a very large ring — a pelele — in their upper lip. Their chief once explained about peleles: "They are the only beautiful things women have. Men have beards. Women have none. What kind of person would she be without the pelele? She would not be a woman at all." While some people in modern urban societies think of tribal lip rings as unattractive and even "disgusting," other people — in Tokyo or New York or Rome — might choose to wear a small lip ring or to pierce their tongue and wear a ring through the hole.

28 위 글의 내용과 일치하는 것을 고르시오.

① White teeth were attractive in old Japan for both hygiene and beauty.

② In the West, people visit dentists for only sanitation and have their teeth straightened, whitened, and crowned.

③ In some urban cultures, people blacken their teeth or file them to sharp points.

④ Makololo women wear a large ring in their upper lip.

In theory, if people lived completely isolated from one another, they would be entirely free to do as they liked. But humans are social, and the groups that humans form, as Plato noted, are essentially agreements, or contracts, among the members. In forming groups, individuals give up to the group some of their free will. The group then has some control over the actions of its members and is intended to exercise that control for the benefit of the membership. Rules against theft, murder, and a variety of other actions are agreed on within the group, and all members are made subject to them. According to this contract view, social order results from removing a portion of the power that individuals have to do as they like and giving that portion to the group. To be expressed, the collective will of the group must be invested in individuals. When people agree that the exercise of power by an individual in a given situation is appropriate, that power is considered to have legitimacy. Legitimated power is called authority.

29 위 글의 제목으로 가장 적합한 것을 고르시오.

① Collectivism in Individualistic Society
② Social Order and Legitimate Power
③ Types of Powers in Society
④ Proper Ways to Prevent Illegality

When Comet Lovejoy streaked past Earth in 2014, it sported a hazy green aura — a phenomenon also seen with other comets. $\boxed{A}$ Now, through first-of-their-kind lab measurements, researchers have figured out the odd chemistry behind this colorful glow. Scientists have long suspected the green glow around some comets comes from the breakdown of a reactive molecule called dicarbon (C_2). $\boxed{B}$ The details of the chemical reactions they observed were somewhat surprising. Rather than absorbing a single photon of light and then emitting a green one as the molecule breaks down, the reaction required the molecule to absorb two photons. $\boxed{C}$ One of those photons excites the C_2 molecule to a semistable state, and the second one is needed to bump it up to an even more energy-rich and unstable configuration. From there, the molecule decays and radiates a characteristic green photon, the researchers report online in the Proceedings of the National Academy of Sciences. During the process, C_2 undergoes two transitions that chemists typically consider "forbidden." Data gathered during the team's experiments suggest that, at Earth's distance from the Sun, the lifetime of the C_2 molecule is a little less than 2 days. $\boxed{D}$ That helps explain why the green glow associated with the breakdown of the molecule only appears around the head of the comet and never in its tail, the researchers say.

30 아래의 문장이 들어갈 위치로 가장 적합한 곳을 고르시오.

To verify this in the lab, researchers used an ultraviolet laser to strip away the chlorine atoms from molecules of carbon chloride (C_2Cl_4) and then bombarded the remaining C_2 molecule with high-intensity light.

① $\boxed{A}$ ② $\boxed{B}$

③ $\boxed{C}$ ④ $\boxed{D}$

Major wars often provide the punctuation marks of history, primarily because they force drastic realignments in the relationships among states. To this rule, the First World War was no exception. Long before the fighting ceased in November 1918, it was evident that the map of Europe must be redrawn and that reallocation of colonies, creation of a new international organization, and change in the economic balance must considerably affect the rest of the world as well. World War Ⅰ (WWI) heralded the end of European dominance, as the true victors in this predominantly European war were America and Japan: two non-European powers. ⒶEuropean countries were not concerned about their domestic affairs, overlooking the importance of their colonies across the globe. The European victors were bled white and suffered a pyrrhic victory from which none of them ever really recovered. While this fact was not evident at the war's end, it was clear that the forthcoming settlement must far exceed in geographic scope and complexity.

As often happens, the sudden collapse of the enemy took the victors by surprise. Germany had been expected to hold out until mid-1919, and in the autumn of 1918, Allied energy was more concentrated upon winning the war than upon planning the peace. True, some planning was in progress, but not always in the most effectual quarters. ⒷIn the final year of the war, the smaller Allied states pursued their limited, specific aims with energy, but achieved only cautious and qualified commitments. Exile organizations representing ethnic groups within the Central powers did the same with similar results. They recognized that the ultimate court of appeal would consist of Britain, France, and America, but these three, who had the task of planning for much of the world, were also responsible for winning the war. Not surprisingly, that came first.

Of the major Allies, the French were perhaps the best organized in planning ahead, mainly because they knew precisely what mattered to them and because their interests were not really global. ⒸIn London, the Foreign Office was industriously preparing position papers on every conceivable topic, but since its views often did not coincide with those of the Cabinet, and even less with those of Prime Minister David Lloyd George, much of the work proved futile. In the United States, the situation was more obscure. A special organization called the Inquiry had been established late in 1917 under the supervision of the President's confidant, Edward M. House, to research the problems of the peace and to prepare a program designed to preempt those of European leaders. ⒹThe Inquiry, composed largely of academicians and functioning independently of the State Department, was hard at work, but its influence was still uncertain and House himself was in Paris

<u>during the closing weeks of WWI.</u> Secretary of State Robert Lansing was preparing his views, which did not coincide with those of the Inquiry and which could be expected to clash with those of the President.

31 위 글의 흐름상 가장 적합하지 <u>않은</u> 문장을 고르시오.

① Ⓐ   ② Ⓑ

③ Ⓒ   ④ Ⓓ

32 위 글의 내용과 일치하는 것을 고르시오.

① Europe's dominance of world politics ended with the First World War.

② Britain, France, and the United States were prepared for the rapid collapse of Germany.

③ European states gradually recovered from the realignment of power mainly due to the rise of America and Japan.

④ Creation of a new international organization preoccupied the victors before WWI was won.

[33-34] 다음 글을 읽고 물음에 답하시오. 각 3점

It was recognized early and has frequently been asserted that in totalitarian countries propaganda and terror present two sides of the same coin. This, however, is only partly true. Wherever totalitarianism possesses absolute control, it replaces propaganda with indoctrination and uses violence not so much to frighten people (this is done only in the initial stages when political opposition still exists) as to realize constantly its ideological doctrines and its practical lies. Totalitarianism will not be satisfied to assert, in the face of contrary facts, that unemployment does not exist; it will abolish Ⓐunemployment benefits as part of its propaganda. Equally important is the fact that the refusal to acknowledge unemployment realized — albeit in a rather unexpected way — the old socialist doctrine: He who does not work shall not eat.

Or when, to take another instance, Stalin decided to rewrite the history of the Russian Revolution, the propaganda of his new version consisted in Ⓑespousing, together with the older books and documents, their authors and readers. The publication in 1938 of a new official history of the Communist Party was the signal that Ⓒthe superpurge which had decimated a whole generation of Soviet intellectuals had come to an end. Similarly, the Nazis in the Eastern occupied territories at first used chiefly anti-semitic propaganda to win firmer control of the population. They neither needed nor used terror to support this propaganda. When they Ⓓliquidated the greater part of the Polish intelligentsia, they did it not because of its opposition, but because according to their doctrine Poles had no intellect, and when they planned to kidnap blue-eyed and blond-haired children, they did not intend to frighten the population but to save 'Germanic blood.'

33 위 글에서 논지의 흐름상 가장 적합하지 않은 것을 고르시오.

① Ⓐ   ② Ⓑ

③ Ⓒ   ④ Ⓓ

34 위 글을 통해 추론할 수 있는 것으로 가장 적합한 것을 고르시오.

① Totalitarian regimes will not need to use terror in conjunction with propaganda after seizure of power.

② Totalitarian regimes will need to use violence to achieve their ideological objectives after seizure of power.

③ Totalitarian regimes will not need to replace propaganda with indoctrination.

④ Totalitarian regimes will need to use terror to deter race propaganda after a stronger grip on power is established.

The explanation of religion as a phenomenon rooted in social structure and the material world, does not always satisfy those who seek a more spiritual and individual basis for religion. Through the years, philosophers and social scientists have suggested a number of other factors such as: awe over the power of nature, fear of death, the need to interpret dreams, guilt over the wish to kill one's parents, and original sin. Some sociologists speak of a human need for transcendence, to escape the limits of one's own senses and to feel that one's life has significance beyond daily experience.

These possible sources, however, cannot explain the endless variety of belief systems or how they change over time. For this type of analysis we must pay attention to the group's particular culture and social structure. Do gathering bands, for example, tend to develop belief systems different from those of agricultural tribes? If the origins of belief lie in the uncertainties of human existence, then we would expect differences simply on the basis of varying modes of subsistence. In line with that thinking, anthropologist Marvin Harris suggests that the kinds of gods people worship reflect the nature of social relationships within the society. In simple gathering or hunting bands, the gods, like the people they guide, are basically an egalitarian bunch, with little distinction between male and female. These gods were important in creating the group but they leave daily life largely to the skills of the native population and to lesser divinities. In contrast, in agricultural societies, especially those with centralized states and well-defined social classes, the gods themselves are highly stratified and insist on strict obedience to standards of conduct and morality.

There is also evidence that important ritual functions were performed by women, such as the vestal virgins in ancient Europe, druid priestesses in Britain, and members of women's cults in early Roman history. Statues of a mother goddess from ancient Crete and wall paintings from Stone Age Turkey suggest an even more central role for women, not only in religious ritual but in the society as a whole. Indeed, there is evidence of widespread mother worship throughout the world, from prehistoric to contemporary societies.

35 위 글의 제목으로 가장 적합한 것을 고르시오.

① Cross-Cultural Perspectives in Belief Systems
② Gender Difference Reflected in Belief Systems
③ Social Structure and Individual Basis in Religion
④ The Universal Role of Women in Religious Rituals

36 위 글을 통해 추론할 수 있는 것으로 가장 적합한 것을 고르시오.

① A human's pursuit of the transcendence may explain the various forms of belief systems.
② Inter-societal relationships affected the formation of gods people believed in.
③ Gods were not distinctive in gender in the society of hunting bands.
④ According to the ancient Greek relics, women were believed to support religious rituals.

From the outside, humans are pleasingly symmetrical, with arms, legs, and eyes that have matching right and left sides. But inside, it's a different story: our heart is on the left; our liver is on the right. Lungs and kidneys are also asymmetric. Now researchers have pinned down a gene that helps developing organs find their proper place.

Scientists have identified other genes that break the initial symmetry of a developing round embryo, and help organs pick sides. But the way researchers tracked this one down was unique, says Daniel Grimes, a developmental biologist. The research, he says, could lead to a better understanding of why organ formation goes awry, as it does in some people.

Developmental biologists have long known that the off-center placement of the heart and other organs is linked to a group of cells called the left-right organizer, which transiently forms in an early embryo. In 1998, based on studies in mice, Japanese researchers proposed that twirling cilia — hairlike appendages on a subset of organizer cells — send embryonic fluid to the left but not to the right, helping organs form in the correct place. The flow activates certain genes just on that left side, altering what grows next, they and others have speculated. The same thing happens in fish and frogs, researchers later found.

But surprisingly, there are no such cells with twirling cilia in developing chicks and pigs, even though their hearts still form to one side. There have been "many confusing results in the literature that are hard to reconcile," Grimes says. He and others think these so-called motile cilia evolved early in animal evolution but were lost in the branches of the animal family tree leading to birds and to the "even-toed" mammals such as pigs, but not humans.

Developmental biologists, Bruno Reversade and Christopher Gordon, wondered whether this disparity could hint at a way to track down new genes responsible for breaking body symmetry. They and their colleagues simply looked for genes active in developing mice, fish, and frogs, but inactive at the stage of development in pigs and birds where there was no longer any fluid flow and thus no need for those genes.

The researchers discovered five such genes, they report this month in *Nature Genetics*. Reversade knew his team was on the right track because three of these genes were already known to be important in flow-induced loss of symmetry.

37 위 글의 제목으로 가장 적합한 것을 고르시오.

① Searching for Genes Breaking Body Symmetry
② The Preemptive Steps to Find Embryonic Fluids
③ Exploring Secrets of Twirling Cilia in Gene Therapy
④ Diverse Perspectives on the Role of the Early Embryo

38 위 글을 통해 추론할 수 있는 것으로 가장 적합한 것을 고르시오.

① The left-right organizer does not function in the embryonic period.
② According to the study in mice, twirling cilia enable organs to be built in the proper position.
③ In the case of even-toed mammals, twirling cilia help hearts grow in one side.
④ In the end, Reversade and Gordon found it difficult to identify the genes which break body symmetry.

In October 2021, the skydiver Felix Baumgartner set a new world record. After sitting inside a tiny capsule at the edge of space, he jumped out when he was 39 kilometers above the Earth. Falling to the ground, he reached a speed of 1,357 kph and broke the sound barrier. This ten-minute jump was extremely well-prepared. ⒶTherefore, it was a very risky thing to do, and raises the question: Why are some people attracted to dangerous activities?

One reason may be to get attention — Felix Baumgartner's jump was watched by around 8 million people on YouTube. Some people feel a need to show that they are the fastest or the best at something, and taking public risks is one way to do this. For some competitive individuals (especially in the world of sport and business), the financial rewards of taking a risk and achieving what you want can be enormous. ⒷFurthermore, if you have taken a chance and won through, then your achievement may be remembered for a very long time. The more thrilling the risk the bigger the win. Everybody knows who the first person to walk on the Moon or the first team to climb Mount Everest was — but Ⓒfew people know the fifth or ninth people to do so.

However, there are many occasions when people take risks without an audience, for example, in high-risk sports, such as cave diving or mountain climbing. It is clear, then, that there must be other rewards for not playing it safe. One might be the 'adrenaline rush' that people get when they do something dangerous. ⒹIn frightening situations, the chemical adrenaline is released into our bodies. This makes our hearts beat faster, and helps our bodies if we have to fight or run away. It is possible that this level of excitement might be a reason some people continuously try out exhilarating activities.

In summary, it seems that many people stick their necks out because they dream of success. Of course, there is always the possibility of terrible failure too. At the same time, if everything goes well in a risky activity, then the rewards can be great.

39 위 글에서 논지의 흐름상 가장 적합하지 않은 것을 고르시오.

① Ⓐ   ② Ⓑ
③ Ⓒ   ④ Ⓓ

40   위 글의 내용과 일치하는 것을 고르시오.

① People overcome adrenaline rush when something can be dangerous.

② It is possible to earn a lot of money if you take a risk and succeed.

③ Risk-takers take bigger and more dangerous risk each time they do something.

④ People rarely take risks in exhilarating activities when they are alone.

올바른 방향으로 간다면,
내가 영어를 가장 잘하는 날은 당연히도 시험날이다!

김○규

중앙대학교 경영학과
편입구분: 일반편입

어휘 학습법

"많이 보면 외워질 수밖에 없다."는 원칙에 따라, 저는 MVP 1을 4개월 동안 100회독은 한 것 같습니다. 처음 책을 폈을 때, 아는 단어가 거의 없었지만, 눈으로 사진을 찍듯이 보고 입으로 발음해 보는 방식으로 1회독을 하루 만에 끝낼 수 있었습니다. 다음 날 2회독을 합니다. 그 다음날은 3~5회독이 가능했습니다. 5~10회독 후 절반 정도의 단어가 눈에 익었습니다. 본 과정을 독해와 병행하니 글을 읽을 때 익숙한 단어가 눈에 보였고, 단어책의 시각적 익숙함과 독해 지문의 맥락이 결합되어 단어는 자동으로 암기되었습니다. 매일 단어를 반복적으로 보면서 암기한 단어의 휘발을 원천 차단할 수 있었습니다.

문법 학습법

문법은 교수님들의 개념강의로 충분하며 개념 적용은 독해지문을 통해서도 가능합니다. 문법 문제는 비중이 작기 때문에 너무 많은 시간을 투자하는 것보다는 자주 보는 것이 중요합니다. 따라서 저는 독해 지문을 문법과 함께 공부했습니다. 지문 분석을 할 때 내가 아는 문법인지 아닌지를 함께 보려고 노력하여 광범위한 문법을 매일 학습할 수 있었습니다.

논리 학습법

저는 지문의 모든 논리적 흐름을 이항대립으로 나누기 위해 노력했습니다. 단어 단위부터 문장, 문단, 지문의 논리적 흐름과 핵심을 파악하기 위해 노력했습니다. 해당 과정의 기본기를 쌓아야만 남들이 틀리는 문제를 날카롭게 맞혀낼 수 있습니다. 남들이 못 보는 행간을 읽어내는 것이 가장 중요합니다.

독해 학습법

독해는 글을 쓴 사람의 의도를 파악하는 것이 가장 중요합니다. 예를 들면, 첫 문단에서 코로나 시대의 의사소통이 나왔다면 "아 코로나 의사소통 내용이면 비대면 관련 이야기가 나오겠군" 이라 추론할 수 있습니다. 다음 문단에서 비대면 의사소통의 단점에 관한 이야기가 나오면 이후에는 장점에 관한 이야기가 나올 것이라고 추론할 수 있습니다. 이러한 방식으로 끊임없이 물음표를 던지며 호기심을 가지고 글을 읽으면 what, how를 알 수 있고 결과적으로 저자의 의도, 다음으로 나올 내용이 예상될 것입니다.

중앙대학교 | 2021학년도 일반편입 A형 | 40문항·60분

어휘

▶ 동의어 문제는 beef up(=reinforce), acerbity(=mordancy), tutelary(=protective), rapprochement (=reconciliation), dilate (=expand), noxious(=deleterious)가 제시어로 나왔다. 그리고 생활영어 문제에서는 have a lot on one's plate(해야 할 일이 산더미처럼 있다), let it aside (그냥 내버려두다), grow on trees(~이 쉽게 손에 들어오다), off the wall(특이한), skive off(수업에 빠지다), faff around(정신없이 돌아다니다)와 같은 관용표현이 출제됐다.

문법

▶ 중앙대 문법문제의 특징은 문제의 보기가 모두 문법적으로 옳은 경우 No error를 정답으로 골라야 한다는 점이다. 예를 들어, 11번의 경우 부정의 부사구인 'Not until+명사' 다음에 주어와 동사의 도치, so lackluster 다음에 that이 나오는 so ~ that 구문, out of embarrassment와 같이 'out of+감정명사'를 아는지 물어보았는데, 제시된 보기의 문법사항이 모두 옳기 때문에 No error 보기에서 골라야 했다. 9번과 10번 문제에서는 관계대명사 which와 who의 구분과 자동사 arise와 타동사 raise를 구분할 수 있는지를 각각 물어보았다.

논리완성

▶ 단문 길이의 논리완성 문제에서는 독이 든 생물에 물리거나 쏘인 상처를 통해 tarantism(tarantula에 물리면 발병한다는 무도병)을 고르는 문제, 증언이 무관하다(irrelevant)는 내용을 통해 그 증언이 '관련이 없다(not germane)'는 것을 고르는 문제 등 문맥상 빈칸에 적절한 어휘를 고르는 어휘형 빈칸완성 문제가 대부분 출제됐다. 하지만 19번의 경우, 특정 어휘의 용법을 알아야 풀 수 있었는데, 보통 incumbent가 한정적 용법으로 쓰일 경우 '현직의'라는 뜻으로 쓰이지만, 서술적 용법으로 쓰일 때는 incumbent upon으로 쓰여 '~에게 의무로 지워진'이라는 뜻으로 쓰인다는 것을 알아야, 안전 절차를 '숙지하는(familiarize)' 것이 의무임을 알 수 있었다. 단락으로 구성된 논리완성 문제에서는 질병의 온상이라는 내용을 통해 '비좁고 갑갑한 생활(cramped living)'을 고르고, 가난한 사람들이 비누를 구입할 수 있었다는 내용을 통해 비누에 부과하는 세금이 '중단되었다(was taken off)'를 고르는 문제, 평범한 말에 가해지는 '조직적인' 폭력이라는 내용을 통해 systematically(체계적으로)를 고르고, 지나치게 많은 의미를 품고 있다는 내용을 통해 disproportion(불균형)을 고르는 문제 등 문장 간의 흐름을 알아야 풀 수 있는 문제들이 출제됐다.

독해

▶ 중앙대는 『Science Magazine』, 『AI and Humanity』, 『Principles of Geology』 등과 같이 다양한 분야의 전문서적에서 지문의 내용을 제대로 파악하고 있는지를 묻는 내용 추론 및 일치, 지문의 전체적인 내용을 압축할 수 있는지를 묻는 글의 제목 및 요지, 글의 흐름상 적절하지 않은 표현 고르기 등이 출제되었다. 지문의 내용을 살펴보면, 4차 산업혁명의 특징, 딥 러닝(deep learning)의 의미와 작동원리, 인간의 본성, 최초 사회의 가족 및 농업의 구성, 면역학의 정의 및 탄생배경, 동지와 하지의 정의 및 발생원인, 유전자 요법으로 치료받은 환자에게서 생겨난 종양, 그리고 지질학을 둘러싼 논란 등 학문적인 내용이 지문으로 주로 출제됐다.

중앙대학교   2021학년도 일반편입 A형
▶▶ 40문항·60분

[01-06] 다음 문장의 밑줄 친 부분과 가장 가까운 의미를 고르시오. 각 2점

01 The food company has <u>beefed up</u> its technical and new product development services.

① redirected   ② reclaimed
③ reinforced   ④ rebooted

02 The meeting of the World Health Organization was marked with such <u>acerbity</u> that little hope of reaching any useful settlement of the problem could be held.

① equivalency   ② wimpishness
③ mordancy   ④ costiveness

03 I am acting in my <u>tutelary</u> capacity when I refuse to grant you permission to leave the campus.

① untoward   ② protective
③ statutory   ④ jejune

04 Both sides were eager to effect a <u>rapprochement</u> but did not know how to undertake a program designed to bring about it.

① reconciliation   ② refection
③ recourse   ④ rehabilitation

05 Tea has complex compounds called polyphenols which are believed to help the arteries to <u>dilate</u>.

① coagulate   ② precipitate

③ straighten   ④ expand

06 Even though some genetic mutations may be useful under some circumstances, most are unconditionally <u>noxious</u> in all existing environment.

① deleterious   ② decrepit

③ onerous   ④ odious

[07-08] 다음의 대화들 중 흐름이 가장 적절하지 <u>않은</u> 것을 고르시오. 각 2점

07 ① A: Hey, Ryan. Can you do me a favor?
    B: I have a lot on my plate. But what is it?

② A: Can you join us to play the games tonight?
    B: Sure, I'm so glad to know that you guys are totally screwed.

③ A: Maggie, you can earn a fortune if you invest your money in this sector at the stock market.
    B: Let's not be naive here. Money doesn't grow on trees.

④ A: Ma'am. You're speeding at 150 miles here at Transnational Highway 1.
    B: Could you please let it aside, sir?

08 ① A: I wonder how she came up with such a peculiar idea!
    B: I think some of her ideas are often off the wall.

② A: He skived off as he does everyday.
    B: Yes, he always wants to help clean up.

③ A: He scoffed a dish of noodle at lunch time.
    B: Probably, he didn't eat breakfast this morning.

④ A: I faffed around in the library.
    B: Did you find the book you wanted?

[09-11] 다음 문장의 밑줄 친 부분 중 문법적으로 적절하지 않은 부분의 번호를 선택하시오. 문장의 밑줄 친 부분이 문법적으로 모두 옳다면 ④를 선택하시오. 각 2점

09 The accident was a particularly sad one, ①inasmuch as the ②drowned men were quite young and lived with their families in town, and all were intimate friends out on a day of pleasure, ③who had been arranged for some time past. ④No error.

10 The sudden disruption of the pandemic ①arose fears of panic buying in British supermarkets, as a nation already ②rattled by a mysterious new strain of the virus now had to worry about ③running out of fresh food in the days before Christmas. ④No error.

11 Not until the next day ①did she learn that her acting was ②so lackluster that the management had fired her, but other actors had been silent ③out of embarrassment. ④No error.

[12-19] 다음 빈칸에 가장 적합한 단어를 고르시오. 각 2점

12 The American singer died in July at 83, leaving a complicated legacy that includes incredible songs and philanthropy as well as hateful and reactionary _____.

① plaudits
② diatribes
③ oracles
④ jubilations

13 Officially, _____ first appeared in a 14th century text by a physician from Padova describing how to treat bites or stings from venomous animals and insects.

① somnambulism
② tarantism
③ epilepsy
④ amnesia

14 Typically, the head and limbs of someone in an advanced state of the Huntington's disease are jerked about as though manipulated by a(n) _____ puppeteer.

① jovial
② irksome
③ mawkish
④ inebriated

15 I'm afraid you will have to alter your _____ views in the light of the tragic news that has just been reported in the website today.

① odoriferous ② roseate
③ slack ④ brackish

16 The attorney protested that the testimony being provided was not _____ to the case and asked that it be stricken from the court record as irrelevant.

① antithetical ② accustomed
③ incongruent ④ germane

17 Nepal's new constitution, adopted in 2015, directed that remote villages be served by roads, but the _____ terrain makes building them difficult.

① unflinching ② vertiginous
③ extraneous ④ querulous

18 The actress is willing to _____ a character inscribed in the text: she assembles a role, a series of actions, attentive to her interactions with other actors, to the mood of the developing event, and from this process of working with the text a "true, newly-born, and living character" might emerge.

① reinterpret ② replicate
③ privatize ④ patternize

19 It is incumbent upon all users of this equipment to _____ themselves with the safety procedure.

① upbraid ② indulge
③ expedite ④ familiarize

20 This is a delicious evening, when the whole body is one sense, and imbibes delight through every pore. I go and come with a strange liberty in Nature, a part of herself. As I walk along the stony shore of the pond in my shirt sleeves, though it is cool as well as cloudy and windy, and I see nothing special to attract me, all the elements are unusually congenial to me. The bullfrogs trump to usher in the night, and the note of the whippoorwill is borne on the rippling wind from over the water. _____ with the fluttering alder and poplar leaves almost takes away my breath; yet, like the lake, my serenity is rippled but not ruffled. These small waves raised by the evening wind are as remote from storm as the smooth reflecting surface.

① Apathy   ② Myopathy
③ Sympathy   ④ Dyspathy

21 The household rubbish was thrown out into the narrow streets and the air was filled with black smoke from the factories' chimneys. Dirty streets and _____ living was a perfect breeding ground for diseases. More than 31,000 people died during an outbreak of cholera in 1832 and lots more were killed by typhus, smallpox and dysentery. Public Health Act of 1875 banned open sewers, thanks to Joseph Bazalgette's sewage system. Houses were made further apart, rubbish collection was introduced and public health inspectors had to be provided by the local council. They basically had to go round whatever town or city they were employed in and check that sanitation and health of the people was alright. In 1853, the tax on soap was _____, meaning poor people could buy it and become more hygienic by washing with it.

① institutional — levied on
② cramped — taken off
③ stingy — perked up
④ crowded — put down

22 Perhaps literature is definable not according to whether it is fictional or 'imaginative', but because it uses language in peculiar ways. On this theory, literature is a kind of writing which, in the words of the Russian critic Roman Jakobson, represents an 'organized violence committed on ordinary speech'. Literature transforms and intensifies ordinary language, deviates _____ from everyday speech. If you approach me at the bus stop and murmur 'Thou still unravished bride of quietness,' then I am instantly aware that I am in the presence of the literary. I know this because the texture, rhythm and resonance of your words are in excess of their abstractable meaning — or, as linguists might more technically put it, there is a(n) _____ between the signifiers and the signifieds.

① systematically — disproportion
② quintessentially — congeniality
③ logically — parity
④ absurdly — corroboration

23 When action is given analytic priority, human beings are viewed as coming into contact with, and creating, their surroundings as well as themselves through the actions in which they engage. Thus action, rather than human beings or the environment considered in isolation, provides the entry point into the analysis. This contrasts on the one hand with approaches that treat the individual primarily as a passive recipient of information from the environment, and on the other hand with the approaches that focus on the individual and treat the environment as _____, serving merely as a device to trigger certain developmental processes.

① essential
② spontaneous
③ nonchalant
④ secondary

24 Over the past decades, ski lifts helped transform _____, isolated mountain villages into lucrative tourism destinations. Now, their economic dependency on the upscale sport could be their ruin. Billions have already been lost since the resorts were closed in March. Should Tyrol's entire ski season _____, as much as 3 percent of Austria's Gross Domestic Product could be wiped out, according to the Austrian Institute of Economic Research.

① untrod — surge
② impoverished — falter
③ primitive — inflate
④ antiqued — revive

25 The steam engine needs the fuel which the vegetable life yields, whether it be the still active life of the surrounding vegetation, or the extinct life which has produced the immense coal deposits in the depths of the earth. The forces of man and animals must be restored by nourishment; all nourishment comes ultimately from the vegetable kingdom, and leads us back to the same source. You see then that when we inquire into the origin of the moving forces which we take into our service, we are thrown back upon the _____ processes in the earth's atmosphere, on the life of plants in general, and on the sun.

① paleontological
② translocal
③ meteorological
④ geothermal

26 The term "agenda setting" was coined by McCombs and Shaw in their study of media coverage and voter attitudes. They found that the media exerted a considerable impact on voters' judgments of what were the salient issues of the campaign. On the basis of this and similar studies, it is argued that, although the media might not be able to tell us what to think, they have an influence on what we think about. But agenda setting has since been dismissed as "at best a hackneyed half-truth" on the grounds that it _____ the existence of multiple agendas by media organizations and voters alike. McQuail notes that the direction of flow in the agenda-setting model could be reversed, raising the possibility that, rather than setting the agenda, the media merely reflect the attitudes of voters. For him, agenda setting remains a(n) _____ idea.

① sanctions — fabricated
② shatters — corroborative
③ underlines — plausible
④ downplays — unproven

The Fourth Industrial Revolution, a moniker initially coined by the World Economic Forum to refer to the newest innovations in labor and productivity, which can include near-future robotic and AI innovation, refers to an age when digital technology ceases to be trapped within the confines of a desktop computer. The Internet of Things promises the insertion of computational technology in virtually all physical products. The *quantified self* suggests the digital capture of every human sense and action, from heart rate and blush response to emotional fluency and activity tracking. Digital and physical surveillance unite to provide a complete picture of each person's physical and online activities in a unified holistic picture. Massive networking promises that information is richly fused, creating secondary knowledge that was otherwise impossible to capture, such as demographic data, purchasing habits, and the chances of loan defaults. Robotic innovations threaten prevailing concepts of aging and injury, suggesting exoskeletons and other robotic orthotics that change how humans and machines can couple in the physical world.

27 위 글을 통해 추론할 수 있는 것으로 가장 적합한 것을 고르시오.

① The revolution redefines our human relationship to the Internet of Things.

② The revolution reduces our holistic relationship with computation and digital intelligence.

③ The revolution gives digital technology the chance to break out of the computer and pervade the entire world.

④ The revolution envisions the production of a computer and all its associated products and systems.

Thus far we have been focusing on people's attention to the thoughts and behavior of other people. Closely related work shows the power of "priming." Priming refers to the somewhat mysterious workings of the Automatic System of the brain. Research shows that subtle influences can increase the ease with which certain information comes to mind. Imagine playing a word association game with Homer Simpson and you will get the idea. Sometimes the merest hint of an idea or concept will trigger an association that can stimulate action. These "primes" occur in social situations and their effects can be surprisingly powerful. In surveys, people are often asked whether they are likely to engage in certain behavior — to vote, to lose weight, to purchase certain products. Those who engage in surveys want to catalogue behavior, not to influence it. But social scientists have discovered an odd fact: when they measure people's intentions, they affect people's conduct. The Ⓐ_____ refers to the findings that when people are asked what they intend to do, they become more likely to act in accordance with their answers. This finding can be found in many contexts. If people are asked whether they intend to eat certain foods, to diet, or to exercise, their answers to the questions will affect their behavior. In our parlance, the Ⓐ_____ is a Ⓑ_____ and it can be used by a private or public Ⓑ_____.

28 위 글의 흐름상, 빈칸 Ⓐ와 Ⓑ에 들어가기에 가장 적합한 것을 고르시오.

① Ⓐ mere-measurement effect
　　Ⓑ nudge

② Ⓐ catalogue of behaviors
　　Ⓑ sneak attack

③ Ⓐ the priming effect
　　Ⓑ Gordian knot

④ Ⓐ the brain's automatic system
　　Ⓑ conundrum

In our brains, a neuron has a body, dendrites, and an axon. The signal from one neuron travels down the axon and transfers to the dendrites of the next neuron. That connection where the signal passes is called a synapse. Neurons by themselves are kind of useless. But when you have lots of them, they work together to create some serious magic. That's the idea behind a deep learning algorithm! You get input from observation and you put your input into one layer. That layer creates an output which in turn becomes the input for the next layer, and so on. This happens over and over until your final output signals. Think of the input layer as your senses: the things you see, smell, and feel, for example. These are independent variables for one single observation. This information is broken down into numbers and the bits of binary data that a computer can use. You'll need to either standardize or normalize these variables so that they're within the same range. They use many layers of nonlinear processing units for feature extraction and transformation. Each successive layer uses the output of the previous layer for its input. What they learn forms a hierarchy of concepts. In this hierarchy, each level learns to transform its input data into a more and more abstract and composite representation.

29 위 글을 통해 추론할 수 있는 것으로 가장 적합한 것을 고르시오.

① Deep learning process is an abstract collection of neurons.
② Many layers of nonlinear processing units work independently for the next step.
③ The information collected from one single observation is converted into bits of binary data.
④ One layer deletes an input data by a repeated process of independent variables.

Today there is a tendency to see human as standing somewhere between the ape and the computer. It was never seriously denied that we were animals or had an animal aspect in behaving like animals in eating, excreting, procreating, breathing, sleeping, and dying. ▢A We were esteemed as rational, spiritual, deliberative beings, made in the image of God, a little lower than the angels. The biblical image of humanity is noble and inspiring. The contemporary model of homo-computer is less inspiring. ▢B Being mechanistic, we are seen as lacking a free will, hence as lacking responsibility and intrinsic value altogether. Indeed, all that marks us off from a moderately reliable computer is the animal in us, the nonrational elements of sensation, emotions, and consciousness. ▢C If the latter model is closer to the truth, we will have to make the best of it. But the question of our essential nature is worth asking and pursuing: Is there something special about us, a soul or mind which perdures through change and survives our death, something that constitutes our true identity and is the locus of eternal value? ▢D Or is the mind simply a function of the body, in particular, of the brain? The theory that there is a mind separate from the body is called dualism. The theory that the mind is really an aspect or function of the brain is called materialism.

30 아래의 문장이 들어갈 위치로 가장 적합한 곳을 고르시오.

But there was something more.

① ▢A   ② ▢B
③ ▢C   ④ ▢D

[A] Beginning around 10,000 BCE in some places, the great First Society traditions that had sustained human life for so long began to change. Instead of hunting animals, humans began to herd them, and instead of gathering and tending plants, they began to domesticate a few chosen plants and grow them in organized fields. These changes altered the imaginaries of the spirit world. Cattle in particular were seen as living gods, requiring daily attendance and a culture of respect. They were not killed for food but were sacrificed to mark special events in the life of the community. Among the Dinka in the Sudan, a man knows his cattle by special names, sings songs to them, and sleeps next to them for long periods of time. Cattle are sacrificed only on special occasions, such as at weddings or funerals. Although only a few cattle-centric societies remain today, the impact of this world view can be felt even in modern religions.

[B] The emerging great rain forests attracted human habitation to make the first settled communities, along with rivers and shores. The Bambuti in Congo still today pay homage to a forest spirit, Jengi, whose power is thought to emanate through the world. Jengi is seen as a parental figure and guardian. Society is organized around individual households consisting of a husband, a wife, and their children, forming settlements that can number up to about fifty residents. The women build the huts that, in the shape of upside-down baskets, are made out of a frame of saplings and clad with leaves. Other rain forest cultures developed in Central America, and Southeast Asia.

[C] Just as important was the shift from gathering plants to farming. Rice in southern China and eastern India, millet in Africa and northern China, wheat and barley in the Levant, and corn in Guatemala — all rose from being just one of thousands of plants that humans tended to the precious focus of effort and devotion. The combined transformation of our relationship to animals and plants produced a new way of life: agropastoralism. While today we call this period the birth of agriculture, we have to remember that crops like rice and barley were not raised as food. They were gods. We have so secularized food production today that we forget that the birth of what we call agriculture coincided with profound transformations that deified certain foods and thus, it might be said, guaranteed the proper and complex work ethic needed for their production.

31 위 글의 단락을 논리적 흐름에 맞게 순서대로 배열한 것으로 가장 적합한 것을 고르시오.

① B — A — C

② B — C — A

③ C — A — B

④ C — B — A

32 위 글의 제목으로 가장 적합한 것을 고르시오.

① The Constitution of Family and Farming in the First Society

② The Beginning of Rural Organization in the Traditional Society

③ The Social Implications of Household Systems in the Primitive Society

④ The Features of Early Human Settlement in the Ancient Civilization

Immunology is the study of the body's defense against infection. We are continually exposed to microorganisms, many of which cause disease, and yet become ill only rarely. How does the body defend itself? When infection does occur, how does the body eliminate the invader and cure itself? And why do we develop long-lasting immunity to many infectious diseases encountered once and overcome? These are the questions addressed by immunology, which we study to understand our body's defenses against infection at the cellular and molecular levels.

[A] Jenner had observed that the relatively mild disease of cowpox, or vaccinia, seemed to confer protection against the often fatal disease of smallpox, and in 1796, he demonstrated that inoculation with cowpox protected the recipient against smallpox. His scientific proof relied on the deliberate exposure of the inoculated individual to infectious smallpox material two months after inoculation. This scientific test was his original contribution.

[B] The beginning of immunology as a science is usually attributed to Edward Jenner for his work in the late 18th century. The notion of immunity — that surviving a disease confers greater protection against it later — was known since ancient Greece. Variolation — the inhalation or transfer into superficial skin wounds of material from smallpox pustules — had been practiced since at least the 1400s in the Middle East and China as a form of protection against that disease and was known to Jenner.

[C] Jenner called the procedure vaccination. This term is still used to describe the inoculation of healthy individuals with weakened or attenuated strains of disease-causing agents in order to provide protection from disease. Although Jenner's bold experiment was successful, it took almost two centuries for smallpox vaccination to become universal. This advance enabled the World Health Organization to announce in 1979 that smallpox had been eradicated, arguably the greatest triumph of modern medicine.

33 위 글의 단락을 논리적 흐름에 맞게 순서대로 배열한 것으로 가장 적합한 것을 고르시오.

① [B] — [A] — [C]　　　② [B] — [C] — [A]
③ [C] — [A] — [B]　　　④ [C] — [B] — [A]

34 위 글의 내용과 일치하는 것을 고르시오.

① Edward Jenner was not aware of the existence of smallpox pustules.
② The occurrence of smallpox cannot be prevented by variolation.
③ Cowpox can be prevented by using vaccination.
④ Edward Jenner was informed of variolation practiced in the past.

[35-36] 다음 글을 읽고 물음에 답하시오. 각 2.3점

This year, the northern winter solstice falls on December 21 at 5:02 a.m. ET. South of the Equator, this same moment marks the unofficial beginning of summer. Solstices occur at the same time around the world, but their local times vary with time zones. (In rare sky show, Jupiter and Saturn will nearly 'touch' on the winter solstice.) ⒶTraditionally, summer and winter solstices helped mark the changing of the seasons — along with their counterparts, the spring and autumnal equinoxes. However, today's meteorologists officially use temperature records instead to draw lines between the seasons. So what exactly are solstices — and how have they been celebrated throughout history? ⒷHere's all you need to know. Solstices occur because Earth's axis of rotation is tilted about 23.4 degrees relative to Earth's orbit around the sun. This tilt drives our planet's seasons, as the Northern and Southern Hemispheres get unequal amounts of sunlight over the course of a year. From March to September, the Northern Hemisphere is tilted more toward the sun, driving its spring and summer. From September to March, the Northern Hemisphere is tilted away, so it feels like autumn and winter. ⒸEarth's axial tilt plays a much bigger role than its near-circular orbit in governing annual seasons. The Southern Hemisphere's seasons are reversed. On two moments each year — what are called solstices — Earth's axis is tilted most closely toward the sun. The hemisphere tilted most toward our home star sees its longest day, while the hemisphere tilted away from the sun sees its longest night. ⒹDuring the Northern Hemisphere's summer solstice — which always falls around June 21 — the Southern Hemisphere gets its winter solstice. Likewise, during the Northern Hemisphere's winter solstice, the Southern Hemisphere gets its summer solstice.

35 위 글의 흐름상 가장 적합하지 않은 문장을 고르시오.
① Ⓐ ② Ⓑ
③ Ⓒ ④ Ⓓ

36 위 글을 통해 추론할 수 있는 것으로 가장 적합한 것을 고르시오.
① For meteorologists, solstices are decisive indicators in marking the changing of the seasons.
② At the equinoxes of spring and fall, Earth's axis is tilted the farthest from the sun.
③ The effect of axial tilt on Earth becomes maximized in the summer and winter solstices.
④ Solstices have been overlooked in both Northern and Southern Hemisphere.

It's troubling news that gene therapy researchers have long anticipated: A hemophilia patient injected with a virus carrying a therapeutic gene in a clinical trial has developed a liver tumor. The U.S. Food and Drug Administration (FDA) has halted the associated clinical trials, and uniQure, the Dutch firm behind the studies, is now investigating whether the virus itself caused the cancer. Gene therapy experts say Ⓐthat's unlikely. The patient had underlying conditions that predisposed him to liver cancer. Still, scientists say it's crucial to rule out any role for adeno-associated virus (AAV), the viral delivery system, or vector, that is used in hundreds of other gene therapy trials. "Everyone will want to know what happened," says physician-scientist David Lillicrap, a hemophilia researcher who was not involved with the uniQure study.

Gene therapy for various forms of the blood-clotting disorder hemophilia has been one of the field's latest success stories. UniQure's hemophilia B treatment appears to be among the treatments working, with 52 of 54 patients no longer needing injections of factor IX after 6 months in its latest study. But in recent days, uniQure revealed that an abdominal ultrasound done as part of its ongoing safety monitoring of trial participants found a liver mass in a patient treated in October 2019, prompting FDA to Ⓑimpose a hold on the company's three hemophilia trials. The news sent uniQure stock plunging, along with shares of other companies working on AAV gene therapy.

Still, there's reason to believe the virus Ⓒcaused the cancer. The patient was older, uniQure notes, and he had a liver disease that raises cancer risk. He also became infected with the hepatitis B and C viruses more than 25 years ago. Chronic infections of these viruses are linked to 80% of cases of hepatocellular carcinoma, the type of liver cancer found in the trial participant. But FDA and others are concerned because AAV vectors have produced cancer in mouse studies. The AAV-delivered DNA normally forms a free-floating loop in the cell's nucleus. But studies in newborn mice have shown AAV can sometimes integrate its cargo into the recipient's chromosomes and cause liver cancer. And last year, researchers reported that several dogs treated with AAV for hemophilia A had foreign DNA in chromosome locations that apparently triggered rapid cell growth. But this was years after the dogs got the therapy, and the animals Ⓓdid not develop tumors. Because the uniQuere patient received the gene therapy relatively recently, it's "inconceivable" that the AAV was the primary cause of the cancer, Lillicrap says. Still, he adds, if the patient already had a slow-growing liver tumor from his hepatitis infections, the AAV could have inserted into his liver cells' DNA in a way that spurred faster growth.

37 위 글에서 논지의 흐름상 가장 적합하지 않은 것을 고르시오.

① Ⓐ   ② Ⓑ

③ Ⓒ   ④ Ⓓ

38 위 글의 요지로 가장 적합한 것을 고르시오.

① Liver tumor in gene therapy recipient raises concerns about the virus widely used in treatment.

② In gene therapy, there are a variety of viruses which can cause cancer.

③ Chronic infections of viruses may determine the type of liver cancer in gene therapy recipients.

④ It is critical to analyze the cellular samples of tumor before starting gene therapy.

Geology was lively, popular and controversial, a product of the more general transformation of the study of nature in the decades around 1800. Its practices had been freshly confected from cosmological theorizing, mineral surveying, natural history collecting, biblical exegesis and continental mining traditions. A Like other natural history disciplines in the first three decades of the century, geology engaged a network of practitioners ranging from physicians and aristocrats to engineers and farmers. A focus on strata, as exemplified in the publications of the Geological Society of London, founded in 1807, gave these diverse constituencies a practical programme of research and a common goal.

In being open to so many, however, geology was in danger of gaining a reputation for philosophical promiscuity. Underlying disagreements about wider issues could erupt into speculative excess or religious scepticism. For all the focus on strata, public debate about the meaning of geology remained embedded in controversy about the Creation, the Fall and the Flood, as illustrated by Byron's notorious unperformed play *Cain*. B Who was to interpret the meaning of a science whose findings could so flagrantly be used to contradict the opening verses of the Bible? How was a scientific view to be given of the history of life which did not lead to soul-denying materialism and atheism?

Geology had been introduced at Oxford to arm undergraduates against the infidels, and like other natural sciences it was an extracurricular option which did not lead to a degree. Lyell attended the flamboyant lectures of the Rev. William Buckland, whose daring reconstructions of extinct monsters and lost worlds attracted an enthusiastic following. Buckland stressed ties to classical learning and agricultural utility; and because many feared that the new science undermined the truth of the Mosaic narrative in Genesis, he contended that geology evidenced divine design and a universal Deluge. C The earliest articles Lyell wrote show how much he had learned from Buckland about reconstructing extinct animals, dating strata by fossils and charting the progressive history of life.

By the early 1820s Lyell had graduated and moved to London so that he could prepare to become a barrister. Poor eyesight and ambitions to shine in literary circles led him to shift his career to science, despite his father's worry that he was abandoning a secure profession. In centering his identity around geology — while hoping to make money from it — Lyell was doing something new. Most activities that might be called professional in science during the early nineteenth century were seen as low status, involving specimen-selling, instrument-making, curating collections and hack writing. D Lyell hoped to raise authorship into a calling fit for gentlemen, much as the mathematician and natural philosopher John Playfair had done through scientific reviewing and as Carlyle and Macaulay were doing through their celebrated essays.

39 아래의 문장이 들어갈 위치로 가장 적합한 곳을 고르시오.

The result was a romantic vision of the progress of life through countless ages, strange animals perfectly adapted to even stranger physical conditions, and culminating in the creation of the human race.

① A   ② B
③ C   ④ D

40 위 글을 통해 추론할 수 <u>없는</u> 것으로 가장 적합한 것을 고르시오.

① Geology in the 19th century was influenced by such promiscuous ideas that had caused religious conflicts among the people.

② As a minister, William Buckland gave flamboyant lectures about the fossils and strata from a religious point of view.

③ The professionals in science were not highly respected in the early 19th century society.

④ Giving up his decent position at a law office, Lyell learned as much scientific knowledge as he could from Carlyle and Macaulay.

특성화고, 지방 전문대에서 중앙대 홍보대사로!

조○찬

중앙대학교 경영학과
편입구분: 학사편입

어휘 학습법

단어 같은 경우는 시험이 끝나는 그날까지 공부했고 누적 복습 방법이 저한테 잘 맞았는데, 일주일 동안 day 1-10을 반복하여 외우고 그다음 주가 되면 day 1-20을 외우는 방법입니다. Quizlet이라는 앱을 썼는데 진짜 단어 암기에는 좋은 것 같다고 생각합니다. 앱에 외울 단어를 입력해 놓고 재생 버튼을 누르면 알아서 몇 초 있다가 넘어가는데 양치할 때도 밥 먹을 때도 틀어놓고 생활했습니다.

문법 학습법

오전에 수업을 듣고 바로 오후에 배운 내용을 저만의 노트에 필기했고, 모르는 게 있으면 그때그때 질문했습니다. 문법 문제를 풀다가 헷갈리는 개념이 있으면 노트에 필기했던 내용을 다시 찾아보는 과정을 반복했습니다.

논리 학습법

논리는 문제를 분석할 때마다 구조와 정답의 단서를 항상 확인하면서 공부했습니다. 논리는 최대한 적게 읽고 푸는 게 중요하다고 생각해서 수업 시간에 논리 선생님이 푸시는 방법대로 하려고 많이 노력했습니다. 그리고 단어를 많이 외우고 독해 실력이 어느 정도 늘면 논리는 자연스럽게 따라온다고 생각하여 시험이 다가올수록 어휘>독해>논리>문법에 중점을 두고 공부했습니다.

독해 학습법

7월쯤부터 독해를 정식으로 시작했는데, 편머리 올드 버전을 스프링 제본해서 문제를 풀고 맞은 문제도 틀린 문제도 정답과 정답의 근거를 똑같은 색깔 형광펜으로 칠하면서 이게 왜 답인지 찾아내는 과정을 계속 반복했습니다. 배경지식을 쌓기 위해 인터넷 검색도 진짜 많이 하고 독해 선생님이 필기해 주신 내용은 무조건 암기했습니다. 빈출 내용은 따로 노트에 정리했습니다.

중앙대학교 | 2020학년도 일반·학사편입 A형 | 40문항·60분

어휘

▶ 출제된 어휘에는 intransigent(=flatfooted), tinderbox(=power keg), addle(=muddle), rickety(=decrepit), bridle(=offend), scour(=comb), giddiness(=dizziness)가 있었다. 그리고 생활영어 문제의 경우, 대화문으로 이뤄진 보기마다 관용어구가 들어 있는 것이 특징인데, high and dry(먹고 살길이 막막한), have it coming(자업자득으로 당연한 응보를 받다), hit the spot(자신이 원하는 딱 그것이다), you're getting colder(너는 정답으로부터 점점 더 멀어지고 있다), see eye to eye with(~와 견해가 완전히 일치하다)와 같은 표현이 문제로 출제됐다.

문법

▶ 문법적으로 적절하지 않은 보기를 고르는 Written Expression(W/E) 문제가 3문제 출제됐다. 중앙대 W/E 문제의 특징은 문제의 보기가 모두 문법적으로 옳은 경우 No error를 정답으로 골라야 한다는 점이다. 예를 들어, 12번의 경우 한정사 no 다음에 '무관사+명사', such 다음에 올 수 있는 부정관사, 그리고 have something at one's disposal(무엇을 자기 마음대로 하다)이라는 관용표현을 물어보았는데, 제시된 보기의 문법사항이 모두 옳다고 확신해야 No error 보기를 고를 수 있었다. 그 외 출제된 문법사항으로는 복합관계대명사 whatever와 접속사 that의 구분, 동사 present와 분사구문 presenting의 구분 등이 있었다.

논리완성

▶ 단문 길이의 어휘형 논리완성 유형 8문제와 내용 파악에 중점을 둔 논리완성 유형 6문제가 출제됐다. 어휘형 논리완성 문제에서는 '증거를 취합하다(pull together evidence)'를 통해 이야기를 '지어내다(concoct)'를 고르는 문제, 수술실 교육과 관련해 '무균의(aseptic)'를 고르는 문제, '지루한 연설(dull speech)'에서 '복잡하고 따분한(turgid)'을 고르는 문제 등이 출제됐다. 하지만 15번의 경우, '물과 기름과의 관계를 통해 사랑과 정치의 관계가 어떠한지'를 유추하는 문제로, 'A is no more B than C is D(A가 B가 아닌 것은 C가 D가 아닌 것과 같다.)'와 같이 '양자부정'을 나타내는 문법사항과 문맥을 모두 파악해야 풀 수 있는 어려운 문제가 출제됐다. 반면 단락으로 구성된 논리완성 문제에서는 '자신에게 쾌락을 주기 위해 우정을 형성한다'는 내용을 통해 자기중심적인(egocentric) 속성을 고르는 문제, 과거의 가뭄들이 '공통점이 있다'는 데서 '단순한 우연의 일치 그 이상(more than a coincidence)'을 고르는 문제 등 전체적인 문맥을 파악해야 풀 수 있는 문제들이 출제됐다.

독해

▶ 지문의 전체적인 이해를 묻는 내용일치 및 내용추론 문제, 전체적인 내용을 압축한 글의 요지 및 글의 제목, 그리고 문맥에 맞게 적절한 표현을 고르는 빈칸완성 문제가 주로 출제됐고, 그 외 문맥상 적절하지 않은 표현을 고르는 문제, 지문에 제시된 여러 단락들을 올바르게 배열하는 단락배열 문제, 제시문이 들어가기에 적절한 곳을 본문에서 찾는 문장삽입 문제가 출제됐다. 지문의 내용을 살펴보면, 사회적 비교 및 인지 부조화에 관한 이론, 후기인상주의 미술의 옹호자의 전략, 실험실에 달려있는 과학의 미래, 스페인 사막 개미가 사용하는 경로통합 전략 등 다양한 분야의 학문적인 내용이 주를 이루었다.

중앙대학교

2020학년도 일반·학사편입 A형
▶▶ 40문항·60분

[01-07] 다음 문장의 밑줄 친 부분과 가장 가까운 의미를 지닌 것을 고르시오. 각 2점

01 I wonder why the manager maintained such an <u>intransigent</u> position.

① noncommittal　　　　② flatfooted
③ squalid　　　　　　　④ amicable

02 The whole region has become a <u>tinderbox</u> since the new king was inaugurated.

① powder keg　　　　② black sheep
③ red herring　　　　④ barren tract

03 Perhaps it was the flaring sunlight that <u>addled</u> his mind.

① demesmerized　　　② muddled
③ dulcified　　　　　④ meddled

04 Many are shacks of corrugated iron over a <u>rickety</u> timber frame.

① extravagant　　　　② slippery
③ solid　　　　　　　④ decrepit

05 I knew that she was <u>bridled</u> by the news of my staying.

① relieved　　　　　② surprised
③ offended　　　　　④ saddened

06 Once you know what question you want to answer, it's time to <u>scour</u> the book for things that will help you answer the question.

① comb   ② swathe
③ carve   ④ rectify

07 As the <u>giddiness</u> of the Roaring Twenties dissolved into the bleakness of the Great Depression, he battled alcoholism, which hampered his writing.

① dizziness   ② rabidity
③ equilibrium   ④ sparseness

[08-09] 다음의 대화들 중 흐름이 가장 적절하지 <u>않은</u> 것을 고르시오. 각 2점

08 ① A: I can't understand why so many people think that Sam and Jack are a lot alike.
      B: I don't see it either. Actually, I think that they are poles apart.
② A: Sorry to hear that your friend left you high and dry.
      B: Yeah. I'm not going to let this destroy me. I'm going to make the best of it.
③ A: My sister got so angry with me, but I guess I had it coming.
      B: Yes, I'll be bitter if I were you.
④ A: Come in. Have a seat and take the load off.
      B: Thanks. I've been on my feet all day long.

09 ① A: You don't know how hard it is to run a restaurant in the city.
      B: I've been there. You don't need to spell it out.
② A: How does a nice hot chocolate sound?
      B: Wow, I think that would hit the spot.
③ A: Is that the right answer?
      B: No, now you're getting colder.
④ A: I always see eye to eye with him.
      B: Oh, he's really hard to work with.

[10-12] 다음 문장의 밑줄 친 부분 중 문법적으로 적절하지 <u>않은</u> 부분의 번호를 선택하시오. 문장의 밑줄 친 부분이 문법적으로 모두 옳다면 번호 ④를 선택하시오. 각 2점

10 Not only is the prose-account ①<u>obsessed</u> with circumstantial detail, but that detail also happens to be extremely apologetic, explaining ②<u>whatever</u> it could happen that a man ③<u>get trapped</u> by the criminal. ④<u>No error</u>.

11 In the process of helping us ①<u>perceive</u> the world a little differently, poets often compare ②<u>one thing</u> we readily recognize with another, ③<u>present</u> us with quite an attention-grabbing surprise. ④<u>No error</u>.

12 It is said that under ①<u>no</u> previous historical system did people live as comfortable a material life or have such ②<u>a range of</u> alternative life-experiences ③<u>at</u> their disposal as in this present system. ④<u>No error</u>.

[13-20] 다음 빈칸에 가장 적합한 단어를 고르시오. 각 2점

13 The _____, whom many kids in the town believe not to be awakened from the winter sleep, pretends that the eminence is not worth attaining, declines altogether the struggle, and calls himself a philosopher.

① sluggard ② gopher
③ ratter ④ elf

14 Asked by our senior officers to pull together this South Yorkshire Police evidence for the Taylor inquiry, we are willing to _____ a story that all of the Liverpool fans were drunk, and that we were afraid they were going to break down the gates so we decided to open them.

① punctuate ② appraise
③ concoct ④ abscond

15 Love and politics are no more _____ than water and oil especially if the politics is rancid.

① congenial   ② callous
③ congenital   ④ calefactory

16 For their study, researchers implemented four initiatives that included ongoing education for operating room staff on _____ technique, sterility, and standardization of skin-site preparation.

① acid   ② toxic
③ nitrous   ④ aseptic

17 The old general used to make extremely dull speeches. He churns out lots of _____ stories on military matters and can be considered an official mouthpiece of the country.

① turgid   ② vitriolic
③ ablative   ④ blithe

18 Our modern, low-floor bus fleet offers access to all those with impaired mobility and provides one _____ wheelchair space in the lower saloon.

① desiccated   ② discharged
③ dedicated   ④ distributed

19 There are various ways of making a charm more efficient, and the most common method is by _____. When a hunter of the Tanala tribe wants to make his hunting successful, he cuts his lip and puts a charm mixture in the cut.

① inculcation   ② inoculation
③ extirpation   ④ innervation

20 Her poetry requires repeated and careful readings. Her _____ syntax occasionally departs from the normal pattern. Readers must consequently fill in the gaps her language creates.

① ornamental   ② archaic
③ loquacious   ④ elliptical

21 In describing the ideal type of "primary friendship," Aristotle proposed three kinds of friendship. The first two are friendship for the sake of utility and friendship for the sake of pleasure. Those who form friendships for the sake of utility do so because they are useful for themselves. Similarly, those who form friendships for the sake of pleasure do so because they are pleasurable for themselves. Because of the _____ nature of these types of friendships, Aristotle regarded them as imperfect ones. In contrast, he viewed the third type of friendship as perfect. Perfect friendship is the friendship of people who are good and alike in virtue.

① egocentric
② debonaire
③ amorphous
④ caviling

22 For 10 years, central Chile has been gripped by unrelenting drought. With 30% less rainfall than normal, verdant landscapes have withered, reservoirs are low, and more than 100,000 farm animals have died. The dry spell has lasted so long that researchers are calling it a "megadrought," rivaling dry stretches centuries ago. It _____ the decade-long drought that California, some 8000 kilometers away, endured until this year. By analyzing tree ring records, scientists have now found evidence that such tandem droughts _____: They are surprisingly common over the past 1200 years, and they may often share a common cause — an abnormally cool state of the eastern Pacific Ocean known as La Niña.

① is caused by — may cause the disastrous rainfall
② is traced to — would persist for a specific period
③ is not so different from — are more than a coincidence
④ is not so relevant to — historically show the similar pattern

23 Major literary figures, such as Alexander Pope, Jonathan Swift, Samuel Butler, and Samuel Johnson, became increasingly critical of the moral failings they saw as being engendered by the very success of the new science. First, resurrecting the Faustus image, they believed that scientists were attempting to discover more than it was proper for humanity to know. Second, they shared a barely suppressed anger at what they saw as the _____ of scientists, especially the proponents of Baconian method, with its assumption that eventually man will fully understand and exploit the mysteries of the universe. Here, again, there are echoes of Faustus the overreacher, particularly in the implications of Bacon's dictum that knowledge is power. The third and essentially new component in the eighteenth-century criticism of scientists was the _____ that science might indeed succeed in deriving a self-sufficient, purely mechanistic system, with no moral dimension and no need of God.

① audacity — hope
② irresolution — nonsense
③ impatience — expectation
④ arrogance — fear

24 My father expressed a wish that I should attend a course of lectures upon natural philosophy, to which I cheerfully consented. Some accident prevented my attending these lectures until the course was nearly finished. The lecture, being therefore one of the last, was entirely incomprehensible to me. The professor discoursed with the greatest _____ of potassium and boron, of sulphates and oxyds, terms to which I could _____ no idea; and I became disgusted with the science of natural philosophy, although I still read Pliny and Buffon with delight, authors, in my estimation, of nearly equal interest and utility.

① interest — have
② knowledge — invoke
③ concern — ascribe
④ fluency — affix

25 A system of free markets seems to promise not merely liberty but equality of an important sort as well, since everyone in a free market is given an equal right to transact and participate in market arrangements. This form of equality should not be _____. For example, race and sex discrimination has often consisted of exclusions of certain classes of people from the market domain. In both South Africa and the United States, discriminatory practices frequently took the form of incursions on free markets in employment.

① lauded
② disparaged
③ embellished
④ defalcated

26 Consider a simple experiment. Half the students in a class are given coffee mugs with the insignia of their home university embossed on it. The students who do not get a mug are asked to examine their neighbor's mugs. Then mug owners are invited to sell their mugs and nonowners are invited to buy them. They do so by answering the question "At each of the following prices, indicate whether you would be willing to (give up your mug/buy a mug)." The results show that those with mugs demand roughly twice as much to give up their mugs as others are willing to pay to get one. Thousands of mugs have been used in dozens of replications of this experiment, but the results are nearly always the same. Once I have a mug, I don't want to give it up. But if I don't have one, I don't feel an urgent need to buy one. What this means is that _____. When they have to give something up, they are hurt more than they are pleased if they acquire the very same thing.

① people are less reluctant to give up specific objects
② people do not assign specific values to objects
③ people tend to have doubt about their choice
④ people have a more general tendency to choose for themselves

[27-30] 다음 글을 읽고 물음에 답하시오. 각 3.5점

The results of a new survey indicate that most people are not motivated to work hard.

The survey suggests that most full-time workers do not wish to work harder than they do at present, and are interested in more leisure rather than extra money. This is shown by the fact that 51% of those questioned said they would not work longer hours even for more money. The majority of workers, 56%, said that they could not work more efficiently than at present, but over four out of ten admitted that it would be possible for them to do so. Over half the employees said that they had no ambition to be rich, and 45% did not regard themselves as having any ambition at all. This suggests that a substantial number of workers could work harder than they do, but have little drive or ambition and would not work harder even if they were paid much more.

However, there is serious evidence for the view that this lack of motivation is not due to boredom or low wages. Only 5% of workers, for instance, found their jobs boring or hated their work, while only 10% gave low wages as a reason for lack of effort. A significantly larger proportion of workers, in contrast, blamed old fashioned equipment, while three out of ten workers identified inefficiency with poor management or bad organization. By far the largest proportion of workers, however, put the blame on heavy taxation.

27   위 글을 통해 추론할 수 있는 것으로 가장 적합하지 않은 것을 고르시오.

① The main reasons for the lack of will to work are to be found in external factors rather than in dissatisfaction with the job itself.

② More effort should be put into improving working conditions in the factories and making their organization more efficient.

③ Introducing a new monetary reward seems to be urgent rather than improving the working environment.

④ Reducing taxation might do more than an increase in wages to improve workers' motivation.

In the 1950s, Festinger proposed his theories of social comparison and cognitive dissonance, suggesting that others can play a Ⓐsubstantial role in the development of opinions and needs as well as reduction of dissonant cognitions. These theories focus on the fact that people look to others in their environment in order to evaluate their own opinions, beliefs, and attitudes. Through this process, one can evaluate where one stands with reference to the opinions and attitudes of an appropriate comparison group, composed of others similar to oneself. With regard to abilities, one may compare performance on a given task to Ⓑa standard(e.g., how fast one can run the mile can be compared to an average time for a runner of the same age). However, evaluation of one's opinions or attitudes has Ⓒincompatible reference and yields information that is relative only to the anchor provided by the comparison group that one chooses. Essentially, researchers have determined that individuals evaluate their opinions, beliefs, and attitudes through comparison with similar others and, partly as a result of such findings, propositions have been made that social support may Ⓓbe derived from the social comparison process. More specifically, it is possible that the processes involved in social comparison provide a basis for the beneficial action of social support.

28   위 글에서 논지의 흐름상 가장 적합하지 않은 것을 고르시오.

① Ⓐ   ② Ⓑ

③ Ⓒ   ④ Ⓓ

Clive Bell was one of the major apologists at the beginning of this century for those revolutionary movements in postimpressionistic painting and sculpture that gave up the old ideal of "imitating nature," not out of incompetence, but on principle. These movements went from the wilful "distortion" of the objects of ordinary experience, as in Cubism, to their elimination, as in Mondrian, to the uninhibited squiggles and splashes of pigments in the "action painting" and "abstract expressionism" of our own day.

A It is fair to say that Bell's theory has not been widely accepted among aestheticians. The wholesale exclusion of representation from the definition of "art" is thought too extreme — as I suggested earlier, it misses the point to think that this is a matter of "mere definition" — and Bell's injunction that we should "look through" the person or event depicted in the painting, to the form, is too expensive.

B Bell's strategy was his legislative use of the term "art": story-telling and description on canvas are not, as has been generally thought, art at all; only its organization of the elements of line, mass, and color, or what Bell calls "significant form," entitles a painting or sculpture to be called a "work of art."

C Bell's formalism is extreme, and yet it is not a lunatic fringe theory of the sort that can comfortably be ignored. If you read at all widely in recent aesthetics and criticism, you find Bell being "refuted" at almost every turn. Those who will not believe him have had to come to terms with him.

29 위 글의 단락을 논리적 흐름에 맞게 순서대로 배열한 것으로 가장 적합한 것을 고르시오.

① B — A — C
② B — C — A
③ C — A — B
④ C — B — A

Laboratories and discoveries are correlative terms; if you suppress laboratories, physical science will become stricken with barrenness and death; it will become mere powerless information instead of a science of progress and futurity; give it back its laboratories, and life, fecundity and power will reappear. Away from their laboratories, physicists and chemists are but disarmed soldiers on a battlefield. The deduction from these principles is evident: if the conquests useful to humanity touch your heart — if you remain confounded before the marvels of electric telegraphy, of anaesthesia, of the daguerreotype and many other admirable discoveries — if you are jealous of the share your country may boast in these wonders — then, I implore you, take some interest in those sacred dwellings meaningly described as *laboratories*. Ask that they may be multiplied and completed. They are the temples of the future, of riches and of comfort. There humanity grows greater, better, stronger.

30 위 글의 요지로 가장 적합한 것을 고르시오.

① Life, fecundity and power would be impossible without laboratories.
② Laboratories are sacred dwellings.
③ The future of science depends on laboratories.
④ Physicists and chemists are almost like soldiers on a battlefield.

When walking forward, Spanish desert ants (Cataglyphis velox) use a strategy called "path integration": They remember the feeling of the twists and turns they took and how many steps they are from the nest, which they use to compute the fastest route back home. They also rely on the angle of the Sun to get their bearings, and they look around at the passing scenery and remember certain landmarks that can help them on their return journey.

But how they know where they're going while walking backward is less clear. While it has been observed that the ants sometimes drop their food and turn around to see the path ahead — a behavior called peeking — before picking up the crumb again and trudging along on their backward way, it is not certain that the ants generally use such a path integration skill. In order to figure out if the ants recognize anything visually while they're walking backwards, Schwarz and his research team selected ants that had already walked to a feeder from their nest in the desert so they knew where they were. (In other words, they had their path integration information already.) They deposited the ants some distance away from their nest with a giant crumb of ant-approved cookie.

As the ants began to drag the cookie back to the nest, the researchers would sometimes change the scenery around them, mimicking strange mountains by adding black plastic bags and tarps alongside the path. When confronted with such new landmarks, the ants peeked after walking only 3.2 meters along the 8-meter path, whereas ants on familiar paths could go nearly 6 meters without turning around. The observations reveal that the insects were taking in their surroundings as they walked backward and using them to navigate and decide when to peek.

As expected, _____. They could walk for longer distances before they peeked behind them, and more of them made it home with their cookie. A few "clueless" ants got lost, but surprisingly, others were able to find their way back to the nest even when they hadn't previously tracked where they walked using path integration, which means they must have only been using their visual memories of their surroundings and possibly the angle of the Sun.

31 위 글을 통해 추론할 수 있는 것으로 가장 적합한 것을 고르시오.

① Spanish desert ants use olfactory sensation in memorizing the route.

② Many researchers clarified what navigation skills the ants use when they walk backward.

③ The research team gave a small snack to see how the ants can hold it aloft in their tiny jaws.

④ Changing scenery around the ants notably affects the frequency of their peeking.

32 빈칸에 들어가기에 가장 적합한 것을 고르시오.

① ants that already knew where they were did much better regardless of the scenery

② ants vigorously safeguarded their fodder from the natural enemies

③ ants had difficulty in finding the ways even in the familiar environment

④ ants were eager to find clues which help them find cookie with their companions

[33-34] 다음 글을 읽고 물음에 답하시오. 각 3점

To find out how a concept like love varies from language to language, Joshua Conrad Jackson, a cultural psychologist, tried a new approach using statistics. He teamed up with Johann-Mattis List, a computational linguist, who manages the Database of Cross-Linguistic Colexifications(CLICS). CLICS uses data from field linguists and anthropologists to catalog relationships between concepts and the words that represent them in nearly 3000 languages. ⒶPeople generally believed that a universally-accepted concept about an emotion such as love might be implicitly and explicitly observed in every language. Importantly, CLICS can take words that represent more than one concept, like "dull," and reveal other words that express the same concepts in all languages in the database.

Over 2 years, Jackson and List assembled a team of statisticians, psychologists, and linguists to analyze the CLICS data in the largest ever study of its kind. They started with 24 emotional concepts and used multiple statistical methods to map how they were related to different words in 2474 languages in 20 language families. ⒷThe more words the two concepts had in common. the closer their relationship. For example, the concepts love and pity are both expressed by the subtle Hawaiian expression "aloha." (That connection between "pity" and "love" seemed to be particularly strong in the Austronesian language family.)

After aggregating the data, the researchers visualized these connections in 21 networks — one for each of the different language families and one that aggregated all findings into a universal network. ⒸWhen the researchers analyzed the networks, they found that the links between emotional concepts differed even more than expected across language families. And when they repeated the process with 13 concepts related to color — which are already known to be relatively culture specific — they found that the emotional concepts had three times as much variability by language family. ⒹFor example, Persian uses one term, ænduh, to express both grief and regret, but the Dargwa word for grief, dard, also expresses not regret, but anxiety. What's more, geographically close language families have more closely aligned networks than distant ones, suggesting that culture — either through shared experiences or ancestry — may be responsible for the evolution of some of these terms.

33 위 글의 내용과 일치하는 것을 고르시오.

① List manages CLICS which includes data from field linguists of more than 3000 languages.

② Using one statistical method, the research team show how emotional concepts are connected to different words in various languages.

③ Emotional concepts vary widely in their meaning from language family to language family.

④ Geographical distance does not contribute to forming the homogeneity of the language network.

34 위 글의 흐름상 가장 적합하지 <u>않은</u> 것을 고르시오.

① Ⓐ   ② Ⓑ
③ Ⓒ   ④ Ⓓ

[35-36] 다음 글을 읽고 물음에 답하시오. 각 3.5점

A For, whether intended or not, the effect of obedience to the law is to uphold the authority of those who make decisions about what the law should be, and how it is to be enforced. To uphold this authority is to aid in maintaining aspects of the distribution of power to make decisions for society. Similarly, all violations of the law constitute political behavior; every violation of law is ipso facto a defiance of constituted authority. It threatens the maintenance of the existing pattern of distribution of the power to make decisions for society. If the incidence of violations of law continues to increase, political authority eventually atrophies; that is axiomatic.

B An attempt to define political stability must begin by clarifying the concepts of politics and political structure. Political behavior is any act by any member of a society that affects the distribution of the power to make decisions for that society. Political behavior is ubiquitous. Members of society behave politically insofar as, in obeying or disobeying the laws of the society, they support or undermine the power stratification system. Obedience to the law constitutes political behavior just as much as contesting elections does.

C We have clearly not defined the political in the usual sense of demarcating particular acts that are political from those that are not. Nor do we intend to offer such a definition, because it is misleading to delineate the political in that fashion. Strictly speaking, there is no human act, even so simple as wearing hair long, that is intrinsically nonpolitical. This is true because the "politicalness" of an act is not a quality inherent in that act but rather a characterization of it according to the context in which we study it, and the context in which it occurs.

D To illustrate, we would not ordinarily consider long hair a form of political behavior. Yet a puritanical despot might decide that this act corrupts and consequently command everyone to cut his hair short. Suppose that shortly after such a decree has been widely and intensively publicized, all the men invited by the despot to a state ceremony arrive with long hair. In the circumstances, we would legitimately conclude that these men were committing a very bold act of political disobedience.

35 위 글의 단락을 논리적 흐름에 맞게 순서대로 배열한 것으로 가장 적합한 것을 고르시오.

① D — B — C — A

② B — A — C — D

③ A — C — B — D

④ B — A — D — C

36 위 글의 주제로 가장 적합한 것을 고르시오.

① Psychological effects of individual and group behaviors in organized society

② Knowing the concepts of political election and obedience

③ The contribution of cultural power to stabilize society

④ Defining the political stability in the relations between politics and political structure

[37-38] 다음 글을 읽고 물음에 답하시오. 각 3.5점

There is no lack of evidence of women's participation in the history of arts of all forms, cultures and periods, from ancient traditions, such as pottery and carving or silk-weaving and painting in China, to the present and numerous forms of artistic expression. Ⓐ Yet traditional art history has kept us in systematic ignorance of the fact that women have always made art. It took the emergence of feminism in the late 20th century to redress the almost complete neglect of women artists by art history and to undermine the stereotyped views of art made by women. When discussed, art by women was derogatively categorized as 'women's art' in order to distinguish it from 'art,' which, despite its lack of adjectival qualification, had come to be exclusively identified with a canon of white men. Ⓑ Since the 1960s many books have been published on the history of women in all areas of the visual arts in all periods and many cultures. Ⓒ The evidence for women as artists is overwhelming, but the project of restoring women to the history of art has raised major historiographical, political and theoretical issues. It has been shown that it is only in the 20th century, when art history was fully consolidated as an academic discipline, that women artists were systematically effaced from the record of the history of art. Ⓓ It is necessary, therefore, to distinguish between the history of art as the field of historical artistic practice, and art history as the organized discipline that has studied this field in selective ways.

37 위 글의 제목으로 가장 적합한 것을 고르시오.

① The Emergence of Women's Rights in the Early 20th Century Art
② Women and Their Arts in the History of Art
③ Theory and Practice in Women's Arts
④ Aftermath of Women's Participation in Art

38 아래의 문장이 들어갈 위치로 가장 적합한 것을 고르시오.

This raises the question of why this has happened and produces the second problem of whether art history as established can accommodate the different histories of art that alone would account for women's experiences as artists and make legible what they produced.

① A ② B
③ C ④ D

Most critics, especially the highbrow kind, deplored the mass culture of the 1950s. And there was plenty to deplore. The preponderance of popular fare — Hollywood spectaculars, "horror" comics, hammering rock-and-roll music — had only one redeeming virtue: transience. Television was everyone's whipping boy; and in contemplating its fare, even middlebrow columnist Harriet Van Horne was crying cultural doom: "Our people are becoming less Ⓐ_____ by the minute. As old habits decline, such as reading books and thinking thoughts, TV will absorb their time. By the 21st Century our people doubtless will be squint-eyed, hunchbacked and fond of the dark."

There were real cultural dangers, no doubt of it. In this age of economic boom and mass media, culture, like toothpaste, was produced and consumed at a fearful rate; and this Ⓑ_____ pressure did tend to lower the quality of the product. Yet the situation was not so dismal as the pessimists claimed. For one thing, the much abused media seemed quite responsible at times. In 1956, the National Broadcasting Company paid out $500,000 to present the premier of Laurence Olivier's film version of Shakespeare's *Richard III*. Fifty million people tuned in, and about half of them stayed on through its entire three hours. *Life* magazine in 1952 regaled — or challenged — its several million readers by devoting a whole issue to the publication of Ernest Hemingway's new novel, *The Old Man and the Sea*.

There were other oases in the cultural wasteland. In painting, a group of innovators led by Jackson Pollock moved the capital of the art world from Paris to New York. Egghead humor, as purveyed by sharp-tongued satirists such as Mort Sahl, graduated from small clubs to big audiences on network variety shows. Paperback publishers propagated millions of copies of standard classics at prices low enough($0.25 to $1.35) to attract cultural window-shoppers. Classical music was riding a spectacular wave of national interest. In mid-decade the country boasted some 200 symphony orchestras, up 80 per cent since 1940, and 2,500 towns offered concert series, an increase of 150 per cent in the same period. Music, in fact, went a long way toward proving that America's cultural oases might yet become bigger than the wasteland itself: in 1955 some 35 million people went to classical music performances — more than twice the year's attendance at major league baseball games.

39 빈칸 Ⓐ와 Ⓑ에 들어가기에 가장 적합한 것을 고르시오.

① obdurate — opportune

② thoughtful — facilitative

③ literate — relentless

④ impulsive — unremitting

40 위 글을 통해 추론할 수 있는 것으로 가장 적합한 것을 고르시오.

① The prevailing mood of the 1950s was pessimism, as there was much more talk of avant-garde in literary and intellectual circles.

② Despite the decadence of the mass culture, the culture of the 1950s was not so bleak.

③ During the 1950s, a number of people found their oases in new and controversial styles of music like rock-and-roll.

④ As the popularity of television and three penny magazines grew, movie lost viewers.

합격을 완성할 단 하나의 선택

김영편입 영어
2025 중앙대학교
기출문제 해설집

해설편

01 ①	02 ②	03 ①	04 ③	05 ②
06 ③	07 ②	08 ②	09 ①	10 ③
11 ①	12 ③	13 ③	14 ④	15 ①
16 ③	17 ①	18 ④	19 ①	20 ②
21 ①	22 ④	23 ③	24 ③	25 ②
26 ④	27 ④	28 ③	29 ③	30 ②
31 ②	32 ③	33 ③	34 ①	35 ②
36 ④	37 ②	38 ②	39 ④	40 ①

01 동의어   ①

now and then 이따금씩   lurch v. 휘청거리다(= stagger)   jive v. 자이브 음악에 맞춰 춤을 추다 n. 허튼소리   saunter v. 한가로이 거닐다   glide v. 미끄러지다

우리가 함께 걸어갈 때 그녀는 이따금씩 내 쪽으로 휘청거리곤 했다.

02 동의어   ②

manufacture v. 제조하다   crockery n. 그릇(도자기류, 오븐용)(= dish)   cutlery n. 식기(날붙이 류, 쇠붙이 류)   glassware n. 유리 제품, 유리 그릇   silverware n. 은식기

우리는 질 면에서 그리고, 상대적으로 말해, 가격 면에서도 세계에서 가장 뛰어나고 가장 가치 있는 그릇을 제조하고 있다.

03 동의어   ①

reprehend v. 꾸짖다, 나무라다, 비난하다(= fulminate)   approve v. 승인하다   eulogize v. 칭송하다   override v. 기각[무시]하다

시민들이 우리가 하는 말에 부정적으로 대응한다고 해도 우리가 시민들을 비난해서는 안 된다.

04 동의어   ③

vitiate v. 가치를 떨어뜨리다, 무효로 하다(= invalidate)   vilify v. 비난하다, 비방하다   accentuate v. 강조하다   correctify v. 고치다

개발 프로그램들은 인구 증가로 효과가 상실되었다.

05 동의어   ②

victual n. 양식, 음식(= food)   truce n. 휴전   freshet n. 밀물의 흐름; 돌발홍수

당신에게 이 음식을 제공하게 되어 아주 기뻐요.

06 동의어   ③

centurion n. 100인 대장, 백부장(고대 로마 군대에서 병사 100명을 거느리던 지휘관)   well n. 우물   brackish a. 염분이 있는(= saline)   gooey a. 쫄깃한, 끈적거리는   palatable a. 맛좋은   soporific a. 최면성의, 잠들게 하는

그 백부장은 이 지역 우물물에 염분이 있다는 사실을 알게 됐다.

07 동의어   ②

anticipate v. 예상하다   parturition n. 분만(= delivery)   materialize v. 실현되다   diagnosis n. 진단   operation n. 수술   postmortem n. 부검, 검시 a. 사후의

의사들이 분만 시 예상했던 어려움은 실현되지 않았다.

08 생활영어   ②

개장을 앞두고 준비하는 과정에 있는데 허물어뜨린다(pull down)는 말은 적절하지 않으므로 ②가 정답이다. pull this down 대신 pull this off라 해야 '잘 해낼 수 있다'는 말이 된다. ① phase it out은 점차적으로 없애가는 것을 말하며 immediately는 당장 phase it out하자는 말이다. ③ A는 찾아온 B를 환영하며 의례적으로 대화를 날씨 이야기로 시작하지만 B가 사정이 급해서 빨리 본론으로 들어가자고 하는 것은 A를 당황하게 할 수는 있어도 대화로서는 사정에 따라 할 수 있는 말이다.

phase out 단계적으로 폐기하다   pull something down 허물어뜨리다, 가치를 떨어뜨리다   cut to the chase 시간 낭비 말고 본론으로 직행하다   legit a. 믿을 만한

① A: 아무도 더 이상 그것을 사지 않을 것 같아.
   B: 즉시 그것을 점차적으로 없애는 게 낫겠어.
② A: 우리 언제 개장할 거지?
   B: 크리스마스 날이야. 스케줄이 빡빡하지만 우린 이것을 허물어뜨릴 수 있어.
③ A: 내 사무실에 잘 왔어. 올 때 날씨는 어땠어?
   B: 나 급해. 본론으로 바로 들어가자.
④ A: 이 피자집 믿을 만해?
   B: 의심하는 거야?

09 생활영어 ①

많은 분량의 문서를 다 읽어야 한다는 말에 옳다고 해놓고 겉만 훑어보라고 하는 것은 적절하지 않다. 따라서 정답은 ①이다.

wade through ~속을 걷다, 힘들여 헤나가다 hefty a. 두둑한, 막대한 skim v. 겉만 훑어보다 pull up one's socks 정신 차리고 새로 시작하다, 분발하다 go the extra mile 여분의 노력을 더 기울이다, 특히 노력하다 Every dog has its day 쥐구멍에도 볕들 날 있다(참고 기다리면 좋은 날 온다) knockout n. 굉장한 것, 매력적인 미녀, 크게 히트한 상품 head over heels 곤두박이로, 깊이 빠져들어 fall head over heel about ~에 대해 넋이 나가다, 홀딱 반하다

① A: 이 묵직한 문서를 힘들여 다 봐야 해.
  B: 맞아. 주제의 겉만 대충 훑어봐야 해.
② A: 그녀의 재선을 위해, 샘이 분발해서 더 열심히 하기로 결심했음에 틀림없어.
  B: 맞아. 쥐구멍에도 볕들 날 있는 거지.
③ A: 이번에는 대박날 거야.
  B: 기다려. 섣불리 단정 짓지 마.
④ A: 그가 그녀에게 푹 빠졌어.
  B: 당연하지. 그녀가 굉장한 미녀잖아.

10 과거분사 ③

'고도로 전문화된'은 highly specialized로 쓰인다. 따라서 틀린 곳은 ③이다.

optimization n. 최적화 route v. 경로를 짜다; 전송하다, 보내다 specialized a. 전문화된

페덱스 같은 기업에는 휴일 포장상품을 효과적으로 전송하는 일의 최적화 문제가 너무나 복잡해서, 해결책을 찾기 위해 고도로 전문화된 소프트웨어를 종종 사용한다.

11 정관사 ①

'1970년대에'라는 의미가 되려면 in the 1970s로 고치고, '1970년에'라는 의미면 in 1970로 고쳐야 한다. 이 경우에는 1970년 한 해만 가리킨다.

concept n. 개념 dissatisfied a. 불만이 있는 importation n. 수입

이 개념은 1970년대에, 식량 수입 증가와 그들의 지역사회의 농장과 농부들의 수 감소에 불만을 품은 네덜란드 여성들에 의해 개발되었다.

12 명사 ③

'~를 측정하기 위한'이나 '~의 측정을 위한'이라는 의미가 되려면 for 다음을 measuring이나 the measurement of로 바꾸어야 한다. 따라서 정답은 ③이다. measure는 명사라 해도 '치수, 척도, 수단, 조처'라는 의미이므로 부적절하다.

invention n. 발명, 발명품 micrometer n. 작은 길이 측정기, 마이크로미터 astronomical a. 천문학의

루이스 러더퍼드는 법률가로 교육을 받았고, 그의 발명품 중에는 천문 사진을 측정하기 위한 마이크로미터가 있었다.

13 논리완성 ③

순접의 접속사 and로 연결돼 있는 panegyrics와 같은 의미의 단어를 넣어야 한다. 따라서 정답은 '찬사'라는 뜻이 있는 ③이다.

sicken v. 역겹게 하다 panegyric n. 찬사, 칭찬 slander v. 중상[비방]하다 anecdote n. 일화 stipend n. 봉급, 급료 encomium n. 칭찬, 찬사 homily n. 설교, 훈계

그는 전에 그 사람을 비방하는데 앞장섰던 사람들이 그에게 칭찬과 찬사를 쏟아내는 것을 보고 역겨워졌다.

14 논리완성 ④

even though에 긍정적인 내용이 나와야 주절의 '왕의 저항이 오래가지 못했다'는 말이 논리적이게 된다. 그러므로 '가공할 만하다'는 의미의 redoubtable이 빈칸에 들어가야 한다.

inane a. 어리석은 germinal a. 미발달의, 새싹의 congenial a. 마음에 맞는 redoubtable a. 가공할 만한, 경외할 만한

왕은 가공할 만한 인간이었지만, 갑작스러운 공격은 왕을 놀라게 했고 왕의 저항은 오래가지 못했다.

15 논리완성 ①

앞에 '강요했다'는 단어가 나왔으므로 갈릴레오로서는 하기 싫은 일, 즉 자기 이론을 '철회하는' 일을 강제로 하게 했을 것이라 추론할 수 있다. 따라서 정답은 recant이다.

inquisition n. 종교재판 force v. 강요하다 recant v. 철회하다 retard v. 지연시키다 beautify v. 미화하다 buttress v. 지지하다, 받쳐주다

1633년, 로마 가톨릭교회의 종교재판소는 갈릴레오 갈릴레이로 하여금 지구가 태양 주위를 돈다는 그의 이론을 철회하도록 강요했다.

16 논리완성 ③

경제 용어로 cycle(주기)은 호황과 불황이 교호적으로 반복되는 것이므로, 불황 다음에는 불황의 반의어인 '호황'이 들어가야 한다. 따라서 정답은 expansion이다.

anomaly n. 변칙 obloquy n. 악평 expansion n. 호황 recession n. 불황 depression n. 불황

(경기) 주기는 경제가 불황에서 호황, 그리고 다시 불황으로 몇 년에 걸쳐서 옮겨가도록 만드는 광범위하고 다양한 요소를 포함한다.

---

17 논리완성 ①

independent filmmaker가 individual enterprise라고 했으므로 뒤의 corporatist structure와 반대가 되어야 한다. 따라서 '동떨어졌다'는 의미의 removed from이 정답이다.

prominence n. 명성; 탁월함 filmmaker n. 영화제작자 underscore v. 강조하다 outset n. 시초, 시작 corporatist n. 조합주의자, 기업식 synonymous a. 동의어의, 비슷한 removed from ~와 동떨어진 collaborated with ~와 협동한 associated with ~와 연관된 resulted from ~에서 초래된

이 시기에 독립 영화제작자들의 명성은 영화제작이 20세기 초에는 대개 개인 사업으로 남아있어, 1920년대 헐리우드 및 영화사 체제와 동의어가 된 기업식 영화 제작구조에서 동떨어져 있었다는 사실을 강조한다.

---

18 논리완성 ④

군대가 자체 차량이 충분치 않다고 했으므로 어떤 수송수단이건 '징발했다'는 단어가 맞다. 따라서 정답은 commandeer이다.

adequate a. 충분한 vehicle n. 교통수단, 탈 것 armed forces 군대 abrogate v. 폐지하다 encumber v. 짐 지우다, 거추장스럽게 하다 rehabilitate v. 회복하다, 재활하다 commandeer v. 징발하다, 징용하다 transportation n. 운송[수송] 수단

허리케인 카트리나가 지나가고 며칠 후에, 충분한 자체 차량도 없이 뉴올리언스에 도착한 군대는 찾아낼 수 있는 온갖 형태의 수송수단을 모조리 징발하기 시작했다.

---

19 논리완성 ①

excessive irrigation과 salt accumulation으로 인해 토양이 어떻게 되어서 곡물 생산에서 보리로 바뀌었는가를 생각하면 토양이 곡물에 '적합하지 않게' 되어서라고 할 수 있다. 따라서 정답은 inhospitable이다.

inhospitable a. 불친절한, (기후조건이) 유리하지 않은 acrimonious a. 말이 험악한, 신랄한 evanescent a. 덧없는 benignant a. 유익한, 다정한 contend v. 주장하다

일부 인류학자들은 고대 이집트인들이 과도한 관개와 염분 축적으로 인해 토양이 곡물에 적합하지 않게 되어버린 후에 곡물 생산에서 보리로 바꾸었다고 주장한다.

---

20 논리완성 ②

수은의 용도가 긍정적인 것이라고 했으므로 수은에 대해 사람들이 잘 모르는 내용은 부정적인 내용이어야 한다. 따라서 innocuous와 반대로 '해로운'을 의미하는 단어 deleterious가 가장 적절하다.

innocuous a. 무해한 thermometer n. 온도계, 체온계 dental filling 치아 충전재 congenital a. 타고난, 선천적인 deleterious a. 해로운 antiquated a. 구식의 rudimentary a. 기초적인, 초보의, 미발달의

수은은 온도계와 치아 충전재 등 무해한 용도가 다양하기 때문에, 수은이 지구상에서 가장 해로운 물질 중 하나라는 것을 아는 사람이 거의 없다.

---

21 논리완성 ①

바로 앞에서 눈이 크고 둥글고 가운데 손가락이 길고 가늘다고 했고 그것을 통해 음식을 찾을 수 있다고 했으므로 아이아이원숭이가 생존을 위해 환경에 맞게 '적응'했음을 알 수 있다.

designate v. 지정하다 reserve n. 보호구역 categorize v. 분류하다 order n. (생물분류) 목 Rodentia n. 쥐 aye-aye n. 아이아이원숭이(다람쥐원숭이) lemur n. 여우원숭이 primate n. 영장류 order n. <분류상의> 목(目) Daubento-niidae n. 아이아이과 retrieve v. 되찾다, 회수하다 grub n. 유충, 땅벌레, 음식 hollow a. 텅 빈 adaptation n. 적응 similitude n. 유사성 prototype n. 원형 nomenclature n. 명명법, 이름체계

마다가스카르 정부는 최근에 그 영토와 주변 섬들의 일부 구역을 야생동물 보호구역으로 지정했다. 마다가스카르는 아주 다양한 독특하고 이국적인 동물들의 서식처이다. 그런 동물 중 하나가 아이아이 원숭이다. 처음에는 쥐 목(目)의 구성원으로 분류되었던 아이아이 원숭이는 영장류 목(目)의 여우원숭이와 더 가깝다. 그러나 아이아이 원숭이는 동료 영장류와 매우 다르기 때문에 자체 과(科)의 분류체계인 아이아이 과(科)를 따로 받았다. 아이아이원숭이는 아마도 크고 둥근 눈과 길고 아주 가느다란 가운데손가락으로 유명할 것이다. 이런 적응 상태는 아주 합리적이어서, 아이아이원숭이는 밤에 깨어나 주요 식량원들 중 하나인 벌레를 텅 빈 가지 속 깊은 곳에서 가져올 수 있다.

---

22 논리완성 ④

첫 번째 빈칸에는 전통주의자들이 인상파와 전쟁을 벌인다고 했으므로 규범을 '받아들이지 않는다'는 의미로 challenging이나 abandoning이 적절하고, 두 번째 빈칸에는 학계의 관점이 곧 전통적 관점이므로 인상파라는 새로운 사조는 그걸 따르는 데서 별 의미를 보지 못했다는 의미로 aligning이나 compromising이 적절하고, 마지막 빈칸에는 앞에서 인상주의자들이 학계의 전통주의자들의 견해와 타협하지 않는다고 했는데 사실은 오히려 타협하여 추종하는 것과 반대임을 밝히므로, 인상파 운동이 전통적인 공식 미술을 대체하거나 영향을 끼쳤다는 의미로 superseded나 influenced가 적절하다. 따라서 상기 조건을 모두 만족시키는 ④가 정답이다.

impressionism n. 인상파, 인상주의 firmly ad. 굳건히 feature n. 특징 fate n. 운명 accuse A of B A를 B라고 비난하다 norm n. 규범 undermine v. 기반을 약화시키다 highlight v. 부각시키다, 강조하다 shortcoming n. 단점 opponent n. 적, 상대 purchase n. 유리한 입장, 힘의 수단 gain entry to ~에 진입하다 align with ~에 맞추다 compromise with ~와 타협하다 supersede v. ~을 대신[대체]하다

1880년대 말과 1890년대 초 인상주의는 미술계에 굳건히 자리 잡은 특징이 되어 심지어 프랑스 밖에서도 잘 알려져 있었고 새로운 추종자들을 지속적으로 끌어들이고 있었다. 인상주의의 운명은 모든 현대 창작 개념의 운명이었다. 한편으로 전통주의자들은 인상파 운동과 계속 전쟁을 벌이면서, 인상파가 미학 규범을 버렸다고 비난했고, 가장 넓은 정치적 측면에서는 기존 질서를 무너뜨렸다고 비난했다. 다른 한편으로 인상주의 자체도 그들 나름의 새로운 가치 척도를 가진 더 새로운 운동의 표적이 되었다. 어떤 양식이든 반드시 한쪽으로 치우쳐 있어서 적들이 그 양식의 단점을 부각시키기로 하면 적들에게 유리한 입장을 제공하기 마련이다. 인상주의자들은 살롱 미술전에 진입하기 위해 학계의 견해와 타협하는 데서 더 이상 의미를 찾지 못했다. 사실은, 그 사이에 인상파 프로그램의 특정 측면들이 공식적 지지를 받고 있던 미술에 이미 영향을 끼치고 있었다.

미생물은 아마 지구 역사상 초창기에 땅에 뿌리를 내렸겠지만, 복잡한 육지 생태계에 식량 및 물질 구조를 제공함으로써 세상을 바꾸어놓은 것은 식물이다. 오늘날 약 40만 종의 육상식물이 지구 광합성의 절반을 차지하고, 우리 지구의 총 생물량의 80프로를 차지하는 것으로 추정된다. 사실, 지구의 찬란한 녹색 옷은 지구에 너무나 널리 퍼져있는 특징이어서 우주에서도 감지할 수 있다. 1990년, 미항공우주국의 갈릴레오 우주선이 목성으로 날아갈 때, 우주선은 그것의 기계 눈(센서)을 멀리 있는 지구 쪽으로 돌려, 소위 초목 레드에지의 특이한 봉우리를 지구의 반사된 빛 속에서 드러내 보여주었다. 이러한 특징적 현상이 발생하는 이유는 육지의 초목이 들어오는 태양 가시광선은 강하게 흡수하지만 적외선 파장은 우주로 반사하기 때문이다. 초창기 지구를 방문한 자들이 있었더라면 이런 특징을 전혀 보지 못했을 것이다.

23 논리완성   ③

첫 번째 빈칸은 그 다음 문장에서 체액이 과잉한 경우를 언급하므로 체액의 '불균형'이라고 해야 적절하고, 두 번째 빈칸은 몸에서 제거해야 할 것은 '해로운' 영향이므로 noxious가 적절하다.

consolidate v. 통합하다 comprehensive a. 포괄적인 four humours 4체액 in excess 과잉의, 너무 많은 prescribe v. 처방하다; 규정하다 accordingly ad. 그에 따라 bleeding n. 출혈, 방혈 purgative n. 설사약 diaphoretics n. 발한제 cluster n. 관장(灌腸) presumably ad. 아마도 robust a. 튼튼한, 건강한 constitution n. 체질 take A in one's stride A를 감당하다, 쉽게 해 치우다, 침착하게 대처하다

17세기 초의 의료 관행은 여전히 대체로 히포크라테스가 도입한 의학 체계에 기반을 두고 있었다. 이것은 2세기 때 갈레노스에 의해 이미 하나의 포괄적 치료 이론 체계로 통합되어 있었다. 당시에는 질병의 원인이 4체액의 불균형이라고들 생각했다. 의사들은 환자들을 검사해 어떤 체액이 과잉한지를 결정한 다음 그에 따라 처방을 했다. 치료 중 많은 것에는 이 유독한 영향을 몸에서 제거하기 위해 방혈, 설사 유도, 발한, 관장이 포함되어 있었다. 용감무쌍한 이런 치료가 이미 약한 환자를 더 약하게 만드는 경우도 드물지 않았지만, 아마 더 튼튼한 체질인 사람들은 이런 약을 쉽게 감당해 냈을 것이다.

24 논리완성   ③

녹색 초목이 우주에서 보일 정도로 지구에 널리 '퍼져있다'는 의미이므로 첫 번째 빈칸은 pervasive가 적절하다. 한편, 태양의 가시광선을 흡수하고 반사하는 것은 가시광선 바깥의 적외선이거나 자외선일 것인데, Red Edge라 했으므로 '적외선의'라는 뜻인 infrared가 두 번째 빈칸에 적절하다.

microbe n. 미생물 take root on 뿌리 내리다 terrestrial a. 지상의 photosynthesis n. 광합성 biomass n. 생물량 resplendent a. 멋진, 찬란한, 눈부신 robe n. 망토 lugubrious a. 음울한 clairvoyant a. 예지력이 있는, 관통하는 눈을 지닌 pervasive a. 팽배한, 스며든 indigenous a. 토착의 embellish v. 장식하다 infrared a. 적외선의 isotopic a. 동위원소의 vegetation n. 초목 visible radiation 가시광선 absorb v. 흡수하다 wing v. 날아가다 detect v. 발견하다, 감지하다 train v. ~으로 돌리다, 조준하다 Red Edge 레드에지(전자기 스펙트럼의 근적외선 범위에서 식생의 반사율이 빠르게 변화하는 영역)

25 논리완성   ②

새로운 정보를 '받아들인다'는 의미로 take in이 들어가야 개념을 grasp하기(이해하기) 쉽다는 말이 논리적으로 잘 이어진다. 따라서 정답은 ②이다.

evident a. 분명한, 눈에 띄는 terminology n. 전문용어 take in 받아들이다, 흡수하다 hand in 전하다, 건네다 give in 굴복하다 barge in 불쑥 들어가다, 끼어들다 abstract a. 추상적인 grasp v. 파악하다, 이해하다 figurative speech 비유적 표현 metaphor n. 은유(비유의 일종)

언어의 중요성은 이름과 전문용어를 보면 분명해지는데, 이름과 전문용어는 놀라울 만큼 강력한 의미를 전달한다. 예를 들어, 최근 연구에 따르면 건강상의 위험을 기술하는 데 쓰이는 언어는 사람들의 기억에 영향을 끼치고 인식을 위험에 빠뜨릴 수 있다. 게다가 우리가 선택하는 단어들은 우리의 말을 듣는 사람들이 새로운 정보를 얼마나 잘 받아들이느냐에도 영향을 끼칠 수 있다. 예를 들어, 비유표현과 은유의 사용은 추상적인 개념들을 이해하기 더 쉽게 만들어 줄 수 있다.

26 논리완성   ④

물이 아가미로 들어가 혈류 속으로 '퍼져 들어간다'는 의미로 첫 번째 빈칸에는 diffused into가 적절하다. 그리고 삼투압은 농도가 낮은 쪽에서 높은 쪽으로 물이 옮겨가는 현상이어서 염도나 낮은 물고기 몸속의 물이 몸 밖으로 빠져나가 탈수가 심해지니 물을 '잃는다'는 뜻이므로 두 번째 빈칸은 losing이 적절하다. 따라서 정답은 ④이다.

gill n. 아가미 scale n. 비늘 salinity n. 염도 excrete v. 배출하다, 분비하다 osmosis n. 삼투현상 infiltrate v. 침투하다 inhale v. 들이마시다 enliven v. 활기를 주다 diffuse v. 퍼져나가다, 확산되다 ensure v. 보장하다 urinate v. 소변보다 make up for ~을 벌충하다

바닷물고기는 아가미를 통해 물을 마시며, 아가미로 물이 혈류 속으로 퍼져 들어간다. 바닷물은 염분이 높기 때문에 바닷물고기는 몸속에 지나치게 많은 소금이 있을 위험이 있다. 이런 문제를 극복하는 방법은 아가미와 비늘 속의 특수 세포를 이용하는 것이다. 이 세포들은 과잉 염분을 배출시키는 역할을 한다. 바닷물고기가 마주하는 또 하나의 중요한 어려움은 물고기의 탈수가 쉽게 일어난다는 것이다. 물고기를 둘러싼 바닷물의 상대적인 염도는 물고기 몸속의 물보다 훨씬 높아서 물고기는 삼투현상 ― 물이

밀도가 낮은 곳에서 높은 곳으로 자연스레 가는 과정 — 을 통해 물을 계속 잃는다. 이것을 벌충하기 위해 바닷물고기는 소변 횟수가 극히 적고 소변 농도도 매우 높다.

27 단락배열   ④

첫 문단에 let him look at the stars라고 한 후에 C those heavenly worlds(=stars)가 이어지고, 별을 경외와 경탄의 대상으로 보는 C의 취지가 A의 첫 문장으로 이어지고, A의 나머지 부분에서 언급된 자연관을 B의 첫 문장의 When절이 받아서 설명해나가는 순서로 배열되는 것이 가장 적절하다. 따라서 정답은 ④이다.

solitude n. 고독   retire v. 물러나다   chamber n. 방   reverence n. 경탄, 존경   inaccessible a. 접근 불가능한   delight v. 기쁨을 주다 poetical a. 시적인   manifold a. 여러 가지의   wood-cutter n. 나무꾼 integrate v. 통합하다   warranty-deed n. 보증서   adore v. 흠모하다, 사모하다   admonish v. 훈계하다, 충고하다, 책망하다   property n. 소유지   title n. 자격, 권리

고독 속으로 들어가려면, 사회로부터 물러나는 만큼 자기 방으로부터도 물러나야 한다. 책을 읽고 쓰는 동안은 아무도 나와 함께 있지 않아도 나는 고독하지 않다. 하지만 인간이 고독해지려고 한다면, 그로 하여금 별을 보게 하라.
C 저 하늘에서 오는 빛은 그와 그가 만지는 것 사이를 갈라놓는다. 대기가 이런 설계로 투명하게 된 것은 숭고함의 영원한 존재를 저 천체들 속에서 인간에게 제시하기 위함이라고 생각할 수도 있겠다. 도시의 거리에서 보이는 저 하늘의 별들은 얼마나 크고 위대한가! 별들이 앞으로 수천 년 후 어느 날 밤 나타난다면 인간들은 어떻게 믿고 경탄하며, 우리에게 보여주었던 신의 도시에 대한 기억을 수 세대 동안 보존할까! 그러나 이 미(美)의 사절들(별들)은 매일 밤 나타나 훈계하는 미소로 우주를 밝힌다.
A 별들은 경외감을 일깨운다. 늘 거기 존재하지만 접근할 수 없기 때문이다. 그러나 모든 자연물은 인간의 마음이 자연물의 영향에 열려있을 때 이와 비슷한 인상을 준다. 자연은 절대로 하찮을 것 없는 외양을 띠고 있지 않다. 아무리 지혜로운 사람도 자연의 비밀을 캐내지는 못하고, 자연의 완벽함을 모두 알아내어 호기심을 잃게 되지는 않는다. 자연은 지혜로운 영혼을 지닌 자에게는 절대로 장난감이 되지 않는다. 꽃과 동물과 산은 그의 소박한 어린 시절을 즐겁게 해주었던 만큼 그의 전성기의 지혜를 반영하기도 했다.
B 자연에 대해 이런 식으로 말할 때 우리는 마음속에 독특하지만 가장 시적인 감각을 가진다. 이 감각은 다면적인 자연물이 만들어내는 온전한 인상을 의미한다. 나무꾼의 목재 막대기를 시인의 나무와 구별해주는 것이 바로 이것이다. 오늘 아침에 내가 본 매력적인 풍경은 약 20개 내지 30개 농장들로 구성되어 있다. 밀러는 이 들판을, 로크는 저 들판을, 그리고 매닝은 그 너머의 숲을, 소유하고 있다. 그러나 이들 중 누구도 풍경을 소유하지는 못한다. 그 모든 부분들을 통합할 수 있는 눈을 가진 사람, 즉 시인 외에는 아무도 갖지 못하는 소유지(풍경가 지평선 안에 있다. 이것이 이 사람들의 농장들의 가장 좋은 부분이지만, 그들이 땅 문서를 가졌다고 해서 이것을 가질 자격이 있는 것은 아니다.

28 내용추론   ③

서울이 서쪽에 있고 워싱턴DC가 동쪽에 있으므로 서울에서 워싱턴DC로 가면 비행기가 서쪽에서 동쪽으로 흐르는 제트기류를 타고 가게 되므

로, 반대 방향으로 가서 바람의 저항을 받을 경우보다 비행기 속도가 더 빨라질 수 있다. 따라서 정답은 ③이다. ① 제트기류의 평균 속도가 150mph이고 가장 높을 때가 400mph라고 했으므로 둘을 더해서 평균을 내는 방법은 옳지 않다. ④ 융프라우는 산봉우리로 인터라켄 마을과 마찬가지로 지상이며 해발 고도의 차이가 약 12000피트일 뿐이다. 따라서 대류권인 하늘로 1000피트 올라갈 때마다 약 3.5도씩 기온이 낮아지므로 3.5도×12=42도라는 계산은 여기에 적용할 수 없다.

next to 옆에 있는   extend v. 뻗다, 넓어지다, 확장되다, 연장되다 troposphere n. 대류권   make up 구성하다, 차지하다   solar radiation 태양 복사선   absorb v. 흡수하다   striking a. 놀라운   upper layer 상층부   rapid a. 빠른, 신속한   jet stream 제트기류   velocity n. 속도 considerable a. 상당한   significance n. 의미, 의의   mph n. 시속 마일(단위)

땅 바로 위의 공기층은 10마일 가량 위로 뻗어있는데 대류권이라 알려져 있다. 전체적으로 대류권은 대기 무게의 약 75%를 차지한다. 대류권은 대기 중에서 가장 따뜻한 부분이다. 태양복사의 대부분이 땅 표면에 의해 흡수되어 바로 위의 공기를 덥히기 때문이다. 높이가 올라갈 때마다 꾸준히 기온이 감소하는 현상은 대류권의 매우 놀라운 특징이다. 대류권의 상층부가 기온이 더 낮은 이유는 지표면에서 멀어지기 때문이기도 하고 열이 우주로 빨리 방출되기 때문이기도 하다. 대류권 내의 기온은 고도가 1000 피트 상승할 때마다 약 3.5도씩 낮아진다. 대류권 내에서 바람과 기류는 열과 습기를 분포시킨다. 제트기류라 불리는 강력한 바람은 대류권 상층부에 위치해있다. 이 제트기류는 발생 양상이 복잡하고 광범위하다. 제트기류는 대개 파도 모양의 패턴을 보이며 서쪽에서 동쪽으로 시속 150마일의 속도로 움직이지만 시속 400마일 정도의 속도까지도 발견된 적이 있다. 제트기류의 변하는 위치와 강도가 기후 조건과 패턴에 끼치는 영향은 분명 상당하다. 현재 이루어지는 집중 연구는 결국 제트기류의 진정한 중요성을 밝혀줄 것이다.

위 글을 통해 추론할 수 있는 것으로 가장 적합한 것을 고르시오.
① 평균적으로 대류권 내의 제트기류의 속도는 시속 약 275마일이다.
② 대기는 대류권 위쪽의 25% 구역보다 75%구역이 땅과 가깝기 때문에 농도가 더 짙다.
③ 제트기는 서울에서 워싱턴DC로 갈 때 그 반대로 갈 때보다 대개 더 빠른 속도로 가게 될 것이다.
④ 스위스 인터라켄 마을에서 약 12000 피트 위에 있는 융프라우 꼭대기의 기온은 지면보다 대개 42도 더 낮다.

29-30

20세기는 물리학과 전자공학과 커뮤니케이션의 세기였지만 앞으로 올 세기는 주로 나노기술뿐 아니라 20세기 후반에 이미 시작된 생물학 혁명에 의해 지배받는다고 간주된다. 그것은 아주 미세한 나노미터 규모의 조립과 장치를 다루는 흥미진진한 새로운 전선이다. 전통적으로 소형화는 기존 기술의 지속적인 개선으로 장치들이 점점 더 작아지는 과정이었다. 그러나 우리는 전통적인 하향식 조립 도구를 사용하는 소형화의 한계에 급속히 다가가고 있다. 아주 작은 기계를 만드는 미래 지향적인 핵심 방법 중 하나는 기계를 분자 수준에서 쌓아올리는 것일 것이다. 그 목적을 위해, 모든 생체 시스템 각각에서 발생하는 배열과 같은 나노 규모 기계의 배열에 관해 많은 내용을 알아낼 수 있다. 생체 세포는 실제로 미래적인 나노기술의 제시에서 종종 묘사되는 것과 같은 진정한 기능적인 분자 기계가 발견될 수 있는 유일한 장소이다. 분자 모터, 초고감도 나노 규모 센서, DNA 복제 기계, 단백질 합성 기계, 그리고 다른 많은 소형 장치는 30억년

도 더 전에 진화한 아주 단순한 초창기 박테리아 이전의 세포에서조차도 존재한다. 진화의 나무를 더 높이 올라가면 물론 나노기계는 더 정교하고 강력해진다. 그러나 생명체가 출현하고 수십억 년이 지나고 나서야 비로소 우리는 인식과 조립 개념을 활용하기 시작해 우리의 기술적 필요를 위해 나노 규모의 기계를 만들 것이다. 다른 한편으로, 비생물학적인 체계를 위해 개발된 나노 기술의 많은 원리와 응용들은 조직공학을 위한 첨단 센서와 분자 스캐폴드 같은 당장의 생물학 응용뿐 아니라 단백질 및 DNA 층위에서의 원상태 변형 같은 장기적 전망에도 매우 유용할 수 있다. 나노생명기술과 생명나노기술 분야는 아주 새로운 분야지만, 이들의 가능성은 어마어마하다. 생명기술과 나노기술 간의 결합은 의학의 극적인 진보를 초래할 수 있다. 의학은 당연히 현재의 많은 질환이 근절될 장소가 될 것이다. 합리적인 기간 내에 암과 에이즈는 지금의 소아마비와 결핵처럼 간주될 것이다. 유전자 결함은 출산 전부터 이미 알아내서 고칠 수 있을 것이다. 우리 몸속에 삽입한 나노 규모의 로봇은 뇌수술 같은 아주 복잡한 수술도 실행할 수 있을 것이다.

physics n. 물리학 electronics n. 전자공학 dominate v. 지배하다 front n. 전선 minuscule a. 아주 작은, 초소형의 assembly n. 조립 miniaturization n. 소형화 top-down a. 하향식의 fabrication n. 제작, 조립, 만들기 molecular a. 분자의 futuristic a. 초현대식의, 미래지향적인 ultrasensitive a. 초고감도의 sensor n. 감지기, 센서 sophisticated a. 정교한 utilize v. 활용하다 eradicate v. 근절하다, 없애다 insert v. 삽입하다

---

29 빈칸완성 ③

The living cell is actually the only place in which genuine functional molecular machines could actually be found라는 내용을 통해, 기계를 이제 세포보다 더 작은 분자 층위에서 만든다는 것을 알 수 있다.

빈칸에 들어가기에 가장 적합한 것을 고르시오.
① 박테리아 층위
② 물리적 층위
③ 분자 층위
④ 원자 층위

---

30 내용추론 ②

나노생명기술로 암과 에이즈를 근절할 수 있을 것이라 했으므로 ②는 옳지 않은 진술이다.

위 글을 통해 추론할 수 없는 것을 고르시오.
① 21세기는 생물학 혁명과 나노기술, 즉 전통 과학으로부터의 변화에 지배를 받는다.
② 나노생명기술은 소아마비와 결핵을 치료했던 것처럼 암과 에이즈 같은 질병을 치료하겠다고 거의 약속해주지 못한다.
③ 소형화는 한계에 접근하고 있으며, 미래 기술은 나노 규모 기계개발에 집중하고 있다.
④ 나노 규모 로봇과 기계는 의료 기술을 혁명적으로 바꾸어 복잡한 수술과 세포 수준의 조종도 실행할 수 있다.

31-32

볼티모어에서는 마약 중독자가 많은 다른 많은 지역사회와 마찬가지로 일주일 특정 시간대에 도심 동네의 특정 길거리 모퉁이로 깨끗한 주사기 수천 개를 실은 밴이 보내진다. 중독자들이 더러운 헌 바늘을 건네주고 대신 깨끗한 주사바늘을 무료로 받을 수 있게 하려는 생각에서이다. 원칙상 바늘 교체는 에이즈와 싸우는 좋은 방안처럼 들린다. HIV로 감염된 낡은 바늘을 재사용하는 탓에 바이러스가 널리 퍼지기 때문이다. 그러나 최소한 얼핏만 봐도 바늘 교체는 한계가 명백하다. 우선 먼저, 중독자들은 가장 계획성 있고 믿을 만한 사람들이 되지 못한다. 그러니까 이들이 바늘 실은 밴을 규칙적으로 <침입할> 수 있을 것이라고 어떻게 장담하겠는가? 두 번째로, 대부분의 헤로인 중독자들은 하루에 대략 바늘 하나로 바늘 끝이 무뎌져 쓸모없어질 때까지 적어도 5-6회 ― 더 많이는 아니라 해도 ― 주사를 놓는다. 이들에게는 바늘이 많이 필요하다는 말이다. 일주일에 한 번 오는 밴 한 대가 하루 종일 주사를 맞는 중독자들의 필요를 어떻게 충족시킨단 말인가? 밴이 화요일에 오는데 토요일 밤에 이미 중독자의 주사기가 다되었다면? 바늘 프로그램이 얼마나 효과를 내는지 분석하기 위해, 존스홉킨스 병원 연구자들은 바늘을 제출하는 사람들과 이야기하기 위해 차를 타고 밴과 함께 가기 시작했다.

addict n. 중독자 stock v. ~을 갖추다 syringe n. 주사기 hand over 주다, 건네다 free a. 무료의 in return 보상으로, 보답으로, 교환해서 reuse n. 재사용 needle n. 바늘 be responsible for ~을 일으키다 limitation n. 한계 organized a. 짜임새 있는 around the clock 24시간, 하루종일 run out 다하다, 끝나다, 무일푼이 되다 hand in 제출하다

---

31 빈칸완성 ②

바늘을 5-6회 써서 끝이 무디어지면 쓸모없어진다. 따라서 정답은 useless이다.

빈칸에 들어가기에 가장 적합한 것을 고르시오.
① 효과적인
② 쓸모없는
③ 정제된
④ 무거운

---

32 글의 흐름상 적절하지 않은 표현 고르기 ③

밴이 와서 중독자들에게 바늘(주사기)을 무료로 나누어주는데, 나누어 주는 사람들은 중독자가 와서 밴을 만나기를 바란다. 그런데 break into는 허락 없이 침입한다는 의미이므로 문맥상 적합하지 않다. 따라서 ③을 '만나다'라는 뜻의 meet up with로 고쳐야 한다.

33-34

미국의 정신건강 운동은 상당한 계몽의 기간으로 시작되었다. 도로시아 딕스는 정신질환자들이 감옥과 빈민구호소에 있는 것을 보고 충격을 받아, 정신병자 보호시설 설립 운동을 벌였는데, 그 시설은 사람들이 병원과 같은 환경에서 인간다운 치료와 돌봄을 받고 온전한 정신 상태로 돌아가도록 도움을 받을 수 있는 곳이었다. 1800년대 중반에는 이미 20개의 주가 정신병자 보호시설을 설립했다. 그러나 1800년대 말과 1900년대 초, 불황에 직면한 입법부들은 양질의 치료를 위한 충분한 지원금의 지출을

승인해줄 수 없었다. 정신병자 보호시설들은 과도하게 붐비어 감옥 같게 되었다. 게다가 환자들은 정신건강 분야의 선구자들이 예상했던 것보다 더 치료에 저항했고, 그래서 환자들과 또 다른 사람들을 보호하기 위한 안전조치와 제약이 필요했다. 정신병원들은 환자들의 권리가 거의 망각된 끔찍하고 우울한 장소가 되어버렸다.

이런 상태는 제2차 세계대전 이후까지 지속되었다. 당시, 이제껏 불치라 간주되던 일부 중증 정신질환을 치료할 새 치료법(뇌의 매독에는 페니실린, 조현병과 우울증에는 인슐린 치료)이 발견되었고, 연이은 책과 영화와 신문 폭로기사들이 정신병 환자들의 고통에 주의를 환기시켰다. 개선이 이루어졌고 데이비드 베일 박사의 인도주의 치료 프로그램은 오늘날을 위한 봉홧불이 되었다. 그러나 변화는 1960년대 초까지 느리게 진행되었다. 당시 민권운동은 변호사들로 하여금 미국의 교도소를 조사하도록 만들었는데, 당시 교도소에는 흑인들이 지나치게 많았다. 변호사들은 또한 재소자들을 따라 교도소보다 더 지독한 유일한 기관, 즉 정신질환 범죄자들을 위한 병원까지 가게 되었다. 교도소는 분노한 청년들로 가득 차 있었고, 이들은 법적 지원에 독려를 받아 재빨리 자신의 권리를 요구했다. <반면, 정신질환 범죄자들을 위한 병원에는 "미쳤다"고 간주되었던 사람들, 그리고 대개 심한 신체적 속박과 대량의 진정제 사용을 통해 순종적으로 갇혀 있는 사람들이 수용되어 있었다.> 젊은 공익변호사 집단은 정신병원에서 자신들이 맡은 역할을 좋아했다. 변호사들은 수동적이면서 변호하기 쉬운 인구집단을 발견했다. 이들은 결국 범죄자들과는 달리 아무 잘못도 저지르지 않은 사람들이었다. 그리고 많은 주에서 이들은 끔찍한 기관에 갇혀 있었는데, 이것은 일단 폭로되면 대중에게, 특히 사법부의 양심에, 충격을 줄 수밖에 없는 불의였다. 환자들의 권리 단체는 주 의회에서 로비를 하여 개혁을 성공적으로 독려했다.

사법부의 개입은 몇몇 확실한 긍정적인 영향을 끼쳤지만 법원이 양질의 환자 치료를 보장하는 표준과 평가 메커니즘을 제공할 수 없다는 인식이 늘고 있다. 일상의 돌봄을 제공하는 것에 대한 세부사항은 결코 법원이 명령할 수는 없기 때문에, 이제는 정신 건강 돌봄과 치료를 실행할 책임과 환자의 권리를 보장할 책임을 법원으로부터 거두어 원래 그 명령을 위임받은 정신 건강 담당 주 행정가들에게 돌려줄 때이다.

enlightenment n. 계몽   shock v. 충격을 주다   jail n. 교도소
almshouse n. 빈민구제소   crusade v. 운동을 벌이다   restore v. 회복
시키다   sanity n. 멀쩡한 정신상태   asylum n. 정신병원   legislature
n. 입법부   appropriate v. (의회가) ~의 지출을 승인하다   fund n. 자금
decent a. 적정한, 양질의   overcrowded a. 과도하게 붐비는   resistant
a. 저항하는   pioneer n. 선구자   restraint n. 속박, 제약   frightening
a. 끔찍한   beacon n. 봉홧불   disproportionately ad. 과도하게
injustice n. 불평등; 부당함   mandate v. 명령[지시]하다 n. 명령, 지시
administrator n. 행정가

---

33 문장삽입   ③

주어진 문장 안의 대조를 나타내는 by contrast로 보아 앞에는 교도소, 뒤에는 정신질환 범죄자 병원에 대한 내용이 있어야 한다. 따라서 적절한 자리는 ⓒ이다.

---

34 글의 제목   ①

이 글은 첫 단락에서는 감옥과 빈민구호소의 정신질환자들을 위한 정신병자 보호시설 설립 운동의 전개와 그런 시설들이 처한 열악한 상황과

느린 상황 개선을 설명했고, 두 번째 단락에서 1960년대 민권운동이 시작된 후 교도소와 정신질환 범죄자 시설에 수용된 환자들의 끔찍한 상황이 주목을 받고 그들의 치료와 처우에 대한 개혁이 본격적으로 진행되어 왔음을 설명했고, 세 번째 단락에서 현재 문제되고 있는 사법부 개입 문제에 대해 설명하므로 ① '교정 시설에서의 정신건강 치료의 발달'이 제목으로 적절하다. '발달'이 역사적 시대 과정에 따라 개선되어온 것을 의미한다. ② 첫 단락이 제외되어 부적절하다. ③ 이 글에서는 공동체의 이익이 아니라 환자 개인의 권리와 인권과 복지가 주로 문제되고 있다.

위 글의 제목으로 가장 적합한 것을 고르시오.
① 교정 시설에서의 정신건강 치료의 발달
② 민권운동 후의 정신병자 보호시설 개혁
③ 공동체의 이익을 위한 정신질환자들의 장기적 치료
④ 정신병원 개선에서 사법부 개입이 하는 역할

35-36

1829년 무렵, 라이엘은 그를 평생 사로잡게 될 생각을 공식화하기 시작했다. 현재 존재하는 자연력은 모든 지질학적 사건을 설명할 수 있으며, 따라서 지질학적 과거의 격변은 필요가 전혀 없다는 생각이었다. 1811년에는 퀴비에와 브롱냐르가 파리 분지의 퇴적층과 화석에 대한 중요한 연구서를 앞서 출간했었다. 이들은 민물의 조가비와 바닷물의 조가비가 교대로 나타났다고 보았고, 따라서 이들은 이것을 지구 역사의 급격한 변화 탓으로 해석했다. 그러나 라이엘은 이 패턴 또한 민물과 해양 환경 사이의 느린 교대 때문이라고 생각했다. 그는 자신이 과거에 연구했던 현재의 스코틀랜드 호수 퇴적층과, 옛 파리 퇴적층 간에 유사성이 있다고 보았기 때문에 지구의 혁명적 변화를 끌어들일 필요가 없다고 생각했다. 이탈리아의 화산지대로 그가 탐사를 갔던 일도 같은 결론이 났다.

라이엘은 1825년부터 1827년까지 법률가로 일했지만 시력이 나빠져서 다른 경력이 필요해졌고 그 때 그는 지질학을 선택했다. 그는 1826년 지질학회의 회원으로 선출되었다. 1828년에는 머친슨과 함께 프랑스 남중부에 있는 오베르뉴 화산지대를 방문했다. 1831년 그는 킹스칼리지 런던의 교수로 임명됐고 거기서 지질학을 강의했지만 오래 거기 있지는 않았다. 그의 관심은 지질학에 대한 책 출간으로 옮겨갔다. 아마 학계보다 재정적으로 이득이 더 되리라는 생각 때문이었을 것이다. 그는 그의 가장 중요한 저작 『지질학 원리』의 첫판을 세 권짜리로 1830년과 1833년 사이에 출간했다. 『지질학 원리』는 일반 대중 사이에서도 인기를 끌었고 12판을 찍었다(마지막 판은 사후에 나왔다).

라이엘에게는, 현재 작용하는 원인이 과거의 사건을 설명할 수 있었고, 뿐만 아니라, 그는 과거 사건들의 강도가 오늘날과 똑같다는 받아들이기 어려운 주장을 했다. 이 탓에 그의 책은 꽤 논란거리가 되었다. 특히 세지윅과 코니베어 같은 지각 격변설 주장자들에게 그랬다. 라이엘은 또한 지구가 장기적 냉각을 겪었다는 점도 받아들이지 않았다. 냉각 가설은 자신의 자연 가설의 불변성을 무효로 돌릴 것이기 때문이었다. 영국의 물리학자였던 켈빈 경은 라이엘의 견해가 열역학 제2법칙을 위반한 것이라고 반복해서 지적했다.

찰스 다윈과 라이엘은 좋은 친구가 되었다. "결혼 전과 후에 나는 다른 그 어떤 사람을 만난 것보다 라이엘을 더 많이 만났다. 그의 정신은 내가 보기에는 명료함, 신중함, 건전한 판단력과 독창성을 특징으로 하고 있었다." 라이엘은 다윈의 산호초에 대한 새 이론을 환영했지만 『종의 기원(1859년)』에 들어있는 자연선택설에 대해서는 열의가 훨씬 덜했다. 라이엘이 보기에 종의 진화는 자신의 반복적인 순환적 접근법과 자연의 불변성 개념과 일치하지 않는 점진적 경로를 암시했기 때문이다.

formulate v. 공식화하다 occupy v. 점령하다, 사로잡다 namely ad. 즉 geological a. 지질학적 catastrophe n. 재난, 격변 sediment n. 퇴적층 fossil n. 화석 basin n. 분지 shell n. 조가비 marine a. 바다의, 해양의 invoke v. 적용하다, 들먹이다, 언급하다 volcanic region 화산지대 financial a. 재정의, 금융의 gain n. 이득 academia n. 학계 undergo v. 겪다, 경험하다 controversial a. 논란이 되는 thermodynamics n. 열역학 caution n. 신중함 enthusiastic a. 열의가 있는 progressive a. 점진적인 inconsistent a. ~와 일치하지 않는 repetitive a. 반복적인, 되풀이하는 cyclic a. 순환적인, 주기적인, 순환하는 uniformity n. 획일성, 균질성

35 빈칸완성   ②

라이엘은 지구의 표면이 과거나 현재나 같으며 격변에 의해 지각이 형성된 게 아니라고 생각했다. 따라서 빈칸에는 ②가 들어가야 한다.

빈칸에 들어가기에 가장 적합한 것을 고르시오.
① 그는 지구의 대격변들이 지구 표면의 형성에 중대한 역할을 했다고 생각했다.
② 그는 그것들의 강도가 오늘날과 같다는 받아들이기 어려운 주장을 했다.
③ 그는 지각 과정을 지배하는 법칙들이 지구의 역사 동안 변했다고 굳게 믿었다.
④ 그는 지구가 대개 급격하고 짧고 격렬한 사건들로 형성되었다고 주장했다.

36 내용일치   ④

라이엘은 다윈과 가까운 친구였고 그의 산호초 이론에 동의했지만 자연선택설은 반대했다. 따라서 ④가 틀린 내용이다. ② 자연력은 모든 지질학적 사건을 설명할 수 있고 지질학적 과거의 격변은 필요가 전혀 없다고 했는데, '느리고 지속적인 자연력'은 격변 없이 작용하는 자연력과 같은 뜻이다.

위 글의 내용과 일치하지 않는 것을 고르시오.
① 과거 및 현재의 불변의 자연력에 대한 라이엘의 관점은 대격변론자들과 충돌했고 열역학 법칙도 위반했다.
② 라이엘은 느리고 지속적인 자연력으로 지구의 지질학 역사를 설명할 수 있다고 주장했다.
③ 라이엘은 원래 변호사였는데 유명한 지질학자가 되어 『지질학 원리』를 저술했다.
④ 다윈과 라이엘은 가까운 사이였다. 라이엘은 다윈의 산호초 이론에 감탄했고 그의 자연선택설에 동의했다.

37-38

간단해 보이지만 간단하지 않은 질문을 던져보자. 인공지능이란 무엇인가? 거리에서 보통 사람에게 이 질문을 던지면 사람들은 아마 애플의 시리, 아마존의 클라우드 서비스, 테슬라의 자동차 혹은 구글의 검색 알고리즘을 언급할지도 모른다. 딥 러닝 전문가들에게 물어보면 이들은 신경망이 어떻게 수십 개 층으로 조직되어 분류된 데이터를 받고 가중치와 기준치를 할당받아, 아직은 온전히 설명할 수 없는 방식으로 데이터를 분류하는지에 관해 전문적인 대답을 해줄 수도 있다.

Ⓐ 1978년 전문 시스템을 논하면서 도널드 미치 교수는 인공지능을 지식 정제라고 기술했다. 이렇게 인공지능이 정제된 지식에서는 "컴퓨터의 도움을 받지 않은 인간 전문가가 여태껏 성취했거나 앞으로 성취할 수 있는 가장 높은 수준을 훨씬 뛰어넘는 코드화의 신뢰성과 능력이 생산된다." 이 주제에 대한 가장 인기 있는 교과서 중 하나에서 스튜어트 러셀과 피터 노빙은 인공지능이 지능 실체를 이해하고 구축하려는 시도라고 말한다. "지능은 주로 합리적 행동에 관한 것이다."라는 게 그들의 주장이다. "이상적으로, 지능이라는 행위주체는 특정 상황에서 가능한 최상의 행동을 취한다."라는 것이다.
Ⓑ 인공지능과 관련 알고리즘 시스템을 교육 및 보건, 재정, 정부 운영, 직장 교류와 고용, 소통체계, 그리고 사법체제 같은 사회 제도의 의사결정 체제에 포함시킬 때 거기서 초래되는 사회적 물질적 결과는 무엇일까? 코드와 알고리즘, 혹은 컴퓨터 비전의 최신 사고, 혹은 자연 언어 처리나 강화 학습에 대한 수많은 쟁점들이 있다.
Ⓒ 인공지능을 정의하는 각 방식은 정의 작업을 하면서, 인공지능이 앞으로 이해되고 측정되고 가치가 매겨지고 통치될 방식의 틀을 마련하고 있다. 만일 인공지능이 기업 인프라를 위한 소비자 브랜드에 의해 정의된다면 마케팅과 광고가 그 지평을 결정한다. 만일 인공지능이 어떤 인간 전문가보다 더 믿을 만하거나 합리적이며 "가능한 최상의 행위"를 할 수 있다고 간주된다면 이는 인공지능이 건강과 교육과 사법제도에서 중대한 이해관계가 걸린 결정을 내리도록 신뢰를 받아야 한다는 뜻이다.
Ⓓ 구체적 알고리즘 기술이 (인공지능 정의의) 유일한 초점일 경우, 이는 오직 지속적인 기술적 진보만이 중요하며, 그 접근법의 전산상의 비용과 이들이 그 영향 하의 지구에 끼칠 지대한 영향은 전혀 고려하지 않는다는 뜻이다.

deceptively ad. 혹할 정도로 technical a. 전문적인 neural net 신경망 layer n. 층위 labeled a. 라벨이 붙은, 분류한 assign v. 할당하다 refining n. 정제 reliability n. 신뢰성 competence n. 역량, 능력 surpass v. 능가하다, 초과하다 unaided a. 도움 받지 않은 entity n. 실체, 존재 consequence n. 결과 decision-making n. 의사결정 reinforcement n. 강화 far-reaching a. 지대한 영향을 끼칠

37 글의 흐름상 적절하지 않은 단락 고르기   ②

위 글의 전체 주제는 인공지능을 정의하는 다양한 방법들인데, Ⓑ는 인공지능을 사회 운영에 통합시켰을 때의 결과를 논하므로 전체 주제와 논리적으로 맞지 않다.

38 글의 주제   ②

문단별로 정리를 하면 인공지능을 정의하는 다양한 내용이 나온다. 따라서 정답은 ②이다.

위 글의 주제로 가장 적합한 것을 고르시오.
① 인공지능의 합리적 지적 행동에 초점을 맞추는 주된 이유
② 인공지능을 지적 시스템으로 정의하고 이해하는 다양한 방법들
③ 인공지능 시스템 관리에서 인간 전문가의 중요성
④ 인공지능이 내리는 중대한 결정에 대한 계산의 영향

39-40

생물학 분야 내에서 오랫동안 견지해온 믿음은 우리의 DNA가 고정되어 있고 불변이라는 것이다. 환경 요인은 우리의 몸무게를 늘리거나 팔다리를 잃게 만들거나 바이러스에 감염되게 만들 수 있지만 우리의 근본적인 유전자 배열은 일정하리라는 것이다. 그러나 과학자들 사이의 이러한 지배적 견해는 인간 유전체에 대한 더 유동적인 정의 쪽으로 바뀌기 시작하고 있다. 유전학 내의 새로운 하위분야인 후성유전학이 환경 요인이 우리 생애 동안 유전자 코드의 표현을 실제로 어떻게 바꾸어놓는지 탐색하고 있기 때문이다.

후성유전학은 DNA 염기서열 세포 표현형의 유전 가능한 변화, 즉 수정(受精) 이후 외부 환경 요인들의 결과로 발생한 변화를 연구한다. 환경 요인들은 특정 유전자를 자극하여, 해당 유전자를 켜거나 끌 수 있고 어떤 식으로든 바꿀 수 있다. 세포 분열을 통해 이제 유전자 변화는 유전 가능한 형질로서 뒤이은 세대들에게 전달될 가능성을 지니게 된다.

과학자들이 후성유전학을 연구하는 한 가지 방법은 동물의 유전 가능성을 연구하는 것이다. 과학자들은 쥐가 임신 기간 동안 스트레스 환경에 노출되면 태아의 후성유전적 변화가 쥐의 새끼가 성장해 성체가 되면 행동문제를 발생시킬 수 있음을 보여줄 수 있었다.

과학자들은 또한 인간 쌍둥이를 이용하여 후성유전학과 DNA 메틸화 반응이라는 관련 과정을 좀 더 잘 이해할 수 있다. DNA 메틸화 반응은 유전자를 더 강하거나 더 약하게 표현되도록 만든다. 일란성 쌍둥이에게서 채취한 DNA 견본을 검사함으로써 과학자들은 DNA 메틸화반응이 유전자 서열에서 특정 유전자의 표현에 영향을 미치는 영역을 알아낼 수 있다. 일란성 쌍둥이는 DNA가 같기 때문에, 쌍둥이 각자를 위한 메틸화 반응 윤곽을 만들면 과학자들은 행동의 미묘한 차이부터 극단적 차이까지 설명할 수 있어, 이를 통해 후생유전 과정이 우리의 성격과 유전자 코드에 어떤 영향을 끼치는지 파악할 수 있도록 창문을 <닫을> 수 있다.

후성유전학은 생물학 연구의 한 분야로서 아직 발전 초기 단계에 있지만, 그럼에도 불구하고 믿을 수 없을 만큼 흥미진진하고 혁신적인 분야이다. 후성유전학은 어떻게 진화상의 변화가 수천 년에 걸쳐서가 아니라 한 세대 내에서 발생할 수 있는지를 보여주기 때문에 다윈의 진화론을 방해한다. 이렇게 빠른 진화상의 변화의 가능성은 우리가 지구상의 생명체 뿐 아니라 좋든 나쁘든 우리가 그 생명체에게 끼칠 수 있는 영향력에 대해 어떻게 생각하는가에 대한 중요한 함의를 갖고 있다.

underlying a. 근본[근원]적인 epigenetics n. 후성유전학 delve into 캐다, 철저히 조사하다 methylation n. 메틸화 반응 progeny n. 자손 throw a wrench into ~에 초를 치다, 방해하다 fixed a. 고정된 factor n. 요인 limb n. 팔다리, 사지 underlying a. 근원적인 genetic sequence 유전자 서열 constant a. 일정한, 변함없는 heritable a. 유전되는 phenotype n. 표현형 cellular a. 세포의 alter v. 바꾸다 subsequent a. 이후의

온 믿음이었지만 이제 후성유전학은 이 믿음과 반대되게 유전 가능성이 환경에 의해 어떻게 변할 수 있는가를 중점적으로 연구한다. 따라서 정답은 ①이다. ② 후성유전학은 다윈의 이론을 방해한다고 했고, ③ DNA 메틸화 반응은 환경에 영향을 끼치는 것이 아니라 받으며, ④ 생물학적 변화는 DNA의 기능과 관련이 깊다.

위 글의 내용과 일치하는 것을 고르시오.
① 후성유전학은 생물학의 하위 분야로, 유전 가능성의 가변성에 초점을 맞춘다.
② 다윈의 이론은 진화의 변화가 후성유전학에 동조하는 방식을 예시한다.
③ DNA 메틸화 반응의 윤곽은 DNA 구조가 어디서 환경 요인에 영향을 끼쳤는지 보여준다.
④ 생물학적 변화는 동물과 인간 둘 모두에서 DNA의 기능에 의해 결정되지 않는다.

---

39 글의 흐름상 적절하지 않은 문장 고르기 ④

새로운 후성유전학 연구로 과학자들이 행동의 미묘한 차이를 이해할 길을 '열었다'고 해야 하므로 ⓓ의 closing the window를 opening the window로 바꾸어야 한다.

---

40 내용일치 ①

DNA를 통한 형질의 유전가능성이 고정불변이라는 것이 오래 지속되어

2023 중앙대학교(일반·학사편입 A형)

01 ①	02 ④	03 ③	04 ②	05 ③	06 ①	07 ②	08 ③	09 ②	10 ③
11 ②	12 ④	13 ③	14 ④	15 ①	16 ②	17 ④	18 ③	19 ④	20 ①
21 ④	22 ②	23 ①	24 ③	25 ①	26 ②	27 ②	28 ①	29 ④	30 ④
31 ③	32 ④	33 ①	34 ②	35 ④	36 ②	37 ①	38 ②	39 ②	40 ③

01 동의어 ①

potential n. 가능성; 잠재력 exponential a. 기하급수적인(= rampant)
entrepreneur n. 기업가 discreet a. 신중한 incessant a. 끊임없는
veracious a. 진실한, 정직한

기하급수적인 성장 가능성은 새로운 사회 기업가들에게 사실상 필수적인 요소다.

02 동의어 ④

glowing a. 열렬한; 격찬하는 pedestrian a. 평범한(= uninteresting)
exaggerated a. 과장된, 부풀린 officious a. 참견하는, 거들먹거리는
embellished a. 재미있는

이 영화는 영화 평론가들로부터 호평을 받았지만, 내가 보기에는 평범했다.

03 동의어 ③

missionary a. 선교의 church planter 교회 개척자, 선교사 chasten
v. 순화시키다, 억제하다, 누그러뜨리다(= moderate) humility n. 겸손
outstretch v. 확장하다 substantiate v. 실증하다 detonate v. 폭발
시키다

교회 개척 선교사로 프랑스에 입국하는 미국인들은 낙관주의를 자제하고 겸손한 자세로 프랑스의 분리주의 벽에 다가가야 한다.

04 동의어 ②

allegation n. 주장 irascible a. 성난, 성마른, 화를 잘 내는(= choleric)
inclement a. 냉혹한 desperate a. 절박한 genial a. 친절한

누군가에게 밤늦게 전화를 걸어오는 수화기 너머의 성난 의사의 주장만
있을 뿐 명확한 것은 아무것도 없다.

05 동의어 ③

ribald a. 음란한, 상스러운, 추잡한(= salacious) innocuous a. 무해한

eccentric a. 괴상한 ludicrous a. 우스꽝스러운

그 영화에서 가장 상스럽고 그래서 가장 재미있는 장면 중 일부는 텔레비
전 방송에서는 잘렸다.

06 동의어 ①

alacrity n. 민활, 민첩; 활발(= eagerness) enlist v. 입대하다 warfare
n. 전쟁 flare up 확 타오르다 speak for itself 중요하거나 자명하다
(= be significant or self-evident) sincerity n. 성실성 fugitiveness
n. 회피 encumbrance n. 방해물

국경에서 전쟁이 발발할 때마다 북부인들이 군에 자원입대한 그 기민함은
말할 것도 없이 자명하다.

07 동의어 ②

label v. 딱지 붙이다 sleazy a. 보잘것없는, 하찮은, 값싼(= trashy)
fake a. 가짜의, 거짓된 swarthy a. 거무스름한 testy a. 성미 급한

당신이 그녀를 재능 있다고 보든, 매력적이라고 보든, 하찮다고 보든,
거짓되었다고 보든, 할리우드 전설로서 그녀가 남긴 흔적은 부정할 수
없다.

08 생활영어 ③

③의 'as dry as a bone'은 '아주 말랐다'는 의미로 그가 마음을 바꿀 가
능성이 없나는 질문에 부적절한 답변이다. No way라고 했으므로 '고집
이 세다'는 표현의 'as stubborn as a mule'이 대화의 흐름상 적절하다.

on time 제시간에 as dry as a bone (뼈처럼) 바싹 마른, 앙상한

① A: 제시간에 끝낼 가능성이 꽤 큰가요?
   B: 네, 죽음만큼이나(아주) 확실합니다.
② A: 그녀가 자신의 실수를 인정할 거로 생각하나요?
   B: 아닐걸요. 그녀는 정말 거만해요.
③ A: 그가 마음을 바꿀 가능성은 없나요?
   B: 말도 안 돼요. 그는 정말 메말랐어요.
④ A: 새로 태어난 아기를 보셨나요? 어때요?
   B: 정말 귀엽네요.

09 생활영어 ②

② A가 말한 move up the meeting은 '회의를 앞당기다'의 의미이므로, B가 말하는 '나중에 만나고 싶어요'라는 말과 어울리지 않는다.

swing it 어떤 일을 잘 해내다   move up the meeting 회의를 앞당기다   out of the blue 느닷없이   on a shoestring 적은 돈으로   a feather in one's cap 특별한 자랑거리   rack one's brain 머리를 짜서 생각하다, 생각해내려 애쓰다   keep one's head above water 빚 안 지고 살아가다   hard up 재정적으로 힘든

① A: 영화 보러 갈까요?
  B: 그러고 싶지만, 오늘은 그럴 수 없네요.
② A: 회의를 앞당길 수 있나요?
  B: 좋은 생각이네요. 그들을 나중에 만나고 싶어요.
③ A: 그는 갑자기 빈손으로 사업을 시작했습니다.
  B: 그게 정말 자랑이죠.
④ A: 어떻게든 적자를 면할 방법을 찾으려고 머리를 싸매고 노력하고 있습니다.
  B: 그렇게 힘든 줄 몰랐어요.

10 동명사의 태 ③

③의 앞에 and가 있고, 그 앞에는 아이가 성장한다는 의미의 growing up이 있으므로, and 다음에도 아이가 배운다는 의미로 능동태 동명사가 와야 한다. ③을 learning으로 고친다.

fool v. 기만하다   keep A from B A가 B하는 것을 막다

부모는 아이의 실수를 막을 수 있다고 스스로를 속여서는 안 된다. 아이가 실수를 저지르는 것은 성장과 학습의 일환이다.

11 선행사와 관계대명사절의 수일치 ②

② 앞에 있는 관계대명사 which의 선행사는 isolated areas of vegetation이므로 areas에 맞춰 was raised를 were raised로 고쳐야 한다. 이 문장에서 형용사 bare와 현재분사 possessing이 but으로 연결되어(병치) 주어 an area를 수식하고 있으며, ② 앞의 which로 시작하는 관계절과 ③을 포함한 the upper edges of which로 시작하는 관계절이 and로 연결되어 areas of vegetation을 수식하고, 마지막에 있는 strongly suggesting 이하는 두 번째 관계절의 술부에 이어진 분사구문이다.

bare a. 헐벗은   vegetation n. 식물   edge n. 가장자리   undercut v. 아래를 깎다   expose v. 노출시키다   sand blast 모래폭풍

그러나 결국, 일반적으로는 헐벗었지만 고립된 식물 지역들을 갖고 있는 한 지역이 발견되었다. 그 고립된 식물 지역들은 헐벗은 지역의 일반적인 고도(높이)보다 상당히 더 높아져 있었고 그 식물 지역들의 높은 가장자리는 아래가 깎여서 뿌리가 노출되어 있었는데, 이는 지표면 모래폭풍이 있었다는 것을 강력하게 암시하고 있다.

12 문의구성 ④

① 과거분사 found가 앞 명사를 수식하며 '지구에서'는 on the earth와 on Earth 모두 가능하다. ② '고속으로'가 at a high speed이듯이 speed는 가산명사로 복수가 가능하다. ③ 현재분사 unfitting과 병치된 형용사 useful로 모두 speeds를 수식한다. 따라서 ④가 정답이다.

humming bird 벌새   flap v. 퍼덕이다   incredible a. 믿을 수 없는   unfitting a. 어울리지 않는   stature n. 신장

지구에서 발견되는 가장 작은 새 중 일부인 벌새는 겉보기에 작은 몸집에 어울리지 않지만 그래도 생존에는 유용한 놀라운 속도로 날개를 퍼덕일 수 있는 능력을 가지고 있다.

13 논리완성 ③

앞 문장에서 가벼운 인후통이 있다고 했으므로, 빈칸에는 통증을 가라앉히는 역할을 하는 약인 ③ '진정제'가 적절하다.

gastroscopy n. 위내시경 검사   sore throat 인후통   expectorant n. 거담제   constipants n. 지사제(止瀉劑)   sedative n. 진정제   antacid n. 제산제(위속의 산을 중화하는 약제)

대부분의 위내시경 검사는 아무 문제없이 끝난다. 일부 사람들은 검사 후 하루 정도 가벼운 인후통이 있다. 진정제를 복용하면 몇 시간 동안 피곤하거나 졸린 느낌이 들 수 있다. 위내시경 검사 후에 흉부 감염이나 폐렴이 발생할 위험이 약간 증가한다.

14 논리완성 ④

뒤에 나오는 기후, 정치, 인간의 실수 등과 같이 가변성이 많은 사건의 양태를 나타내는 낱말이 필요하다. vagary는 변덕, 즉 '예측할 수 없는 변화'를 가리키므로 빈칸에 들어가기에 적절하다.

gene n. 유전자   impunity n. 처벌받지 않음   interlocution n. 대화, 문답   riposte n. 되찌르기, 반격   vagary n. 엉뚱한 짓, 변덕, 장난

새로운 글로벌 식물 은행 시스템의 목표는 귀중한 저장된 식물 유전자를 기후, 정치, 인간의 실수 등의 예측 불허의 변화로부터 보호하는 것이다.

15 논리완성 ①

either in 다음의 it과 or in 다음의 it은 모두 '낙천적 기질'을 가리키는데, maintaining과 developing은 모두 긍정적인 의미여서 극심한 더위와 추위가 낙천적 기질 형성에 긍정적인 영향을 미칠 것이다. 따라서 '도움이 되는'이라는 의미의 ①이 정답으로 적절하다.

sanguine a. 낙천적인   temperament n. 기질   inherited a. 유전되는   peculiarity n. 특성   constitution n. 체질   be conducive to ~에 도움이 되다   effusive a. 과장된, (감정이) 넘쳐흐르는   recumbent a. 기댄; 드러누운   incandescent a. 백열의; 눈부시게 밝은

극단적인 더위와 추위는, 낙천적 기질을 유전적인 특성으로 유지시키거나 다른 기질에서 발달시켜서, 낙천적인 기질을 형성하는 데 도움을 준다.

16 논리완성 ②

부족을 지키는 하나의 방법은 벌목업자의 활동을 제한하는 것이었으니, 또 다른 방법도 비슷한 의미가 되어야 한다. 부족을 보호하려면 관광객들이 부족민들에게 접근하지 못하게 막아야 할 것이다. 따라서 빈칸에는 '제지[억지]하다'라는 의미의 ②가 적절하다.

logger n. 벌목업자   close down 폐쇄하다   sawmill n. 제재소   aspirate v. 대기음[기식음]으로 발음하다; 흡입하다   deter v. 제지하다   upbraid v. 비판하다   uplift v. 들어 올리다

부족들을 보호하는 실질적인 방법 중의 하나는 벌목업자의 활동을 제한하는 것이다. 브라질 정부는 이미 아크리 주에 있는 불법 제재소 28곳을 폐쇄했다. 또 다른 방법으로는 호기심 많은 관광객을 제지하는 것이다.

17 논리완성 ④

생태계라는 말과도 어울리고 to 다음에 나오는 여러 항목에도 모두 중요한 영향을 미칠 수 있는 것으로는 ④가 적절하다.

biogeochemical a. 생물지구화학의   ethereal a. 천상의   nautical a. 선박의, 해상의   somatic a. 신체의   arboreal a. 수목의

수목 생태계는 전 지구적인 그리고 지역적인 생물지구화학 과정, 자연 시스템의 생물 다양성 유지, 도시 환경에서의 인간 건강에 매우 중요하다.

18 논리완성 ③

and brings 이하의 두 번째 술부 내용을 보면 예술 작품을 장난꺼리로 삼아 예술과 관련한 잘못된 세태를 조롱한다고 하였으므로, 첫 술부도 부정적인 의미가 되게 빈칸에는 ③ '모독하다'가 적절하다.

solemnity n. 엄숙; 근엄   lampoon v. 조롱하다   cult v. 숭배하다   celebrity n. 유명인사   venerate v. 존중하다, 존경하다   enliven v. 활기 있게 만들다   desecrate v. 모독하다   conscript v. 징집하다

한 미국 예술가는 예술적 제스처의 엄숙함을 모독하고, 예술 작품을 장난꺼리로 삼아 개인숭배와 유명인사가 된다는 생각을 조롱한다.

19 논리완성 ④

주절이 사업이 망할 수도 있다는 내용이므로 If절에서는 '제품을 시장(의 요구)에 맞출(맞게 만들어낼) 줄 모르면'이라 해야 한다. 따라서 ④가 적절하다.

affordable a. 감당할 수 있는; (가격이) 알맞은   in a way ~하는 방식으로   run the risk of ~의 위험을 감수하다   retch v. 구역질나게 하다, 헛구역질하게 하다   attribute v. ~를 …의 탓으로 돌리다   traduce v. 비방하다

gear v. 기어를 넣다; 조정하다, ~에 맞게 하다

경영진이 더 저렴하고 바람직한 방식으로 제품을 시장에 맞출 줄 모르면 사업을 완전히 접어야 할 위험에 처할 수 있다.

20 논리완성 ①

'언어적 배신행위가 아닌 다른 모든 무엇'의 '무엇'은 곧 '배신'을 의미하므로 빈칸에는 '배신'에 해당하는 것이 들어가야 한다. 그런데 바로 앞 문장에서 '외국어를 채택하는 것은 그를 모국어로부터 멀어지게 하는 배신행위이다'라고 했으므로 '멀어지게 하는 것', 즉 ① '소외'가 배신을 의미하여 빈칸에 적절하다.

antonym n. 반의어   allegiance n. 충성   uneasy a. 불편한   desertion n. 탈주   rationalize v. 합리화하다   alienate v. 소외시키다   mother tongue 모국어   take a step 조치를 취하다   amount to ~에 상당하다   trifle a. 사소한   estrangement n. 소외   recapitulation n. 요약   abatement n. 감소   mollification n. 완화

'배신'의 반의어는 '충성' 또는 '충성심'이다. 이 단어에 불안감을 느끼는 이주 작가는 모국을 떠난 자신의 물리적 부재 때문에 죄책감을 느끼며, 일부 동포들은 이러한 부재를 인습적으로 '탈주'로 간주한다. 그러나 궁극적인 배신은 다른 언어로 글을 쓰는 것을 선택하는 것이다. 작가가 외국어 채택을 아무리 합리화하고 정당화하려 해도, 그것은 그를 모국어로부터 멀어지게 하고 창작 에너지를 다른 언어로 돌리는 배신행위이다. 이러한 언어적 배신은 이주 작가가 취할 수 있는 최종 단계이며, 그 이후의 다른 모든 소외행위는 사소한 것에 불과하다.

21 논리완성 ④

첫 번째 빈칸 바로 다음에서 알 수 있듯이 사진작가들은 구름 속의 빛을 원하고 오직 빛만 있는 완벽한 빛은 싫어한다. 따라서 첫 번째 빈칸에는 flawless가 적절하다. 두 번째 빈칸의 경우, 그 이하(구름 없는 빛이 저주임)가 앞 주절(구름을 간절히 바람)의 이유에 해당하므로 because가 적절하다.

challenge n. 도전   ignite v. 빛나게 하다   condemn v. 비난하다   blazingly ad. 확 타오르면서, 번쩍이면서; 격렬하게   fleeting a. 일시적인   dappled a. 얼룩진   atmospheric a. 분위기 있는   amiss a. 잘못된   vacillating a. 진동하는   awry a. 잘못된   flawless a. 흠[티] 하나 없는, 나무랄 데 없는

빛은 말 그대로 피사체를 드러낸다. 빛이 없으면 시각, 색, 형태 등 아무것도 존재하지 않는다. 빛을 어떻게 쫓고 포착하는가는 사진작가의 끊임없는 도전이자 끊임없는 기쁨이다. 사진작가는 빛이 풍경이나 얼굴을 가로지르며 춤추는 모습을 지켜보며, 눈앞의 피사체를 비추거나 부드럽게 만들거나 빛나게 만드는 순간을 기다린다. 빛은 흠잡을 수 없을 때는 거의 흥미를 끌지 못한다. 사진작가에게는 눈부시게 밝은 하늘보다 더 저주스러운 것은 없기 때문에 해변이나 산꼭대기에서 구름을 간절히 바라는 사람은 사진작가뿐일지도 모른다. 빛은 일반적으로 찰나적이거나 얼룩지거나 날카롭거나 위협적이거나 분위기 있을 때가 가장 좋다.

22 논리완성 ②

인간의 사냥 능력이 서서히 발전해왔다는 말에는 그 능력이 처음에는 원시적이거나 기초적인 단계였다는 의미가 내포돼 있다. 따라서 첫 번째 빈칸에는 rudimentary가 적절하다. 두 번째 빈칸의 경우, 아프리카와 다른 대륙을 대조하고 있으므로 '이와 반대로(In contrast)'나 '이와 달리(On the other hand)'가 적절하다.

evolve v. 진화하다 prowess n. 기술 settle v. 정착하다 wooly a. 털이 수북한 saber-toothed a. 송곳니가 발달한 marsupial n. 유대류 rhinoceros n. 코뿔소 exterminate v. 멸종시키다 beware v. 조심[주의]하다 ingenious a. 독창적인 rudimentary a. 기초적인 dexterous a. 손재주 있는 deciduous a. 낙엽성의; 탈락성의; 영속하지 않는

아이러니하게도, 아프리카에 인간이 오랫동안 존재했다는 것이 아마도 오늘날 아프리카 대륙의 다양한 대형 동물 종(種)들이 생존하고 있는 이유일 것이다. 아프리카 동물들은 수백만 년 동안 인간과 함께 진화해 왔으며, 인간의 사냥 기술이 초기 조상들의 원시적인 사냥 기술에서 점차 발전하면서 진화했다. 그래서 동물들은 인간에 대한 건강한 두려움을 배울 수 있었고, 그와 더불어 인간 사냥꾼에 대한 건강한 회피도 배울 수 있었다. 이와는 반대로, 북미와 남미, 호주는 겨우 지난 수만 년 동안에 걸쳐 인간이 정착했다. 불행히도 이 대륙의 대형 동물들이 처음 만난 인간은 이미 현대의 두뇌와 사냥 기술을 갖춘 완전한 현대인이었다. 그러한 동물들 대부분 — 털복숭이 매머드, 검치 고양이, 호주에서는 코뿔소만큼 큰 유대류 — 은 인간이 도착하자마자 사라졌다. 종 전체가 사냥꾼을 조심하는 법을 배우기도 전에 몰살당했던 것이다.

23 논리완성 ①

새로운 연구나 새로운 이론이 관심을 불러일으키고, 이를 언론 매체가 홍보하여 계속된다고 했다. 따라서 이러한 점과 관련하여 '관심의 고조'라는 의미를 완성시키는 ①이 정답으로 적절하다.

nutrition n. 영양 milestone n. 획기적인 사건 groundswell n. (여론의) 비등, 고조 respite n. 연기, 유예 asperity n. 신랄함 qualm n. 주저, 망설임

한 유명한 영양 컨설턴트는 실제로 두 종류의 추세가 있다고 믿는다. 첫 번째 유형은 흥미의 고조에서 발전한다. 그것은 새로운 책이나 새로운 이론을 제시하는 연구에서 비롯될 수 있다. 과학적 연구는 흔히 새로운 영양 추세에 이바지한다. 이러한 종류의 추세는 언론 매체가 흔히 홍보하며 대중이 관심을 잃을 때까지 계속된다. 두 번째 종류의 추세는 중요한 사건이 발생할 때 시작한다. 식품 리콜이 발생하거나 식품 관련 질병으로 사망자가 발생하면 사람들은 멈춰 서서 생각하게 된다.

24 논리완성 ③

빈칸 뒤에서 '길거리의 이야기를 모아 과거 이야기꾼들의 목소리를 되풀이해서 들려주는 사람'이라 했으므로 ③ 'raconteur(이야기꾼)'가 적절하다.

mesmerizing a. 매혹적인 reprise v. 반복하다 elegiac a. 비가적인, 구슬픈 reverberate v. 울려 퍼지다 quest n. 추구 redemption n. 구원 lament n. 비탄 renderer n. 번역가 necromancer n. 주술사 raconteur n. 이야기꾼 manumitter n. 노예 해방자

그는 매혹적인 이야기꾼으로, 길거리에서 이야기를 들어 수집한 다음, 이미 대부분 세상을 떠난 그 이야기꾼들의 목소리를 되풀이하는 사람이다. 한 슬픈 술꾼의 구원을 향한 개인적인 탐구로 시작해서 이제는 거의 사라지고 잊힌 모든 오래된 친숙한 것들에 대한 애도가 되는 그의 책 전체에서 비록 감명적이지만 구슬픈 음조들이 울려 퍼진다.

25 논리완성 ①

뒤에 나오는 예들은 모두 각 여관의 특징, 혹은 독특한 점들을 나열하고 있다. 따라서 ① '특색'이 적절하다.

lean against ~에 기대다 tramp n. 방랑자 spike n. 싸구려 여관 merit n. 장점 hand n. 전문가 an old hand 노련한 사람 porter n. 관리인 bully n. 약자를 괴롭히는 사람 interminably ad. 그칠 줄 모르게, 무기한으로 peculiarity n. 특색 iniquity n. 부정, 부당성 configuration n. 배치 neotiny n. 유형성숙(성적으로 완전히 성숙된 개체이면서 비생식 기관은 미성숙한 현상)

우리는 벽에 기대어 담배를 피우고 있었고, 뜨내기들은 최근에 묵었던 여관에 관해 이야기하기 시작했다. 그들 말에 따르면 모든 여관은 달라서, 각각 고유한 장단점이 있었다. 따라서 여행할 때 이들을 파악하는 것이 중요하다고 말했다. 나이 많은 노련한 사람이라면 이 나라 모든 여관의 특색에 관해 이렇게 말할 것이다. A에서는 담배를 피울 수 있지만 방에 벌레가 있고, B에서는 침대는 편안하지만, 관리인이 괴롭히고, C에서는 아침 일찍 나갈 수 있지만, 차를 마실 수 없고, D에서는 당신이 돈이 있다면 관리가 돈을 훔쳐 간다 — 등등 끝도 없이 많을 것이다.

26 논리완성 ③

However부터 biomimicry(생물체의 특성, 구조, 및 원리를 산업 전반에 적용시키는 것)의 단점을 말하고 있다. 따라서 임플란트의 생존에 '부정적인 영향을 미친다'는 내용이 되어야 하므로 빈칸에는 ③의 affect가 적절하다.

alternative a. 대체 가능한, 대안이 되는 base n. <화학> 염기 acid n. <화학> 산 hydrated a. 수화한, 함수의 phosphate n. <화학> 인산염 succor v. 구조하다 extrude v. 밀어내다 affect v. 영향을 미치다 engender v. 야기하다, 발생시키다

생체 모방은 대체 코팅 기술 개발에 사용되어 왔다. 먼저 금속을 강염기 또는 산으로 처리한다. 이 처리를 통해 표면은 알칼리염 또는 수산화물로 변형된다. 이러한 표면은 음의 표면 전하를 띠기 때문에 Ca^{2+}를 끌어당겨 임플란트에서 인산칼슘이 자라게 할 수 있다. 그러나 이 방법의 단점으로는 표면 문제를 일으킬 수 있다는 것이다. 그리고 이 표면 문제는 임플란트의 생존에 영향을 미칠 수 있다. 게다가 알칼리염과 산화물은 음의 표면 전하를 띠지 않기 때문에 스테인리스 강철을 코팅하는 데는 이 방법을 사용할 수 없다.

27 내용일치 　　　　　　　　　　　　　　　②

인슐린이 감소하는 이유는 음식을 먹지 않아서이고, 그 결과 지방 세포가 에너지를 방출한다고 했다. ②는 인과관계가 뒤집힌 내용이다.

intermittent fasting 간헐적 단식　weight loss 체중 감소　adjust v. 조정하다　carbohydrate n. 탄수화물　sugar n. 당(糖)　transfer v. 수송하다　fat n. 지방　diabetes n. 당뇨병　breastfeeding a. 모유 수유하는　chronic a. 만성의　eating disorder 섭식장애　whole grain 전곡　be concerned about 우려하다　deficiency n. 결핍　hydrate v. 수분을 공급하다　moody a. 우울한

간헐적 단식이 효과가 있는 것처럼 보이는 이유는 무엇일까? 식사 일정을 조정하여 정말 체중 감량과 기타 건강상의 이점을 경험할 수 있을까? 과학자들은 우리가 음식을 섭취하면 탄수화물이 당으로 분해되고 당이 연소되어 에너지를 만들어낸다는 사실을 알고 있다. 연소되지 않은 당은 인슐린의 도움을 받아 지방 세포로 옮겨진다. 음식을 먹지 않으면 인슐린 수치가 내려가고 결과적으로 지방 세포는 당을 에너지로 방출한다. 장기간 단식을 하면 인슐린 수치는 감소하고 우리 몸은 원치 않는 지방을 태울 수 있다. 체중 감량 외에도, 연구에 따르면 시간 제한적인 단식을 하고 오전 7시에서 오후 3시 사이에만 식사한 당뇨병 위험이 있는 사람들은 인슐린 수치가 낮아지고 혈압이 낮아진 것으로 나타났다.

간헐적 단식이 흥미롭게 느껴진다면, 전문가들은 라이프스타일에 잘 맞추기 위한 다음과 같은 조언을 제공한다. 첫째, 임산부나 모유 수유 중인 여성, 만성 질환(당뇨병 포함)으로 매일 여러 약을 복용하는 사람, 섭식장애 병력이 있는 사람 등, 단식을 해서는 안 되는 특정 그룹이 있다. 또한 간헐적 단식은 원하는 음식을 마음껏 먹을 수 있는 허가가 아니라고 조언한다. 간헐적 단식은 과일, 채소, 통곡물이 풍부한 식단을 섭취할 때 가장 효과적이다. 영양 결핍이 우려된다면 비타민을 추가로 섭취하는 것이 좋다. 단식하는 사람은 물을 충분히 섭취해야 하고, 식사하지 않는 시간에도 물을 마셔야 한다. 단식 초기에는 기분이 울적하고 피로감을 느낄 수 있다. 이러한 불편한 느낌은 몇 주가 지나면 신체가 새로운 식사 및 단식 패턴에 익숙해지면서 감소할 것이다.

위 글의 내용과 가장 거리가 먼 것을 고르시오.
① 전문가들은 이미 당뇨병이 있고 약을 복용하는 사람에게는 단식하지 말 것을 충고한다.
② 인슐린 감소는 지방 세포가 에너지를 방출하기 때문에 발생한다.
③ 간헐적 단식의 이점은 특정한 시간이 지나면 관찰될 수 있다.
④ 간헐적 단식은 신중한 식단과 함께 이루어져야 한다.

28 내용일치 　　　　　　　　　　　　　　　①

② 문화적 실천을 이해하기 위해 언어의 형태와 사용영역, 스타일에 초점을 맞추는 분야는 인류언어학이라고 했다. ③ 인류언어학은 언어 행동의 변수를 분석하는 데 해석적 접근법을 사용하는 것은 옳지만, 해석적 접근법으로 언어 행동의 변수들을 분석하는 것은 아니다. ④ 사회언어학은 언어를 사회적 제도로 본다.

anthropological a. 인류학의　be concerned with ~와 관련 있다　forge v. 만들다　as such 보통 말하는[엄밀한 의미의] 그런　domain n. 영역　in practice 실제로　seek to ~하려고 노력하다　uncover v. 밝히다　register n. 사용 영역　peel away 벗기다　on the other hand 반면에　carry out 행하다　interaction n. 상호작용　with respect to ~에 관하여

correlate v. (밀접한) 연관성[상관관계]이 있다　variable n. 변수

인류언어학은 더 넓은 사회적·문화적 맥락에서의 언어의 위치에, 그리고 문화적 실천과 사회 구조를 형성하고 유지하는 데 있어서의 언어의 역할에 관심을 갖는 언어학의 하위 분야이다. 따라서 유사한 영역을 다루는 또 다른 하위 분야인 사회언어학과 겹치는 것처럼 보일 수 있으며 실제로도 그럴 수 있다. 하지만 이 두 분야는 몇 가지 측면에서 서로 구별된다. 인류언어학은 핵심 인류학적 개념인 문화라는 프리즘을 통해 언어를 바라보며 언어의 사용, 오용 또는 비사용과, 언어의 다양한 형태, 사용영역 및 스타일 뒤에 숨겨진 의미를 밝히고자 한다. 문화적 이해를 위해 언어를 벗겨내는 해석적 학문이라고 할 수 있다. 반면에 사회언어학은 언어를 개인과 집단이 사회적 상호작용을 수행하는 여러 제도 중 하나인 사회적 제도로 본다. 사회언어학은 사회적 집단과 관련하여 언어 행동이 어떤 패턴을 보이는지를 발견하려 하고, 언어 행동의 차이를 연령, 성별, 계급, 인종 등과 같은 사회적 집단을 정의하는 변수와 상호 연관시킨다.

다음 중 윗글의 내용과 가장 일치하는 것을 고르시오.
① 인류언어학은 언어의 오용 뒤에 숨겨진 의미를 알아내려 한다.
② 사회언어학은 문화적 실천을 이해하기 위해 언어의 형태와 사용영역, 스타일에 초점을 맞춘다.
③ 인류언어학은 언어 행동의 변수를 분석하는 데 해석적 접근법을 사용한다.
④ 사회언어학은 언어를 사회적 제도가 아닌 각 사회 집단의 개별적인 언어 패턴으로 간주한다.

29 글의 흐름상 적절하지 않은 문장 고르기 　　　　　　④

컴퓨터 인터페이스 체제의 변화, 쉽게 말해 도스가 윈도우즈로 변화하면서 발생한 여러 특징을 설명하고 있다. ⑩는 컴퓨터 인터페이스보다는 사물 인터넷 개념을 설명하고 있다.

mature v. 성숙하다　repository n. 저장소　representation n. 재현　trash can 휴지통　syntax n. 구문　advent n. 등장　interaction n. 상호작용　instantiation n. 인스턴스생성(객체 지향 프로그래밍에서, 특정한 클래스 또는 프로세스에 대하여 인스턴스를 만들어 내는 일)　in parallel 병렬적으로, 동시에　spatiality n. 공간성　invoke v. 호출하다　simultaneously ad. 동시에　interleave v. 인터리브[상호 배치]하다(기억 장치를 여러 부분으로 나누고 그 동작 주기를 조금씩 차이가 나게 하여 등가적(等價的)으로 고속화하다)　synchronize v. 동기화하다　in lock step 융통성 없이　refrigerator n. 냉장고　node n. 노드(네트워크의 접속점)　notify v. 통지하다　episodically ad. 삽화적으로

컴퓨터 인터페이스가 발전함에 따라, 특히 제록스 파크의 실험실에서 탄생하고 애플 컴퓨터와 마이크로소프트에서 발전한 새로운 디자인 패턴 덕분에, 컴퓨터 화면은 상징적이며 문자적이고 마스터-슬레이브 대화를 저장하는 장소에서 2차원 그래픽 칠판으로 진화했다. 폴더, 휴지통 및 기타 물리적 개념을 그래픽으로 재현하면서 컴퓨터 화면은 구문론적 표현에서 은유적 표현으로 변화했다. 컴퓨터 화면에 배열된 윈도우가 등장하면서, 여러 상호작용 인스턴스가 병렬로 일어나는 완전히 새로운 상호작용 패러다임이 추가되었다. 이 그래픽 중심 세상에서 인간 사용자는 상징적 이해와 함께 물리적 공간 감각에 의존하고, 더 나아가 여러 창에서 동시에 여러 컴퓨터 작업을 호출하여 각 창에서 어떤 순서로든 결과를 기다릴 수 있게 되었다. 이전의 인터리브화되고, 동기화된, 마스터-슬레이브 모델은 새로운 관계로 대체되었다. 이제 컴퓨터는 더 이상 인간의 명령에 그저 틀에 박힌 방법으로 반응하지 않는다.

<텔레비전, 휴대전화, 냉장고에 이르기까지 인터넷에 연결된 현대의 기계는 전 세계에 걸쳐 고도로 연결된 지식과 반응 시스템의 작은 노드이다.> 컴퓨터는 여러 가지 활동으로 바쁘게 움직이며 결과가 나오는 대로 인간에게 그때그때 결과를 알려준다.

30 단락배열 ④

가장 쉬운 방법은 Ⓐ에 the latter와 the former가 있으므로, 두 개의 항으로 끝나는 문장을 바로 앞에 배치하는 것이다. Ⓒ의 마지막 문장에 himself와 naturalist라는 두 항이 있다. 따라서 유일하게 Ⓒ - Ⓐ 순서가 제시되어 있는 ④가 정답이다.

crisp a. 서늘한; 바삭바삭한 slender a. 가벼운 pickerel n. 창꼬치 perch n. 농어 stitch v. 묶다 rip v. 찢다 moss n. 이끼 bark n. 나무껍질 in search of ~을 찾아 axe n. 도끼 grub-worm n. 굼벵이 chink n. 틈, 금 scale n. 등급, 저울 scale of being 존재의 사다리(연쇄, 사슬) luncheon n. 점심 stout a. 완강한 fear-naught a. 두려움 없는 n. 두껍고 질긴 모직물, 모직 옷 lore n. 전승 지식 consult v. 참조하다 pail n. 들통 retreat v. 후퇴하다 pray v. (I pray you의 간이형) 제발, 바라건대 penetrate v. 이해하다

이른 아침, 만물이 서리로 바스락거릴 때 남자들은 낚시 릴과 가벼운 점심을 들고 와서 눈 덮인 들판에서 가느다란 줄을 내리고 창꼬치와 농어를 잡는다. 이들은 본능적으로 마을 사람들과는 다른 유행을 따르고 다른 권위자들을 신뢰하는 야생의 남자들로, 그들의 왕래로 인해 그렇지 않으면 찢어질 마을 여기저기가 한데 묶이게 된다.
Ⓑ 그들은 튼튼하고 두껍고 질긴 모직 옷을 입고 물가의 마른 떡갈나무 잎에 앉아 점심을 먹는데, 시민이 인공적인 지식에 현명한 것처럼 그들은 자연 지식에 현명하다. 그들은 책을 참고한 적이 없으며, 알고 말하는 것보다는 행동을 훨씬 더 많이 해왔다. 그들이 실천하는 것들은 아직 알려지지 않았다고 한다. 여기 한 사람은 다 자란 농어를 미끼로 삼아 창꼬치를 낚는다.
Ⓒ 그의 들통을 들여다보면, 마치 여름을 집에 가두어 두었거나 여름이 어디로 피신했는지 알고 있는 것처럼, 여름 연못을 들여다보는 듯 경이롭다. 바라건대, 한겨울에 어떻게 이런 걸 얻었을까? 오, 땅이 얼었기 때문에, 그는 썩은 통나무에서 벌레를 잡았고, 그래서 그 고기들을 잡았던 것이다. 그의 삶은 자연학자의 연구가 이해하는 것보다 더 깊은 자연 속에서 일어난다. 그 자신이 과학자의 연구 소재다.
Ⓐ 후자(자연학자)는 칼로 이끼와 나무껍질을 부드럽게 들어 올려 곤충을 찾는 반면, 전자(그)는 도끼로 통나무를 찍어 쪼개어 한가운데까지 연다. 그러면 이끼와 나무껍질은 멀리 날아간다. 그는 나무껍질을 벗겨서 생계를 유지한다. 그런 사람은 고기에 대한 권리가 있고, 나는 자연이 그 사람 안에서 진행되는 것을 즐겨 본다. 농어는 굼벵이를 삼키고 창꼬치는 농어를 삼키고 어부는 창꼬치를 삼킨다. 그래서 존재의 사다리에 나 있는 모든 눈금이 채워진다.

31-32

우리 대부분과 마찬가지로 당신도 최악의 악몽을 겪고 있는 사람들을 보여주는 텔레비전 영상에 사로잡혀 지나칠 정도로 많은 시간을 보낸 적이 있을 것이다. 치명적인 해일을 피해 도망치거나, 폭탄이 터진 지하철 터널에서 비틀거리며 빠져나오거나, 허리케인이 휩쓸고 지나간 미국 대도시의 거리를 걸어가는 모습을 본 적이 있을 것이다. 그리고 처음에 이런 일이 여기서 일어날 리 없다고 느끼는 공포의 순간이 지나고 나면 다른

혼란스러운 감정의 홍수도 경험했을 것이다. 한때는 모든 것을 잃은 아버지와 함께 울다가도, 다음 순간에는 희생자들에 대한 경멸과 자신의 관음증적 호기심에 대한 부끄러움에 외면하기도 한다. 우리는 왜 이런 재난을 볼까? 한 번도 만나지 못할 사람들에 대해 왜 그렇게 감정적으로 반응할까? 왜 우리는 똑같은 끔찍한 장면을 끝없이 반복해서 보는 걸까? 마치 이번에는 다른 결과가 나오기라도 할 것처럼 말이다.
과학자들은 우리가 부분적으로는 자기 보전을 위해 시청한다고 말한다. 다른 사람들의 재난에 주의를 기울이는 것은 나에게도 같은 일이 일어나지 않도록 예방하는 방법이다. 우리가 스릴러물이나 상어가 공격하는 영화를 좋아하는 이유 중 하나도 바로 이것이다. 허리케인에 대한 경험과 공포 영화 관람을 연관 짓는 것은 충격적으로 보일 수 있다. 하지만 무서운 현실과 무서운 환상은 모두 우리 자신의 생명을 구하기 위해 진화한 생물학적 시스템에 영향을 미친다. 심리학자들은 이를 학습된 공포라고 부르며, 그 설명은 피해자 자신으로부터 시작한다. 당신이 허리케인으로 인한 홍수로부터 가까스로 탈출했다고 가정하자. 그 사건의 '섬광 기억'은 아마도 당신의 뇌, 특히 잠재의식적 공포 센터인 편도체에 각인된다. 그런 다음, 그 경험과 관련된 징후, 예를 들어 구름 형성이나 바람의 변화를 느낄 때, 편도체는 의식보다 먼저 경각심을 불러일으킨다. 이런 방식으로 당신은 탈출을 한발 앞서 시작할 수 있고, 살아서 탈출할 확률이 높아진다.

captivate v. 사로잡다 nightmare n. 악몽 flee v. 도망치다 stumble v. 비틀거리다 confusing a. 혼란스러운 embarrassment n. 당혹감 voyeuristic a. 관음증적인 curiosity n. 호기심 replay n. 재방송 self-preservation n. 자기 보존 scary a. 무서운 narrowly escape 간신히 피하다 flashbulb memory 섬광기억(어떤 사건 직후 대단히 선명하게 남은 기억) imprint v. 자취를 남기다 amygdala n. 편도류 put one on the alert 대비하게 만들다 suspect v. 의심하다 head start 한발 앞선(유리한) 시작

31 빈칸완성 ③

Ⓐ 사실은 똑같은 결과로 끝나지만 '마치 다른 결과가 빚어질 것처럼'의 뜻이 가장 자연스러우므로 as if가 적절하고, Ⓑ 학습을 통해 후천적으로 알게 된 두려움을 instructed fear(학습된 공포)라고 한다. Ⓒ 다음 문장에서 의식적인 정신이 무언가 잘못을 알아차리기도 전에 대비하게 만든다고 하였으므로, 이는 의식보다 더 깊은 subconscious(잠재의식의) 차원이다. 정답은 ③이다.

32 글의 요지 ④

사람들은 끔찍한 사건일수록 더 많이 보며, 자신들의 생존이 마치 TV 시청에서 도움을 받을 수 있는 듯 행동하는데, 실제로도, 정말 그렇다는 내용이다.

위 글의 요지로 가장 적절한 것을 고르시오.
① TV에서 재난 영화를 시청할 때, 편도체는 피해자에 대한 두려움을 느끼게 한다.
② 당신은 스릴러 영화 속 등장인물이 느끼는 감정을 파악하려고 노력한다.
③ 재난 영화 속 위험을 보는 것은 우리의 생물학적 시스템에 영향을 미친다.
④ TV를 통해 재난 상황을 시청하면 향후 유사한 상황을 피하거나 생존하는 데 도움이 될 수 있다.

33-34

1914년 8월 4일 유럽에서 실제로 무슨 일이 일어났는지 설명하는 것은 지금도 불가능하다. 제1차 세계대전 이전과 이후는 구시대의 끝과 새로운 시대의 시작이 아니라 폭발 전날과 폭발 다음 날로 분리되어 있다. 그러나 이 비유는 다른 모든 비유와 마찬가지로 부정확하다. 왜냐하면 대재앙 후에 자리 잡는 슬픔의 평정은 절대 일어나지 않았기 때문이다. 첫 번째 폭발은 연쇄 반응을 불러일으켰고 그 이후로는 우리 모두 그 반응에서 벗어나지 못하고 있고, 아무도 멈출 수 없을 것 같다. 제1차 세계대전은 유럽의 국가 공동체를 회복할 수 없을 정도로 폭발시켰다. 다른 어떤 전쟁도 하지 못했던 일이었다. 인플레이션은 소규모 자산가 계층 전체를 회복이나 다시 새롭게 형성될 희망 없이 파괴했다. 그 어떤 통화 위기도 그렇게 급격하게 파괴한 적이 없었다. 실업률은 엄청난 비율에 이르렀고, 더 이상 노동 계급에만 국한되지 않고 거의 예외 없이 전 국가들을 휩쓸었다. 20년간의 불안한 평화 후에 확산된 내전은 그 이전의 모든 내전보다 더 피비린내 나고 잔인했을 뿐 아니라, 종교 전쟁에서 발생한 행복했던 전임자들과는 달리 어디에서도 환영받지 못하고 동화될 수 없는 집단들의 이주를 낳았다. 이들은 고향을 떠나 노숙자가 되고, 나라를 떠나 무국적자가 되고, 인권을 박탈당해 권리 없는 자, 지구의 쓰레기가 되었다. 많은 사람이 그 결과를 알고 예견했지만 이미 벌어진 일은, 아무리 어리석은 일이라도, 되돌리거나 막을 수 없었다. 모든 사건은 최후의 심판, 즉 신이나 악마가 내린 심판이 아니라 구원받을 수 없을 정도로 어리석은 운명의 표현처럼 보였다.

figure of speech 수사법 settle down 자리 잡다 catastrophe n. 재난 come to pass 일어나다 explosion n. 폭발 touch off 촉발하다 chain reaction 연쇄 반응 comity n. 공동체 monetary crisis 통화위기 fabulous a. 터무니없는, 엄청난 working class 노동계급 with insignificant exceptions 거의 예외 없이 civil war 내전 usher in 예고하다 assimilate v. 동화하다 scum n. 최하층민 undo v. 되돌리다 unredeemably ad. 구원할 수 없게 fatality n. 숙명 unbrace v. 느슨하게 하다 acclimatize v. 익숙하게 하다 incentivize v. 인센티브를 지급하다, (인센티브를 주어) 장려하다 expose v. 노출시키다

33 빈칸완성 ①

Ⓐ '연쇄 반응'은 '촉발하다, 야기하다, 불러일으키다' 정도의 의미를 갖는 동사가 필요하다. touched off나 resulted in이 적절하다. Ⓑ 'not ~ but …' 용법으로 but 이하에서 '실업은 전 국민을 사로잡았다'고 했으므로 not에 해당하는 no longer 다음에는 노동 계급에 '국한되다'는 뜻의 restricted to가 적절하다.

34 글의 제목 ②

첫 번째 폭발은 연쇄 반응을 불러일으켰고 그 이후로는 우리 모두 그 반응에서 벗어나지 못하고 있으며, 아무도 멈출 수 없을 것 같다고 한 후에, 공동체 파괴, 소규모 자산가 붕괴, 이민자 증가 등의 결과들을 나열하고 있는 글이다. 따라서 ②가 제목으로 적절하다. ③은 제목으로는 너무 좁다.

위 글의 제목으로 가장 적절한 것을 고르시오.
① 제1차 세계대전 이후 유럽 정치 체제의 파괴
② 제1차 세계대전의 심각하고 치명적인 후유증
③ 제1차 세계대전의 가장 중요한 결과로서 인플레이션 및 이민

④ 제1차 세계대전에서 대재앙적 폭발과 경제 위기

35-36

학문 자본주의 이론은 학생을 소비자로 생각하는 것을 넘어 교육 기관(대학)을 마케터로 간주한다. 학생들이 대학을 선택할 때 교육 기관은 교육을 서비스이자 라이프스타일로 광고한다. 대학은 높은 부채를 감당할 수 있는 능력 있는 학생들을 대상으로 대학을 홍보하며 치열하게 경쟁한다. Ⓒ 학생 소비자는 교육 투자 대비 수익률이 높다고 판단되는 (주로 사립) 대학을 선택하며 경영학, 커뮤니케이션, 미디어 아트 등 새로운 경제와 관련된 전공을 선택하는 경우가 점점 더 늘어나고 있다. Ⓐ 일단 등록하고 나면 학생들의 지위는 소비자에서 캡티브 마켓(대학 내부의 고정 시장)으로 전환되며, 대학은 조합이나 쇼핑몰과 같은 대학 내 수익 센터를 통해 학교 상표가 부착된 상징, 이미지, 이름이 새겨진 상품을 학생들에게 제공한다. 또한 대학은 학생 집단들을 올스포츠 계약(방송사와 같은 외부 기업과 교내 스포츠 팀의 경기를 독점 중계하겠다는 계약 같은 것을 의미하는 일종의 방송 협약), 시험대 계약(새로운 제품이나 기술을 테스트하는 기업과 단체와의 협약), 단일 제품 계약, 직접 마케팅 계약 등을 통한 기업과의 외부 자원 거래를 위해 협상 가능한 것으로 간주한다. Ⓑ 학생들이 졸업하면 대학은 이들을 고용주에게 새로운 경제에 이바지하는 결과물/제품으로 제공하는 동시에 이들을 동문 및 잠재적 기부자로 정의한다. 학생의 정체성은 유연하며, 제도적 시장 행동에 따라 정의되고 재정의된다.

academic capitalism 학문 자본주의 marketer n. 마케팅 담당자 institution n. 교육 기관 load n. 부담, (마음의) 짐 enroll v. 등록하다 status n. 지위 captive market 캡티브 마켓(소비자가 선택할 수 있는 공급자의 수가 제한된 시장, 그룹 계열사 내부의 자기들만의 고정 시장) negotiable a. 협상의 여지가 있는, 절충 가능한 corporation n. 기업 test bed 시험대 alumni n. 졸업생 donor n. 기부자 identity n. 정체성 flexible a. 유연한 calculate v. 계산하다 return n. 수익 investment n. 투자 major n. 전공

35 단락배열 ④

제시된 첫 단락 마지막 문장에서 대학이 교육서비스의 공급자로서 소비자인 학생들에게 마케팅하려는 노력을 언급했으므로 소비자인 학생들이 대학을 선택하는 것을 설명한 Ⓒ가 먼저 오고, 학생이 선택한 대학에 들어간 후와 졸업한 후를 설명한 Ⓐ와 Ⓑ가 나란히 이어지는 것이 적절한 순서이다.

36 내용추론 ②

이 글의 내용만으로는 대학이 앞으로 원래의 모습인 학문의 장으로 돌아갈 것으로 생각(기대)된다고 말할 수는 없다. 따라서 ②가 추론할 수 없는 것이다. ① 첫 단락 마지막에서 '높은 부채를 감당할 수 있는 능력 있는 학생들'이라고 했는데, 이것은 비록 현재의 재정상황이 나쁘더라도 학자금을 융자받고 갚을 수 있는 능력 있는 학생들을 말하므로 현재의 재정상황과 관계없이 경쟁력 있는 학생들이 이에 해당한다고 할 수 있다. ③ Ⓑ 단락에서 대학이 졸업생들을 포함한 학생들을 자본주의 시

장 제도에 맞게 계속 재정의해 나간다고 한 것은 앞으로 미국 대학 교육이 더욱 자본주의 시장 원리에 적합하게 될 것이라는 알 수 있게 해준다. ④ Ⓐ 단락에서 대학이 학생 집단을 협상 가능한 것으로 간주하여 기업과의 여러 계약을 통한 거래를 할 것이라고 한 것은 대학이 기업과 학생집단 사이에서 양쪽으로부터 이익을 얻어내려 함을 추론할 수 있게 해준다.

위 글을 통해 추론할 수 없는 것으로 가장 적절한 것을 고르시오.
① 대학은 학생들의 재정 상황과 관계없이 경쟁력 있는 학생들을 더 많이 유치할 것으로 예상된다.
② 대학은 미래에는 원래의 학문 영역으로 돌아갈 것으로 생각된다.
③ 새로운 경제에서 학문 자본주의 역할에 대한 분석은 미국 고등 교육의 미래에 대한 필수적인 통찰력을 제공한다.
④ 대학은 학생뿐만 아니라 기업으로부터도 더 많은 수익을 얻으려 노력한다.

37-38

최근 몇 년간 수술실에서 최소 침습 수술 절차가 빠르게 등장하고 있다. 하지만 이 분야의 외과 의사 교육은 여전히 개선해야 할 점이 많다. 한 연구자가 외과의의 움직임을 기록하고 분석하는 사실적인 훈련 시스템을 개발하여 이러한 상황을 변화시켰다. 그 결과 이제 처음으로 최소 침습 수술 분야에서 외과의의 기본 기술을 측정할 수 있는 객관적인 기준이 생겼다.
Ⓓ 상당한 장점에도 불구하고 비교적 최근에 개발된 최소 침습 수술 기술에는 여전히 여러 가지 단점이 있다. 이러한 단점 중 하나는 외과의 교육과 관련이 있는데, 그 교육은 대체로 여전히 체계적이지 않은 방식으로 제공되고 있으며, 게다가 훈련을 받는 외과의의 실력향상을 측정할 수 있는 객관적인 기준이 없다는 점이다.
Ⓑ 대체로 현재 최소 침습 수술을 위한 안전한 훈련 방법에는 크게 두 가지가 있다. 첫 번째는 소위 박스 트레이너로, 밀폐된 직사각형 상자 안에서 수련의가 물체를 집거나 옮기는 등 수술 기기로 기본적인 조작 작업을 연습할 수 있다. 이 과정에서 숙련된 외과의의 평가를 받을 수 있다. 물론 이는 다소 주관적인 과정이다.
Ⓒ 다른 옵션은 컴퓨터 시뮬레이션을 사용하는 가상현실 트레이너로, 외과의의 동작을 잘 기록하고 분석할 수 있다. 그러나 이 훈련 방법은 여전히 현실감이 부족하다는 큰 단점이 있다. 예를 들어, 사용자는 수술 작업을 수행할 때 촉각 반응을 느끼지 못한다.
Ⓐ 따라서 이 두 가지 훈련 방법에는 모두 단점이 있다. 연구진은 외과의에게 현실적인 훈련 도구를 개발하는 동시에 외과의가 조작하는 기구의 움직임을 기록하고 분석하여 이러한 상황을 바꾸려고 노력했다. 그 결과 저렴하고 비교적 간단한 추적 장치인 'TrEndo'를 통해 이 훈련이 이루어질 수 있게 되었다. TrEndo에는 세 개의 광학 컴퓨터 마우스 센서가 통합되어 있어 모든 방향에서 외과의의 움직임을 기록한다.

minimally invasive surgery 최소 침습 수술 operating theater 수술실 leave much to be desired 모자란 부분이 많다 benchmark n. 기준 measure v. 측정하다 drawback n. 단점 seek to 노력하다 instrument n. 도구 tracking device 추적장치 be known as ~라고 알려지다 optical a. 빛의 in all directions 모든 방향으로 broadly speaking 대체로 manipulative a. 손으로 교묘히 다루는 pick up 주워들다 assess v. 평가하다 subjective a. 주관적인 virtual reality 가상현실 allow for ~의 여지를 주다 tactile a. 촉각의 perform v. 수술하다 for the most part 대체로 unstructured a. 체계가 없는

37 단락배열   ①

최소 침습 수술에서 이제까지 문제점은 훈련 방법에 관한 것이었고, 훈련 방법은 어떤 것이 있었는지를 언급하면서, 이 훈련 방법 모두 단점이 있어서 새로운 도구가 개발되었음을 말하는 글이다. 그런 한 가지 단점이 Ⓓ에 나와 있는데, 그 단점은 외과의의 훈련에 관련된 것이었다. 이 훈련 방법의 문제점 첫 번째는 Ⓑ에, 두 번째는 Ⓒ에, 그리고 그 결과 새로 개발된 도구에 대한 설명은 Ⓐ에 있다.

38 내용일치   ②

Ⓒ에서 가상현실 트레이너로 외과의의 동작을 잘 기록하고 분석할 수 있다고 하였다. 따라서 ②가 글의 내용과 거리가 멀다.

위 글의 내용과 가장 거리가 먼 것을 고르시오.
① 수술실에서 최소 침습 수술 절차는 최근에 등장했다.
② 가상현실 트레이너는 수술실에서 외과의의 수술 성과를 효과적으로 기록할 수 없다.
③ 외과 수련의가 외과 수술할 때 특정 장비가 필요하다.
④ 연구자의 장치는 외과의가 조작하는 기구의 움직임을 기록하고 분석한다.

39-40

수십 년 안에 자동화가 도래하면 아마도 공장에서 사람들을 몰아내어 텅 비게 하고 인류를 가장 오래되고 가장 자연적인 부담, 다시 말해 노동이라는 부담과 필요에 대한 속박에서부터 해방시킬 것이다. 여기에서도 인간 조건의 근본적인 측면이 위태롭지만, 그것(노동)에 대한 반항, 즉 노동의 '수고와 고통'에서 해방되기를 바라는 소망은 현대적인 현상이 아니라 기록된 역사만큼이나 오래되었다. 그러나 이는 겉으로 보기에만 그럴 뿐이다. 현대는 노동에 대한 이론적 찬양을 가져왔고, 사실상 사회 전체를 노동 사회로 바꾸는 결과를 낳았다. 노동으로부터의 자유 자체는 새로운 것이 아니며, 한때는 소수에게만 확고하게 보장된 특권 중 하나였다. 이 경우, 과학적 진보와 기술 발전은 이전 시대 모두가 꿈꿨지만 아무도 실현할 수 없었던 것을 달성하기 위해 이용된 것처럼 보인다. 따라서 동화 속 소원 성취처럼 소원 성취는 자기 파괴적인 순간에 찾아온다. 이 사회는 노동의 속박에서 막 해방되려는 노동자들의 사회이며, 이 사회는 이러한 자유를 쟁취하는 행위보다 더 높고 의미 있는 다른 행위는 알지 못한다. 이 평등한 사회에서는 노동이 인간을 함께 살게 만드는 방식이기 때문에, 어떠한 계급도 남지 않게 된다. 인간의 다른 능력 복원이 새롭게 시작될 수 있는 정치적 또는 종교적 성격의 귀족 계급은 이제 없다. 대통령, 왕, 총리조차 자신의 공직을 사회생활에 필요한 직업이라는 관점에서 생각하고 있으며, 지식인 중에 자신이 하는 일을 생계가 아닌 노동의 관점에서 생각하는 사람은 고독한 개인으로만 남아 있다. 우리가 직면한 것은 노동이 없는 노동자들의 사회라는, 즉 노동자에게 남은 유일한 활동이 없는 사회라는 전망이다. 물론 이보다 더 나쁜 것은 없을 것이다.

advent n. 등장 automation n. 자동화 bondage n. 예속 at stake 위기에 처한 rebellion n. 반란 in appearance 겉으로는 glorification n. 찬양 privilege n. 특권 take advantage of ~을 이용하다 realize v. 실현하다 fairy tale 동화 fetter n. 족쇄 for the sake of ~을 위한 deserve v. ~할 가치가 있다 egalitarian a. 평등한 aristocracy n. 귀족주의 restoration n. 복구 denigration n. 명예 훼손; 더럽힘

communal a. 공동체의 depredation n. 약탈 doctrinaire n. 교리주
의자 assentation n. 동의 hierarchical a. 위계적인

---

39 빈칸완성

Ⓐ 다음에서 사회 전체를 노동 사회로 바꾸는 결과가 일어났다고 했으므
로, 노동을 대단히 긍정하고, 찬양하는 것이 필요하다. glorification이
적절하다. Ⓑ 다음을 보면 어떠한 귀족도, 어떠한 계급도 남지 않는 사회
라고 했으므로, 평등한 사회여야 한다. egalitarian이 적절하다.

---

40 내용추론

① 노동 해방 염원은 역사만큼이나 오래되었다고 했다. ② 과거 한때에
만 노동하지 않는 것이 소수의 특권이었다. ③ 글의 주제에 가깝다. 노동
해방 염원은 자기 파괴적이고, 노동 없는 노동자야말로 가장 나쁜 상황
이라고 했으므로, 노동자들로서는 노동을 다시 찾으려 할 수밖에 없다.
④ 자동화 시대로 노동자들에게 노동이 없어지게는 되겠지만 그들이 정
신적 혼란에 빠질 것으로 볼 수는 없다.

위 글을 통해 추론할 수 있는 가장 적절한 것을 고르시오.
① 노동으로부터 해방되기를 바라는 인류의 염원은 비교적 현대에 이르러
  발생했다.
② 노동은 현대에 이르러 사회적 미덕일 뿐만 아니라 절충적 특권으로
  여겨져 왔다.
③ 노동에서 해방된 노동자는 자기 파괴적 상황을 피하려고 노동 사회로
  복귀하려 노력할 것이다.
④ 자동화의 시대는 노동하지 않는 노동자를 정신적 혼돈에 빠뜨릴 것이다.

01 ③	**02** ②	**03** ③	**04** ①	**05** ①	**06** ④	**07** ③	**08** ①	**09** ②	**10** ④
11 ①	**12** ①	**13** ②	**14** ①	**15** ②	**16** ②	**17** ④	**18** ②	**19** ③	**20** ①
21 ①	**22** ④	**23** ②	**24** ④	**25** ①	**26** ①	**27** ④	**28** ④	**29** ①	**30** ②
31 ③	**32** ④	**33** ②	**34** ③	**35** ②	**36** ③	**37** ③	**38** ④	**39** ③	**40** ③

01 동의어 ③

natation n. 수영; 영법(泳法)(= swimming) evacuation n. 피난, 대피, 소개 philanthropy n. 자선(활동) fundraising n. 모금

적십자는 수영 강좌의 필요성을 강조한다.

02 동의어 ②

plebeian a. 평민의, 서민의(= common) patrician a. 귀족의, 귀족적인 lugubrious a. 침울한 cordial a. 다정한

그의 연설은 서민의 정신과 감정을 겨냥한 것이었다.

03 동의어 ③

maverick n. 이단아, 반골, 규범을 따르지 않는 사람 huffy a. 성을 내는, 홱 토라지는(= irritated) temperamental a. 신경질적인, 괴팍한 resilient a. 회복력 있는 insolvent a. 파산한 resigned a. 체념한

나는 그녀에게 그런 상황에서 반항아들, 다시 말해 툭하면 성을 내고 냉담하며 괴팍한 천재들, 그래도 훌륭한(좋은) 쪽으로 꼭 필요한 그 인간들을 어떻게 다루었는지 물었다.

04 동의어 ①

pull strings 배후 조종하다, 연줄로 영향력을 행사하다 expedition n. 탐험대, 원정대 flatly ad. 단호하게(= adamantly) pompously ad. 거만하게, 젠체하며 falteringly ad. 비틀거리며, 더듬거리며 tremulously ad. 소심하게, 겁에 질려

나는 인디언 원정대와 함께 등반할 수 있도록 뒤에서 힘 좀 써 달라고까지 그에게 부탁했지만 그는 단호히 거절했다.

05 동의어 ①

seethe v. 부글부글 (분노로 속이) 끓다(= simmer) rodomontade v. 허풍 떨다, 호언장담하다 jubilate v. 환호하다 topple v. 넘어지다, 넘어뜨리다

나는 이 나라가 운영되는 방식에 속이 부글부글 끓는다.

06 동의어 ④

narked a. 짜증이 난(= peeved) contented a. 만족해하는; 마음 편한, 기꺼워하는 unflinched a. 움찔하지 않는, 수그러들지 않는, 단호한 diverted a. 기분전환이 된, 기분 좋아하는

이상하게도, 모든 관리들이 이 사건 때문에 짜증이 난 것 같다.

07 생활영어 ③

③ A가 B에게 도움을 요청했는데, B가 꿈을 깨라(어림도 없다)고 답을 한 다음에, A에게 "뭐 좀 물어봐도 되니?"라고 질문을 하고 있으므로 대화의 흐름이 어색하다.

cool ad. 좋아, 그래 just the job (특정 상황에 필요한) 바로 그것 dash v. (급히) 서둘러 가다 break a leg 행운을 빌다 give someone a hand ~을 돕다 in your dreams 꿈같은 얘기로군(가망 없는 꿈을 꾸고 있다는 뜻) stock n. 주식 all time 역대 get one's head round something ~을 이해하다

다음의 대화들 중 흐름이 가장 적절하지 않은 것을 고르시오.
① A: 브라이언, 이 카메라가 네가 찾던 거니?
　 B: 그래. 바로 그거야!
② A: 아, 벌써 12시 35분이야. 12시 40분에 약속이 또 하나 있는데.
　 B: 서둘러 가야겠구나. 행운을 빈다.
③ A: 션, 이번에는 네 도움이 필요해. 좀 도와줄래?
　 B: 꿈 깨. 내가 뭐 좀 물어봐도 되니?
④ A: 기술 관련주가 역대 최고로 오를 걸!
　 B: 이해할 수가 없네. 왜 그렇게 생각해?

08 생활영어 ①

① 그가 수산시장에서 물건을 잘 판매하는 사람이냐는 질문에 B가 Yes 라고 답을 했으므로 그가 물건을 잘 판다는 내용이 적절하다. 그런데, 그 가 종종 주의를 딴 데로 돌린다고 했으므로 대화의 흐름이 어색하다.

throw a red herring 주의를 딴 데로 돌리다 give somebody the creeps 소름끼치게 하다 sleepwalk v. 몽유병 증세를 보이다 lose one's bearings 방향을 잃다, 어찌할 바를 모르다 punctual a. 시간을 엄수하는 as good as one's bond 반드시 약속을 지키는

다음의 대화들 중 흐름이 가장 적절하지 않은 것을 고르시오.
① A: 그는 수산시장에서 판매를 잘 하지?
   B: 그래. 그는 종종 주의를 딴 데로 돌려.
② A: 잭슨을 보면 난 소름끼쳐.
   B: 맞아! 늘 밤에 몽유병 환자처럼 돌아다니잖아.
③ A: 그 사람은 지난주에 그렇게 많은 시간을 보내면서 왜 아무것도 하지 않았는지 모르겠어.
   B: 아마, 어찌할 바를 몰랐을 거야.
④ A: 그는 항상 회사에서 시간을 엄수해.
   B: 맞아, 그의 말은 보증수표나 마찬가지야.

09 주어와 동사의 수일치 ②

문장의 주어가 the exhibition이고 본동사가 include인데, 주어가 3인 칭 단수형이므로 ②는 includes가 되어야 한다.

exhibition n. 전시회 free a. 무료의 timed a. 시한이 정해진 admission n. 입장

그 전시회는 무료지만 관람시간이 정해진 입장권을 요구하며, 종교, 공연, 시각미술, 사회활동과 또 다른 주제를 위한 사례들을 포함하고 있으며, 전시 내용물은 정기적으로 돌아가며 교체될 것이다.

10 문의 구성 ④

① 수동태, ② 선행사와의 수일치, ③ 전치사 등 틀린 곳이 없는 문장이다.

burn n. 화상 skin grafting 피부 이식 transplant v. 이식하다 wound n. 상처, 부상

화상은 현재 피부 이식으로 치료되고 있다. 피부 이식은 몸의 다른 부위의 건강한 피부를 화상 부위로 이식하는 치료법이다.

11 시제 ①

주절의 시제가 현재인데 disruption을 수식하는 형용사절의 시제가 과거 진행인 것은 문맥상 어색하므로 ①을 is being caused by로 고쳐야 한다.

significant a. 상당한, 중대한 disruption n. 붕괴, 혼란 pandemic n. 팬데믹, 전 세계적 유행병 meet the timeline 기한을 맞추다 peer review 동료 심사

코로나 팬데믹에 의해 초래되고 있는 상당한 혼란의 결과로, 우리는 많은 연구자들이 평상시 동료 심사 과정과 관련된 기한을 맞추는 데 어려움이 있으리라는 점을 매우 잘 알고 있다.

12 논리완성 ①

빈칸에 들어갈 동사의 주어가 UN 회원국이고 세계인권선언을 검토하 기 위해 모였다는 의미가 문맥상 적절하므로 정답은 ① convoked이다.

overwhelmingly ad. 압도적으로 adopt v. 채택하다 convoke v. 소집하다 conjecture v. 추측하다 concoct v. 만들어내다 condone v. 용서하다, 묵과하다

1948년 12월 10일, 세계인권선언을 검토하기 위해 소집된 UN 회원국 들은 압도적인 투표로 이 문서를 채택했다.

13 논리완성 ②

even though로 연결되므로 오리너구리가 포유류이면서도 포유류의 성질을 갖고 있지 않은 측면을 이야기해야 한다. 따라서 not과 함께 새 끼를 낳지 않는다는 뜻이 되게 viviparous(새끼를 낳는)가 와야 한다.

platypus(duck-billed platypus) n. (오스트레일리아산의) 오리너구리 avian a. 조류의, 새의 viviparous a. 태생의, 새끼를 낳는(oviparous a. 난생의, 알을 낳는) hermaphroditic a. 자웅동체의, 암수 한 몸의 vociferous a. 요란한, 시끄러운, 고함치는

오리 주둥이를 가진 호주와 태즈메이니아의 오리너구리는 포유류지만 새 끼를 낳지 않는다.(알을 낳는다는 뜻)

14 논리완성 ①

원유의 공급과 수요가 늘 변하고 있고 원유가격이 예측 불가능한 수준으 로 오르고 있다고 했으므로, 지정학과 경제 상황도 '변화가 심하다'는 내 용이 와야 한다. 따라서 ①이 정답이다.

geopolitics n. 지정학 ever-changing a. 늘 변화하는 demand n. 수요 unprecedented a. 유례없는, 전례 없는 volatile a. 변덕스러운, 급변해서 불안한 overweening a. 오만한 baleful a. 해로운, 악의적인 staunch a. 확고한

변덕스러운 전 세계 지정학과 불안한 세계 경제 상황이 결합하여, 원유의 공급과 수요가 늘 변하고 있고, 따라서 원유가격이 유례없을 만큼 예측 불가능한 수준으로 오르고 있다.

15 논리완성 ②

and로 연결되는 앞의 단어(medal)와 유사한 의미의 표현이 필요하므 로, '포상'이나 '찬사'라는 뜻을 지닌 accolade가 빈칸에 적절하다.

denunciation n. 맹렬한 비난, 고발 accolade n. 포상, 칭찬, 찬사 congeniality n. 일치, 합치 castigation n. 징계, 혹평

올림픽 대회에서 가장 빠른 달리기 선수들, 가장 높이 뛰는 높이뛰기 선수들, 그리고 가장 기량이 좋은 다이빙 선수들은 메달과 전 세계적인 찬사를 쟁취한다.

16 논리완성 ②

과학 발전의 속도가 주어이므로 빨라지거나 느려진다는 의미의 동사가 와야 하는데, so that 뒤에서 우리 시대가 과학기술의 시대라고 했으니 '빨라진다'는 뜻으로 accelerated가 적절하다.

pace n. 속도 ameliorate v. 개선하다, 향상시키다 accelerate v. 가속화하다, 재촉하다 control v. 통제[조절]하다 exhaust v. 고갈시키다, 다 써버리다

과학 발전의 속도가 너무나도 가속화되었으므로 우리 시대는 종종 과학기술의 시대라 불린다.

17 논리완성 ④

문맥상 암석의 분류가 한 지역의 고대사를 올바로 알기 위한 첫 단계라는 내용이 되어야 하므로, 빈칸에는 appreciation이 적절하다.

concussion n. 뇌진탕 appellation n. 이름, 명명 conciliation n. 달래기, 회유 appreciation n. 올바른 인식, 평가

암석들이 생겨난 방식과 장소에 따라 암석들을 분류하는 것은 한 지역의 고대사를 제대로 인식하기 위한 첫 단계이다.

18 논리완성 ②

and 이하가 스타가 된다는 허풍을 말하고 있으므로 앞에는 허영으로 들떠있다는 표현이 와야 한다. 따라서 ② giddy가 빈칸에 적절하다.

gentile a. (유대인의 입장에서) 이방인의 giddy a. 경박한, 경솔한 gratuitous a. 불필요한, 쓸데없는 grudging a. 마지못해 하는

그 남자는 요즘 허영으로 잔뜩 들떠있으며 자기가 스타가 될 거라고 허풍을 떨고 있다.

19 논리완성 ③

and 뒤의 buck-passing(책임전가)과 유사한 의미의 표현이 필요하므로, 부정적인 의미의 prevarication이 빈칸에 가장 적절하다.

buck-passing n. 책임전가 elucidation n. 설명, 해명 gumption n. 진취성 prevarication n. 발뺌, 핑계, 얼버무림 demotion n. 강등, 좌천

요청을 충분한 대응으로 충족시키는 그런 사건은 아주 드물며, 종종 발뺌과 책임전가가 수반된다.

20 논리완성 ①

첫 빈칸 이하에서 운동 피질이 조음기관 근육을 통제한다고 했는데, 조음기관이 언어영역이므로 언어영역은 자신을 통제하는 운동피질에 가까이 있거나 연결되어 있을 것이다. 따라서 첫 빈칸에는 adjacent to나 connected to가 적절하다. 한편, 브로카의 이론이 뇌의 언어영역과 운동영역이 서로 연관성이 있다는 것인데, 둘째 빈칸 이하에서 그 연관성의 연결고리가 궁상얼기라는 신경섬유인 것으로 밝혀졌으므로 둘째 빈칸에는 substantiated(입증했다)가 적절하다.

pathologist n. 병리학자 cortex n. 대뇌피질 articulator n. 조음기관 posit v. 가정하다 formulate v. 만들다 articulate v. 발화하다 nerve fiber 신경섬유 arcuate fasciculus 궁상얼기 vocalization n. 발성 adjacent to ~에 가까운, 인접한 refute v. 반박하다, 부인하다 hypothesize v. 가정하다, 가설을 세우다 herald v. 예고하다, 알리다

피에르 폴 브로카(Pierre Paul Broca)는 프랑스의 병리학자이자 신경외과 의사로, 뇌와 언어에 대한 최초의 위대한 발견을 한 인물이다. 그는 대뇌피질 중 언어 생산을 담당하는 특정 영역을 발견했다. 대뇌피질의 이 부위는 그의 이름을 따서 브로카 영역이다. 그뿐 아니라 브로카는 언어 영역이 언어 조음기관 근육의 움직임을 조절하는 운동 피질 가까이에 위치한다는 사실에 주목했다. 그는 언어가 브로카 영역에서 만들어진 다음 운동 영역을 통해 조음으로 이어진다고 가정했다. 후속 연구는 브로카의 이론을 입증해주었다. 브로카 영역과 운동 영역 사이의 연결고리는 훗날 궁상얼기라는 신경섬유인 것으로 밝혀졌다. 언어 생산 과정은 브로카 영역에서 시작하여 궁상얼기를 통해 운동 영역으로 간 다음, 거기서 언어 조음기관으로 가서 발성에 이르게 된다.

21 논리완성 ①

첫 문장에서 '공자가 정부의 안정은 교육을 잘 받은 관료들에게 달려 있다고 생각했다'고 했으므로 그의 논어도 관료들을 교육하는 데 사용되었을 것이다. 따라서 첫 빈칸에는 bureaucracy가 적절하다. 한편, 한 왕조가 공자의 철학을 높이 평가한 것은 그것이 왕조의 기반인 사회질서와 정부에의 복종을 지지하는 것이기 때문일 것이므로 둘째 빈칸에는 supported나 upheld가 적절하다.

literature n. 문헌, 문학 compile v. 엮다, 편집[편찬]하다 analects n. 어록 the Analects 논어 appreciate v. 높이 평가하다, 진가를 인정하다 submission n. 복종, 항복 bureaucracy n. 관료 (체제), 관료 국가 aristocracy n. 귀족 정치 subvert v. (체제를) 전복시키다 meritocracy n. 실력주의, 실력자[엘리트]층 convoy v. 호위하다, 호송하다

공자는 또한 정부의 안정은 교육을 잘 받은 관료들에게 달려 있다고 생각했다. 이 목적을 위해 그는 자신의 제자들에게 주나라 왕조의 역사와 문헌을 공부하여 정부 관료들을 위한 이 주제들의 가치를 확립할 것을 청했다. 공자의 일부 제자들은 그의 말을 편집하여 어록인 논어를 만들었고, 이것은 또한 중국 관료 교육에 사용되었다. 한나라 왕조는 공자의 철학인 유학을 높이 평가했는데, 그 이유는 그의 철학이 질서와 정부에의 복종을 지지했기 때문이다. 한 왕조 때 발달했던 과거 시험은 논어와 공자가 발전시킨 공부 과정에 기반을 둔 것이었다.

22 논리완성 ④

or라는 접속사를 기반으로 selves and society를 calm/resolve와 반대되는 말로 넣어야 불확실한 시대와 복잡한 문화 양상의 성격을 살릴 수 있다. 따라서 첫째 빈칸은 자아와 사회의 더 큰 분열을 뜻하는 widening이나 polarizing이 적절하고, 두 번째 빈칸은 Or를 중심으로 앞 문장에서 문화의 다양한 타인에 대한 소극성을 설명했으므로 이번에는 문화의 적극적인 역할을 설명하도록 찬양한다는 extolling이나 강조한다는 accentuating이 적절하다.

turbulent a. 격동의, 흔들리는 divisive a. 불화[분열]를 일으키는 unprecedented a. 유례없는, 미증유의 backward-looking a. 과거를 바라보는, 퇴영적인 extenuate v. 경감시키다 nullify v. 무효화하다 extol v. 찬양하다 sever v. 자르다, 절단하다 calibrate v. 눈금을 매기다, 조정하다 polarize v. 양극화하다 accentuate v. 강조하다

현시대를 유례없을 정도로 격동적이고, 분열적이고, 불확실한 시기라고 보는 것이 진부하면서도 유효한 판단이다. 이러한 가운데, 문화는 복잡한 요소로, 분열된 자아와 사회를 가라앉히고 풀어주거나, 아니면 오히려 더욱 양극화시키는 데 일조하는, 마찬가지로 복잡한 역할을 수행한다. (그렇다면) 문화는 사람들을 적대감에 맞서 방어적인 자기들만의 좁은 집단 속으로 몰아넣는 과거 회고적이고 퇴영적인 것으로 이해되어야 하는가? 아니면 문화를 강조하고 차이를 찬양하는 것이, 타인들의 다양한 삶의 방식과 창의적인 관행들을 보다 더 활발히 존중해주는 일과 더불어, 실제로 통합의 힘으로 작용할 수 있는가?

23 논리완성 ②

첫 번째 문장에서 서양 문명에 '잔인성의 증가'가 있다고 했으므로 첫 빈칸은 deterioration이 적절하고, 둘째 빈칸은 앞 문장의 현대인의 'powerful drive'에 쓰인 powerful과 같은 의미의 compelling이 적절하다.

brutalization n. 야만화; 짐승 같은 상태 befall v. 일어나다, 생기다, 닥치다 legitimate a. 타당한, 적당한 commodity n. 상품, (유용한) 것 hunger n. 갈구, 갈망 irresistible a. 억누를[저항할] 수 없는 deterioration n. 퇴화, 악화, 타락 compelling a. 강렬한 stagnation n. 침체, 정체 feeble a. 약한 pejoration n. 하락, 악화 bewildering a. 어리둥절하게 만드는

희망의 상실과 잔인성의 증가는 불행히도 1914년 이후 서양 문명에 닥친 유일한 악이 아니다. 서양 문명이 퇴화한 또 하나의 원인은 서양 문명의 가장 큰 업적들과 정확히 관련이 있다. 산업혁명은 서양의 대다수의 민족들에게 100년 전이었으면 대부분의 목격자들이 생각할 수도 없을 것 같았던 생활수준을 가져다준 정도의 물질적 생산을 초래했다. 그러나 실재적이고 타당한 욕구의 충족은 강력한 충동, 즉 "상품에 대한 갈망"의 창출과 충족으로 바뀌었다. 우울증에 빠진 사람들이 종종 물건을 사고 싶거나 또 다른 경우에는 먹고 싶은 강력한 욕망에 사로잡히듯이, 현대인은 새로운 물품을 소유하고 사용하려는 탐욕스러운 갈망, 그가 더 나은 삶에 대한 자신의 소망이라고 표현하면서 합리화하는 욕망을 갖고 있다.

24 논리완성 ④

앞에서 논의되는 소리는 어른의 언어나 힌디어라는 언어에 존재하는 소리이므로 사물의 소리나 동물의 소리가 아니라 사람의 말소리, 즉 '음성 소리'이다. 따라서 첫 빈칸에는 phonetic(음성의)이 적절하다. 둘째 문장의 then(그런 다음)이 둘째 빈칸 다음의 over the next two months에 해당하므로 둘째 빈칸에는 modified(제한된)에 해당하는 declined가 적절하다.

discriminate v. 구별하다 innate a. 타고난, 생득의 modify v. 수정하다; 제한하다 sonal a. 음의, 음파의 intensify v. 강화하다, 심화하다 acoustic a. 음향의, 청각의 linger v. 오래 머물다 phonetic a. 음성의

일찍부터, 갓난아기들은 주변 어른들의 언어에서 발견되는 소리이든 아니든 상관없이 소리들을 구별한다. 그런 다음 그 타고난 지각 능력은 성인의 언어에 노출되면서 제한된다. 가령 Werker와 Tees는 캐나다의 영어권 가정에 태어난 영아들이 생후 6개월에 힌디어에 존재하는 음성소리를 구별할 수 있지만 이 능력이 그다음 2개월에 걸쳐 줄어든다는 것을 보여주었다. 성인들은 이러한 구별을 다시 할 줄 알게 될 수 있기 때문에 이 연구결과는 능력의 완전한 상실보다는 과정의 재조직화를 반영하고 있을 가능성이 더 크다.

25 논리완성 ①

빈칸 다음 문장과 그 이하에서 든 예가 첫 문장에 나온 관점을 암시하고 있는데, 사람의 경험은 그가 살아가면서 겪는 사건에 대한 반응을 경험하는 것이라고 하므로 생활에서 얻은 상식에 기초한 관점이라고 할 수 있다. 따라서 빈칸에는 ①의 '상식적인'이 적절하다.

commonsensical a. 상식적인 agnostic a. 불가지론의; 분명하지 않은 intractable a. 완고한, 다루기 힘든 segmented a. 분화된, 나누어진

텍스트 토론을 통한 교육은 인간 경험을 바라보는 실로 상식적인 관점에 기반을 두고 있다. 그 관점이란 사람들이 세상에 살면서 사건이 그들에게 발생하고, 이런저런 종류의 반응을 불러일으킨다는 생각이다. 가령 할머니가 돌아가시면 사람들은 할머니의 부재를 놓고 울고 할머니가 그들의 삶에서 의미했던 바를 떠올린다. 아이가 태어나면 사람들은 기뻐서 함성을 지른다. 앞으로의 따뜻한 화목과 친밀한 관계를 기대하기 때문이다. 인간이 상황에 대해 보이는 각각의 반응은 그 상황을 현재의 이해와 연관 지은 결과이고 — 그 현재의 이해는 또한 사건들을 과거의 이해와 연관 지은 결과이다.

26 논리완성 ①

해먹이 사람 몸에 맞지 않는다는 맥락이므로 첫 빈칸에는 contour가 적절하다. 한편, 생태관광은 불편함을 감수해야 한다고 했으므로, 땀이나 햇볕이나 모기를 싫어하지 않아야 한다는 의미에서 둘째 빈칸에는 averse가 들어가야 한다.

rough it (잠깐 동안) 불편한 생활을 하다 contour n. (사물 등의) 윤곽 averse a. 싫어하는, 반대하는 trait n. 특성 tolerable a. 견딜 만한, 웬만한 configuration n. 배치, 구도 voracious a. 게걸스러운, 탐하는 insensitive a. 둔감한

나는 여행이 신난다고 생각했지만 누구에게나 그렇다고 말하지는 않겠다. 생태관광은 책임감 있고, 환경 훼손이 적은 여행이며, 대개 어느 정도 '불편하게 지내는 것'을 포함한다. 이 여행도 예외가 아니다. 닷새 중 사흘을 해먹에서 밤을 보내야 했다. 해먹은 모든 사람의 타고난 체격(윤곽)에 다 맞지는 않았다. 햇볕, 땀, 모기, 프라이버시가 거의 혹은 전혀 없는 강가 목욕 등을 싫어하지 않아야 한다. 1인당 1,500달러 정도가 일주일짜리 여행에 드는데, 이 돈은 꽤 괜찮은 액수지만 일부 사람들에게는 엄두도 못 낼 만큼 비싼 금액이다. 형편이 된다면 그리고 바지에 개미 몇 마리쯤 들어가도 상관없다면 이 여행은 당신에게 믿지 못할 만큼 독특한 경험들, 장담하건대 절대로 잊지 못할 경험을 선사할 것이다.

27 글의 요지   ④

이 글은 "이집트 동물 미라를 새로운 3D 기술로 자세히 볼 수 있게 되었다"는 내용을 설명하고 있으므로 ④가 요지로 가장 적합하다.

mummify v. (시체를) 미라로 만들다   shroud v. (시체에) 수의를 입히다, 가리다, 덮다   tomography n. 단층 촬영   merge v. 합병하다, 합치다   resolution n. (컴퓨터 화면·프린터 등의) 해상도   uncover v. 밝히다   feline a. 고양잇과의   domestic a. 사육되는; 애완용의; 길들여진   unhealed a. 치유되지 않은   fracture n. 골절, 좌상(挫傷)   kestrel n. <조류> 황조롱이   bundle n. 묶음, 묶은 것   dehydrate v. 건조시키다, 탈수 상태가 되다

미라로 만든 이집트의 동물 세 가지 — 고양이와 뱀과 새 — 는 2000년이 넘는 세월 동안 붕대에 싸여 수수께끼로 남아 있었다. 그러나 새로운 3차원(3D) 투시법이 이 동물들의 삶과 죽음의 방식에 대한 더 깊은 통찰을 주고 있다. 과학자들은 상이한 각도에서의 2차원 엑스레이 투시 수천 개를 통합함으로써 3D 영상을 만들어내는, 소위 마이크로컴퓨터 단층촬영(마이크로 CT) 스캐닝 기술을 사용했다. 마이크로 CT 기술은 보통 쓰는 의료용 CT 스캔보다 최대 100배 더 선명한 해상도를 제공한다. 이는 연구자들이 동물 미라 견본의 약한 부분을 손상시키지 않고 더 세부적인 사항을 볼 수 있게 되었다는 뜻이다. 고양이 미라는 이집트 집고양이의 미라인 것 같고 젖니가 있는 것으로 보아 생후 5개월도 안 된 것 같다. 턱 아래의 아물지 않은 골절은 고양이의 목이 죽을 때나 바로 직후에 부러뜨렸음을 암시한다. 아마 미라로 만드는 동안 머리를 똑바로 세워두기 위함이었던 듯하다. 새는 유라시아 황조롱이일 확률이 가장 높다. 부리와 왼쪽 다리가 손상된 상태라고 연구자들이 보고한다. 그러나 다리는 몸을 싸놓은 붕대 밖으로 삐져나온 것으로 발견되었다. 따라서 죽은 다음 언젠가 이런 일이 발생했을 것으로 보인다. 뱀은 어린 이집트 코브라로 단단하게 똬리를 튼 형태로 되어 있다. 아마 척추 골절로 죽었을 것이고 연구팀이 생각하기로는 이 골절이 뱀의 꼬리를 잡고 머리를 땅에 내치는 "채찍질"과정에서 발생했을 것이다. 신장 손상은 뱀이 죽을 때 탈수에 빠져있었으리라는 것을 보여준다. 이는 뱀이 있던 환경이 좋지 않았음을 드러낸다.

위 글의 요지로 가장 적합한 것을 고르시오.
① 마이크로 CT로 얻은 발견은 고대 이집트 동물의 삶에 대한 기존 가설을 뒤집었다.
② 디지털 기술은 이집트 동물들이 신에게 희생 제물로 바쳐졌다는 것을 보여주었다.
③ 3D 엑스레이를 통해 이집트 동물들이 행했던 생존 기술이 드러났다.
④ 이집트 옛 동물 미라의 세부사항이 3D 영상촬영으로 밝혀졌다.

28 내용일치   ④

글에서 다르마가 이승에서의 행동 지침이고 그것이 좋은 업으로 이어지는 것이라면 힌두교도들이 그걸 알고 있다고 추론할 수 있다. ①과 ②는 언급이 없고, ③은 신이 되는 것이 아니라 신의 영혼과 합일을 이룬다고 했으므로 틀린 진술이다.

Hinduism n. 힌두교   embrace v. 포용하다   worship n. 숭배   priest n. 성직자, 사제   essence n. 본질   divine a. 신성한   union n. 합일   reincarnation n. 환생   mystical a. 신비주의의, 신비적인   conduct n. 행위; 행동   obligation n. 의무

힌두교는 인도에서 아리아 침입자들의 문헌과 전통과 계급 체계로부터 유래된 신앙 체계이다. 다른 세계 종교와는 대조적으로, 힌두교는 창시자가 한 명이 아니다. 그 결과, 힌두교의 교리와 가치관은 점진적으로 발전했고 다양한 형태의 숭배를 포용했다. 힌두교는 브라만, 즉 제사장들의 숭배의 중심이었던 자연의 다신(多神)들을 받아들였고, 그런 다음 그 신들의 성격을 바꾸어 여러 개념을 표현했다. 힌두교 신앙에 따르면 세상 만물은 브라마라는 신적 본질의 부분이다. 브라마의 영혼이 신들 혹은 한 신의 상이한 여러 형태로 들어간다. 힌두교 신의 두 가지 형태는 비시누라는 보존자와 시바라는 파괴자이다. 의미 있는 생이란 신의 영혼과의 합일을 찾아낸 삶이다. 힌두교는 이러한 합일이 환생, 즉 죽음 이후에도 영혼이 다른 인간이나 동물의 몸으로 들어간다는 관념을 통해 이루어진다고 주장한다. 인간이 살아있을 때 저지른 선행이나 악행은 그 사람의 '업'이다. 좋은 업을 쌓고 죽는 사람은 더 높은 계급(카스트)로 환생하는 반면 악한 업을 쌓아 죽는 사람은 더 낮은 계급으로 떨어지거나 짐승이 된다. 영혼이 좋은 생을 여러 번 살면 그 영혼은 브라마의 영혼과 합일을 이룬다. 이 합일, 즉 '모크샤(해탈)'를 이루는 즉시, 영혼은 더 이상 이승의 고통을 겪지 않게 된다. 힌두교는 신비를 강조하는 것을 넘어 신자들의 일상적 행동이라는 결과를 낳는다. 그 도덕률인 '다르마(진리)'는 이승에서의 행동 지침의 역할을 한다. 다르마는 인간의 행동은 결과를 산출하며 각 인간에게는 가족과 공동체에 대한 의무가 있다는 점을 강조한다.

위 글의 내용과 일치하는 것을 고르시오.
① 힌두교는 인도에서 가장 지배적인 종교 중 하나이다.
② 아리아 침입자들은 인도에 일신교 힌두교를 처음으로 주입했다.
③ 좋은 업을 쌓은 사람은 힌두교 신이 된다.
④ 힌두교도들은 자기 일상생활의 지침이 되는 다르마를 알고 있다.

29 빈칸완성   ①

빈칸 앞에서 언급된 '인간이 하는 여러 행동을 하는 동물의 능력'을 These talents로 받고, 빈칸 이하에서 본격적으로 설명되는 언어학 분야에서의 논의를 열어주는 서두의 말로 '무엇이 언어로 간주되는가에 관해'라고 언급한 ①이 빈칸에 가장 적절하다.

lively a. 활발한, 생기 있는   count as ~로 간주되다   rodent n. 설치류   primate n. 영장류   canid n. 갯과 동물   touching a. 감동적인   hard science 자연과학   ire n. 분노, 노여움   with respect to ~에 관해   null hypothesis 귀무가설(설정한 가설이 진실할 확률이 극히 적어 처음부터 버릴 것이 예상되는 가설)   turn the tables on ~을 뒤집다   crisscross v. 교차하다   latitudinarian a. 자유주의의

요즘 활발한 이론적 작업과 경험적 연구가 인간 및 동물의 언어에 대한 질문들과 관련하여 진행 중에 있다. 설치류와 영장류와 갯과 동물과 조류를 비롯하여 광범위한 많은 동물들이 대부분의 과학자가 할 수 있으리라 기대하지 않았던 행동을 한다는 데는 의심의 여지가 없다. 최근에 기록된 이러한 재능들은 무엇이 언어로 간주되는가에 관해 대중문화뿐 아니라 여러 과학 분야에서도 대화와 논쟁을 부채질하고 있다. 언어학이라는 자연과학이 사람들은 언어를 하고 동물들은 못한다는 것을 입증하고 있다는 감동적인 신념으로 오랫동안 유명했던 노암 촘스키(Noam Chomsky)조차 이 문제를 다른 시각에서 다시 생각해본다는 이유로 아직 순수한(언어의 인간고유성을 믿고 있는) 동료들의 노여움의 대상이 되고 있는 이때에, 이제 뭔가 큰일이 진화 비교 인지과학계에서 벌어지고 있다는 것, 그리고 언어가 논의의 대상이 되고 있다는 것을 우리는 알고 있다. 특히 MIT의 촘스키 교수와 그의 하버드대 동료인 마크 하우저(Marc Hauser)와 W. 터컴서 피치(W. Tecumseh Fitch)는 글에서 다음과 같이 말했다. "그러나 우리의 주장은 인간과 동물 사이에 언어와 관련해서 전에 생각했던 것보다 훨씬 더 강력한 연속성이 존재한다는 것을 입수 가능한 데이터가 말해주고 있다는 것입니다. 우리의 주장은 그래서 연속성 가설은 귀무가설의 지위를 누릴만하다는 것이며, 언어의 인간고유성에 대한 그 어떤 주장도 반드시 이 귀무가설이 비교연구에 의해 거부되고 난 후에야 타당해질 수 있다는 것입니다. 지금으로서는, 언어 영역에서 진정으로 참신한 특징이 없는 이 귀무가설이 유지되고 있는 것 같습니다." 무엇을 입증해야 하는가와 관련하여 이 말이 형세를 멋지게 역전시켜놓는다!

위 글의 흐름상 빈칸에 들어가기에 가장 적합한 것을 고르시오.
① 최근에 기록된 이 재능들은 무엇이 언어로 간주되는가에 관해 대중문화 뿐 아니라 여러 과학 분야에서도 대화와 논쟁을 부채질하고 있다.
② 다양한 동물과 인간 모두의 행동을 고려할 때 학문적 관심은 언어 문제와 언어 표현에 기울어져 왔다.
③ 포유류에 대한 과학적 연구는 무엇이 언어로 간주되는가에 기초하여 인간과 동물 사이의 구분선과 교차된다.
④ 그 문제에 대해 생각하는 사고의 틀이 아무리 자유롭다 해도 결국 인간이 동물보다 언어능력이 더 뛰어나다.

---

30 글의 흐름상 적합하지 않은 문장 고르기 ②

클릭 사기로 피해를 보는 광고주와 거대 기업 구글이 이를 방지하기 위한 노력을 어느 정도 한다는 글이므로, 광고주가 클릭 사기로 정보를 얻게 되는 이점이 있다는 ®가 글의 흐름상 적합하지 않다.

fraud n. 사기 bidding n. 응찰, 입찰 cheat v. 속이다, 부정행위하다 mischief n. 부정행위 spot v. 찾아내다 police v. 감시하다 data mining 데이터마이닝(많은 데이터 가운데 숨겨져 있는 유용한 상관관계를 발견하여, 미래에 실행 가능한 정보를 추출해 내고 의사 결정에 이용하는 과정)

한 가지 불만은 "클릭 사기"이다. 광고주들은 자사 광고를 구글 검색 결과 페이지의 상단 오른쪽에 배치하려 한다. 잠재적 고객이 광고를 클릭하면 구글은 (광고주의) 응찰가가 얼마나 높았느냐에 따라 몇 페니에서 30달러나 그 이상에 이르는 요금을 거두어들인다. 광고주들은 부정을 저지르는 기업들이 경쟁사의 광고를 클릭해 경쟁사의 광고비용을 높이려 한다고 우려한다. 구글 아닌 웹사이트들 또한 광고주들을 상대로 부정행위를 할 수 있다. 광고 범위를 확대하기 위해 구글은 웹사이트들로 하여금 구글 광고를 게시해서 방문객이 광고를 클릭할 때 요금을 분담하도록 허용한다. 구글은 자기들 광고를 웹사이트 소유주들이 클릭하지 못하게 하지만,

웹사이트 소유주가 다른 IP 주소를 써서 사기 클릭을 하는 경우 여전히 부정을 저지를 여지는 있다. <그러나 이 사기 클릭을 통한 데이터마이닝은 광고주들에게 정보를 신속히 제공해줄 수 있다.> 구글은 명백히 광고주들이 광고를 계속 사주기를 원하므로 광고주들이 클릭 사기로 인한 손실을 만회하기 위해 입찰가를 낮추려고 한다는 점을 인식한다. 불만을 줄이기 위해 구글은 사기 클릭을 찾아내어 광고주에게 요금 부과 전에 제거하기 위한 자사 역량을 지속적으로 향상시켜 왔다. 그러나 비판자들은 구글이 클릭 사기를 감시하는 노력을 충분히 하지 않았고 이 클릭으로 큰 이윤을 벌어들였다고 비판했다.

31-32

문화의 보고로서의 이탈리아의 중요한 위상은 묻혀 있던 폼페이라는 도시가 1748년에 발견되면서 더욱 높아졌다. 돌연, 진정한 로마의 유물이 매일매일 발굴되었고 세상은 고대 도시 전체를 숭앙할 수 있게 되었다. B 폼페이의 발견으로 영감을 받은 미술 이론가 요한 빙켈만(Johann Winckelmann)은 1764년에 많은 사람들이 최초의 미술사책으로 간주하는 『고대 미술의 역사』라는 책을 출간했다. 빙켈만은 당시 시들해지고 있던 로코코 양식을 퇴폐적이라며 심하게 비판했고, 고전 시대 사람들이 보여준 형식의 순수성과 명확한 솜씨를 높이 평가했다.
A 고대인 연구에 대한 새로운 관심 때문에 유럽과 미국에서 아카데미라는 미술 교육기관이 생겨나기 시작했다. 화가들은 아카데미가 올바른 고전 전통으로 간주하는 전통 속에서 교육을 받았고, 그 교육의 일환으로 아카데미는 많은 화가들을 로마로 보내 예술 작품을 직접 공부하게 했다.
D 가령, 프랑스 아카데미는 회원들의 작품을 선별하여 살롱이라는 연중 1~2회의 행사에서 전시했다. 살롱이라고 불린 것은 그 행사가 루브르 박물관의 살롱 카레라는 커다란 방에서 열렸기 때문이다. 미술 비평가들과 심사위원들은 당대 미술계의 최고의 작품을 살펴본 다음 제한된 수의 그림을 인정하여 살롱에서 대중에게 관람시키려 했다. 화가가 이러한 평단의 인정을 받았으면 그것은 화가의 그림의 가치뿐 아니라 화가의 명망도 크게 높아졌다는 뜻이었다.
C 살롱은 매우 전통적인 기준을 갖고 있었으므로, 화가들에게 흠 없는 기법을 사용하라고 주장하고 기존의 소재를 전통적인 원근법과 드로잉으로 그리는 것을 강조했다. 역사화, 다시 말해 역사적, 종교적, 신화적 소재를 다룬 그림들이 가장 귀중하게 여겨졌다. 초상화는 중요성 면에서 그다음을 차지했고, 그다음이 풍경화, 풍속화, 정물화의 순이었다.
그 어떤 교육도 이탈리아 대순회 여행 없이는 완벽하지 않았다. 대개 예술 전문가의 지도하에 진행된 순회에서는 나폴리, 피렌체, 베니스, 로마와 같은 도시들을 방문했다. 바로 이런 곳에서 사람들은 고대 세계의 교훈에 흠뻑 빠질 수 있었고, 아마도 전문가의 지도하에 고대 작품 한두 점을 수집하거나 당대 화가의 작품을 사기도 했을 것이다. 신고전주의 시대의 장점들은 미술 전문가들과 교육받은 아마추어들의 정신 속에 굳건히 뿌리박고 있었다.

seminal a. 중대한 cornucopia n. 보물창고, 보고 magnify v. 확대하다 buried a. 매장된 spring up 생겨나다 classical a. 고전적인 firsthand ad. 직접 decadent a. 퇴폐적인 crispness n. 바삭함, 상쾌함, 명쾌함 mythological a. 신화의 showcase v. 전시하다 biannual a. 연2회의 critic n. 비평가 judge n. 심사위원 prestige n. 명망, 명성 Grand Tour 유럽 대륙 순회 여행(과거 영·미 부유층 젊은이들이 교육의 일환으로 유럽 주요 도시들을 둘러보던 여행) connoisseur n. (예술품·음식·음악의) 감정가[전문가] entrenched a. 단단히 자리잡은, 뿌리박힌

31 단락배열 ③

첫 단락에서 언급한 폼페이 유적 발견 다음에 그 발견이 고대인에 대한 찬양을 낳았음을 설명한 ⑧가 오고, 그다음에 고대인 연구에 대한 관심 고조로 생긴 아카데미에 대해 설명한 ⑥가 오고, 그다음에 아카데미의 일례로 프랑스 아카데미를 다룬 ⑩가 오고, 마지막으로 ⑩에 나온 살롱에 대해 부연 설명하는 ⑥가 오는 것이 적절한 순서이다.

32 내용일치 ④

마지막 문단에서 이탈리아 순회 여행이 전문가들의 지도하에 이루어졌다고 했고 당시 신고전주의 시대의 사람들이 거기서 고대 세계의 교훈에 흠뻑 빠질 수 있었다고 했으므로, ④ 이탈리아 대순회 여행이 신고전주의 교육의 일부였다고 할 수 있다. ① 폼페이의 발견이 결국 대순회 여행이라는 결과를 낳은 것이다. ② 빙켈만은 로마 예술의 지지자이지 프랑스 아카데미의 지지자란 말은 없다. ③ 살롱은 전통을 옹호했지 전통에 도전한 기관이 아니다.

위 글의 내용과 일치하는 것을 고르시오.
① 전문가를 동반한 대순회 여행은 폼페이 발견을 촉진시켰다.
② 요한 빙켈만은 프랑스 아카데미의 열렬한 지지자였다.
③ 살롱은 전통 미술 전통에 도전했고 미적 비평을 끌어들였다.
④ 이탈리아 대순회는 신고전주의 시기 교육의 중요한 일부였다.

33-34

갈릴레오(Galileo)는 아리스토텔레스의 우주론을 뒤집기 위한 수학적 수단으로 코페르니쿠스의 천문학을 이용하려 했다. 그는 수학적 천문학자의 발견들이 자연철학자의 이론화의 내용에 영향을 미치기 때문에, 즉 설명을 필요로 하는 현상이 무엇인지를 천문학자가 물리학자(자연철학자)에게 말해주기 때문에, 자연철학자는 수학적 천문학자의 발견들을 고려해야 한다고 강조함으로써 물리학과 수학 사이의 통상적인 구별을 짓밟아버렸다. 그가 이탈리아어로 쓴 『태양 흑점에 대한 편지(1613년)』라는 저서에서, 갈릴레오는 태양 표면에 가변적인 흠집이 있다고 주장하면서 이 점을 강력하게 주장했다.
아리스토텔레스의 하늘은 완벽하고 실질적으로 변치 않는 것으로 간주되었다. 하늘이 하는 일의 전부는 그 어떤 새로운 물질의 생성도 보이지 않으면서 영원히 회전하는 것이었다. 1611년 갈릴레오와 또 다른 천문학자들이 태양 표면에서 처음 발견한 흠집은 천체의 특징인 영원함과 순환성을 보여주는 것 같지 않았고, 갈릴레오는 이 기회를 잡아 사실 그 흠집들은 태양의 표면에 불규칙적으로 나타났다가 변했다가 사라지는 검은 흑점이라고 주장했다. 아리스토텔레스의 주장에는 그 흑점들이 태양의 표면 자체에 정확히 위치해야 한다는 것이 중요했다. 예수회 소속의 크리스토프 샤이너(Christoph Scheiner)라는 인물은 흑점 발견의 공로를 갈릴레오와 다투던 주요 경쟁자로서 처음에는 이 흑점이 실제로 달과 비슷한 작은 천체들로 이루어져 있고 이 작은 천체들이 무리지어 태양 주위를 궤도순환하고 있는데, 그 무리의 수가 너무 많아 지금껏 올바른 질서로 환원되지 못했다고 주장했다.
그에 대응해 갈릴레오는 세심하면서도 기하학적으로 표현된 관찰 추론을 제시하여, 첫째, 태양 흑점들이 태양 표면을 가로질러 태양의 중심부에서 태양의 팔다리부분(주변부)쪽으로 움직일 때 태양 흑점들의 폭이 명백히 줄어든다(반대로 주변부에 나타나서 중심부로 움직일 때는 다시

폭이 늘어난다)는 것을 보여주었고, 둘째, 이러한 효과는 흑점이 원반 모양의 태양 주변부 근처에서 관측되었을 때의 원근단축현상이라고 해석되는 것으로, 흑점들이 태양표면 자체에 위치하고 있다는 것과 일치한다는 것을 보여주었다. 필연적으로 평평한 이 흑점이 태양 위로 조금이라도 거리를 두고 있으면 그 정확한 모습이 현저하게 다를 것이라고 갈릴레오는 주장했다.
갈릴레오의 주장은 다음과 같은 요지로 이어진다. 즉 태양의 표면이 명백히 무에서 나타나 결국 사라지는 검은 점에 의해 흠집이 나게 되는 것으로 확정된다면, 아리스토텔레스의 이론과 반대로 하늘에는 발생과 몰락이 존재한다는 사실을 부정할 수 없게 된다. 그래서 갈릴레오는 사물의 외부적 특성(여기서는 태양 흑점의 크기와 형태와 운동)에 대한 '수학적인' 설명으로부터 하늘의 물질에 대한 올바르게 '물리학적인' 결론으로 나아갔다.

astronomy n. 천문학 subvert v. 전복시키다, 뒤집어엎다 cosmology n. 우주론 trample on ~을 짓밟다 take ~ into account ~을 고려하다 physicist n. 물리학자 substantively ad. 실질적으로 eternal a. 영원한 generation n. 발생 permanence n. 영원성 cyclicity n. 순환 sunspot n. 태양의 흑점 blemish n. 티, 흠집 akin to ~와 유사한 orbit v. 궤도순환하다 numerous a. 수많은 elude v. 피하다 foreshorten v. 축소하다 noticeably ad. 눈에 띄게, 두드러지게 property n. 성질 doctrine n. 교리, 신조

33 빈칸완성 ②

물리학과 수학의 구분을 물리학자가 수학자의 발견을 고려해야 한다고 하면서 없앴다는 맥락이므로 첫째 빈칸에는 구분이라는 의미로 demarcation이, 둘째 빈칸에는 천체라는 의미의 celestial이, 세 번째 빈칸에는 뒤의 by dark patches에 의해 흠집이 나게 된다는 의미로 blemished가 와야 한다.

34 내용추론 ③

이 글에서 갈릴레오는 아리스토텔레스의 우주론을 반박하고 있으므로, 그가 아리스토텔레스의 방식을 따른다고 한 ③은 잘못된 추론이다.

위 글을 통해 추론할 수 없는 것으로 가장 적합한 것을 고르시오.
① 아리스토텔레스주의자들은 하늘이 영원히 회전하고 있으며 새로운 것을 발생시키는 모습을 전혀 보여주지 않는다고 생각했다.
② 갈릴레오가 보기에 코페르니쿠스의 천문학은 전통적인 아리스토텔레스의 우주론 개념을 바꿀 수 있는 유용한 수학적 수단이었다.
③ 갈릴레오는 물리학과 수학을 사용하는 아리스토텔레스의 방식을 따라 하늘의 물질을 설명하기 위해 두 가지 자연 과학을 이용했다.
④ 갈릴레오는 태양의 표면에서 변하고 있는 검은 표식을 세심하게 관찰함으로써 아리스토텔레스의 우주론이 틀렸다고 주장할 수 있었다.

35-36

수은 오염은 전 지구적인 문제이다. 금 채굴, 석탄 연소, 또 다른 산업 공정에서 나오는 수은 배출물은 대기 중에서 돌아다니다가 결국 비나 눈과 섞여 땅으로 떨어진다. 수은이라는 독극물은 물고기와 그걸 먹는 인간에게 들어가, 자궁에서 수은에 노출된 아이의 발달 중인 신경계에 손상을 입혀 기억과 언어에 문제를 일으킬 수 있다.
수은이 습지나 호수의 퇴적층에 가라앉으면 미생물이 그 금속성 원소(수

은)를 메틸수은이라는 위험한 화합물로 바꾸고, 이 물질은 먹이사슬에 쌓인다. 크고 육식성인 물고기일수록 몸속에 쌓인 메틸수은의 농도가 가장 높다. 공중보건기관들은 많은 호수에서 이러한 물고기를 정기적으로 테스트하고 때로는 이런 생선의 소비를 줄이라고 경고하기도 한다.

B 1980년 이후 대기 오염을 통제하려는 규제들이 북미와 유럽의 수은 배출량을 점차 낮췄지만 다른 곳의 수은 원천들은 계속 늘고 있다. 특히 라틴아메리카의 소규모 금광과 아시아의 석탄 발전소에서 상황이 심각하다. 2013년, 각국은 수은에 관한 미나마타 협약이라는 국제 협약에 합의했다. 협약 조인국은 전구와 배터리 같은 상품에 수은을 금지해야 하고 산업 수은 배출량도 감소시켜야 한다.

C 하지만 이러한 조치들이 얼마나 빨리 효과를 낼까? 이 질문에 대한 대답을 막는 한 가지 장애물은 생태계에서 기능하는 수은의 복잡한 작용이었으며, 이로 인해 생선 내의 수은 농도감소분 중 어느 정도가 영양분과 다와 침입종들 그리고 또 다른 생태적 변화가 아니라 정말 대기 오염 감소로 인한 것인지 파악하기가 어렵게 된다.

A 명확한 파악을 위해 대규모 연구 프로젝트가 2001년에 일종의 화학 추적자인 수은의 농축 안정 동위원소를 사용하여 실험을 시작했다. 이러한 농축된 형태의 수은 원소는 화학적으로는 일반 수은과 동일한 방식으로 작용하지만 환경에서는 일반 수은과 구별된다. 7년 동안 연구자들은 수은 동위원소를 Lake 658의 물에 추가했는데, Lake 658은 58개 호수와 분수계를 과학 연구용으로 따로 보존한 실험용 호수 유역이라는, 멀리 떨어진 캐나다 연구 기지다. 연구자들은 또한 서로 다른 동위원소를 비행기에서 주변 습지와 고지대로 살포해 호수 속으로 어떻게 이동하는지 연구했다.

실험이 시작된 직후, 동위원소 표를 붙인 메틸수은이 동물성 플랑크톤 같이 호수에 서식하는 무척추동물 내부에 축적되기 시작했다. 메틸수은은 동물성 플랑크톤을 먹는 옐로우퍼치와 또 다른 작은 물고기 속에서도 수치가 상승했으며, 작은 물고기를 먹는 강꼬치고기 같은 큰 물고기에서도 약 40% 상승했다. 실험 첫 7년이 지나고 연구자들은 동위원소 수은을 추가하기를 중단하고 호수에 사는 동물들의 농도를 계속 점검했다. 그 후 8년 연구 기간 동안 동위원소 수은의 농도는 작은 물고기에서 최대 91%까지 떨어졌다. 농도는 더 큰 물고기 개체군에서도 떨어졌다. 주변의 땅에 추가된 수은의 소량만 물고기에게서 발견되었고 이 수치도 급속히 떨어졌다.

특정 호수에 가져다준 정확한 이익은 예측하기 어려울 것이라고 연구자들은 말한다. 그 이유는 주변 분수계의 규모와 메틸화 비율 같은 지역적 조건이 물고기 속에 쌓이는 수은 수치에 영향을 끼치기 때문이라는 것이다. 그리고 모든 대기 중의 배출량이 멈춘다 해도 일부 수은 — 과거 대기오염의 유산 — 은 계속해서 주변 분수계에서 호수로 들어갈 것이다.

mercury n. 수은 emission n. 방출, 방출물 gold mining 금 채굴 make one's way to. ~로 들어가다 womb n. 자궁 sediment n. 퇴적물, 침전물 food web 먹이사슬 isotope n. 동위원소 watershed n. 강의 분수계(강이 서로 갈라지는 지점) treaty n. 조약, 협정 concentration n. 농도 ecological a. 생태계의

35 단락배열 ②

수은을 감소시키기 위한 조치의 내용인 B가 먼저 오고, 이 조치들의 효력에 대한 질문인 C가 그다음에 오고, 효력을 알아보는 실험을 다루는 A가 그다음으로 와야 한다.

36 글의 요지 ③

C 단락에서 던진 질문이 수은 감소 조치의 효력이 얼마나 되는가 하는 것이었고 그것을 알아보는 실험 '결과'가 주제인 글이므로, '실험 결과 수은 오염을 줄여 환경이 회복되었다'는 내용의 ③이 글의 요지로 적절하다.

위 글의 요지로 가장 적합한 것을 고르시오.
① 장기적인 실험은 수은 오염을 예방하기 위해 국제 당국의 지원을 받았다.
② 연구자들은 수은 농도를 증가시키는 요인들을 분석했다.
③ 오랜 실험 결과 수은 오염을 줄임으로써 환경이 회복된다는 것이 드러났다.
④ 지역적인 조건들은 수은 농도의 측면에서 각기 다른 결과들을 산출했다.

37-38

우리의 주요 주제 — 자유가 현대인에게 무엇을 의미하는지, 그리고 현대인은 왜 어떻게 자유로부터 달아나려고 애쓰는지에 관한 문제들 — 를 다루기 전에 다소 실재로부터 떨어져 보일 수 있는 한 가지 개념을 먼저 논의해야 하겠다. 그러나 이 개념은 현대 사회에서의 자유에 대한 분석을 이해하는 데 필요한 전제이다. 내가 말하는 개념은 자유가 인간 존재 자체를 특징짓는다는 것과 더 나아가 하나의 독립된 별개의 존재로서의 자신에 대한 인간의 인식과 관념의 정도에 따라 자유의 의미가 변한다는 것이다.

B 인간의 사회적 역사는 그가 자연계와 합일한 상태에서 벗어나 자신을 주변의 자연과 인간들로부터 떨어져 있는 실체로 인식하면서 시작되었다. 그러나 이러한 인식은 오랜 역사 기간 동안 매우 흐릿한 채로 있었다. 개인은 자신이 벗어나기 전의 자연적 그리고 사회적 세계와 계속 밀접하게 묶여있었던 것이다. 그는 부분적으로는 자신을 하나의 개별적인 실체로 인식하면서도 주변 세계의 일부라고도 또한 느끼고 있었다. 개인이 세상과 맺고 있던 원래의 유대(紐帶)에서 벗어나는 점진적 과정은 "개인주의"라고 부를 수 있는 과정인데, 종교 개혁과 현재 사이 수백 년의 근대사에서 절정에 도달한 것 같다.

A 개인의 인생사에서도 우리는 이와 똑같은 과정을 발견한다. 아이는 태어날 때 더 이상 어머니와 하나가 아니며 어머니와 별개인 하나의 생물학적 실체가 된다. 그러나 이 생물학적 분리는 개별 인간 존재의 시작이긴 하지만, 아이는 상당한 기간 동안 여전히 기능적으로 어머니와 합일된 상태에 있다.

C 비유적으로 말해서, 개인이 자신을 외부 세계와 묶어주는 탯줄을 아직 완전히 잘라버리지 못한 만큼 그에게는 자유가 없다. 그러나 외부 세계와의 이 유대는 그에게 안정성과 소속감, 그리고 어딘가에 뿌리를 내리고 있다는 느낌을 제공한다. 나는 개인화 과정이 개인의 완전한 출현을 초래하기 이전에 존재하는 이 유대를 "원초적 유대"라고 부르고 싶다. 이 원초적 유대는 이것이 정상적인 인간 발달의 일부라는 의미에서 유기적이며, 이 유대는 개인성의 결여를 암시하지만 또한 개인에게 안정 감과 지향성을 제공한다. 이 유대는 아이를 어머니와, 원시 공동체의 구성원을 자기 씨족 및 자연과, 그리고 중세의 인간을 교회 및 그의 사회 계급과 연결시켜주는 유대이다.

일단 완전한 개인화의 단계에 도달하여 개인이 이러한 원초적 유대에서 자유로워지면, 그는 새로운 과제에 직면하는데, 그것은 자신의 방향을 잘 잡아 세상에 뿌리내리고, 개인주의 이전의 그의 존재의 특징이었던 방식과는 다른 방식으로 안정을 발견하는 것이다. 그러면 자유는 이 단계의 발전이 달성되기 전에 가졌던 의미와는 다른 의미를 갖게 된다.

actuality n. 실재, 실체 entity n. 실체 functionally ad. 기능적으로 considerable a. 상당한 emerge from ~로부터 나오다 tie n. 끈, 결속, 유대 individualism n. 개인주의 figuratively speaking 비유적으로 말해서 sever v. 끊다, 절단하다 umbilical cord 탯줄 individuation n. 개인화, 개별화 clan n. 씨족 caste n. 계급, 카스트 navel a. 배꼽의 egocentric a. 자기중심적인, 이기적인 spinal n. 척수의 epistemological a. 인식론의 funiculus n. 탯줄 ontological a. 존재론적인 preindividualistic a. 개인주의 이전의

37 단락배열 ③

첫 단락에서 개인이 자신을 외부세계와 독립된 별개의 존재로 인식하기 전과 후에 자유의 의미가 달라진다고 한 다음, 사회·역사 속에서의 개인화 과정을 다룬 ⓑ가 오고, 그다음에 개인화 과정이 개인의 인생사에서도 마찬가지로 일어남을 언급한 ⓐ가 오고, 그리고 개인화 과정 이전의 원초적 유대에 대해 설명하는 ⓒ가 오면, 마지막 단락에서 개인화 과정 이후의 자유의 의미에 대해 설명하는 것과 잘 이어진다.

38 빈칸완성 ④

세상과 자기를 이어주는 유대는 비유적으로 말하면 어머니와 태아인 자신을 이어주는 탯줄에 해당하므로 첫 빈칸에는 cord와 함께 탯줄이라는 표현이 되도록 umbilical이 들어가야 하고, 개인화가 이루어진 후에 안정을 찾는 방식은 개인화 이전과 달라야 한다는 맥락이므로 둘째 빈칸에는 preindividualistic이 들어가야 한다.

39-40

나무에 해마다 생기는 나이테는 시간이 흐르면서 나무가 어떻게 번성했는지 — 혹은 힘들게 버텼는지 — 를 보여주는데, 나이테의 크기는 건강했던 해들이나 힘들었던 해들을 나타낸다. 그러나 때때로 자연은 자신의 작품에 어깃장을 놓기 때문에 나무는 일 년에 한 개 이상의 나이테를 형성하기도 한다. 이제 미국 멕시코 만 연안의 나무에서 발견되는 그러한 "거짓 나이테"는 허리케인에 기인한 것이라고 최근 연구자들은 보고한다. 나무의 나이테 기록이 1000년 이상 과거로 거슬러 올라가는 가운데, 연구팀은 역사에 있었던 폭풍의 빈도가 우리 현대의 온난화 세계와 어떻게 비교되는지 알아볼 준비를 하고 있다.

지리학자 클레이 터커(Clay Tucker)와 그의 동료들은 2020년과 올해 중에 미시시피 주, 앨라배마 주, 플로리다 주 연안 지역의 세 개의 강 유역 전역에 서 있는 낙우송 입목들 사이를 카누를 타거나 걸어서 답사하면서 많은 시간을 보냈다. 연구팀은 약 120그루로부터 연필 넓이만한 목재 심을 추출했다. 목재 심 추출은 나무를 훼손하지 않고 나이테 기록을 파내는 방법이다. 터커는 이렇게 말한다. "(이 방법을 쓰면) 딱따구리보다 나무에 손상을 덜 입힐 거예요."

실험실로 돌아온 연구자들은 현미경 아래 심을 놓고 거짓 나이테를 찾아보았다. 거짓 나이테는 특정 계절에 성장을 멈춘 나무가 갑자기 동면 상태를 벗어나서 생장을 시작할 때 형성된다. 이차 성장 분출을 촉진시키는 흔한 원인은 홍수라고 터커는 말한다. "나무는 아직 봄이 아니라는 것을 모르니까요." 그다음, 터커와 동료들은 1932년 이후로 생긴 거짓 나이테의 20개 사례들을 수표(水標)에 의해 기록된 대규모 홍수와 연관 지었다. "홍수가 났던 해들" 중 약 80%는 열대성 폭풍, 즉 허리케인이 동반되었다는 것이 연구팀의

보고이다. 터커의 말에 따르면 이는 이치에 맞는데, 하천의 유량은 폭풍 관련 강우와 <거의 연관이 없기> 때문이다. "미국 남동부의 수자원은 허리케인에 따라 달라집니다."

아칸소대학교의 지구과학자 데이브 스탈(Dave Stahle)은 이 연구결과에 관여하지는 않았지만 거짓 나이테와 폭풍과의 강한 연관성은 과학자들이 근본적인 문제를 해결하도록 도움을 줄 것이라고 말한다. 허리케인이 상륙하는 빈도는 시간이 갈수록 늘어났을까, 줄어들었을까? 일부 연구는 기후 온난화가 진행될수록 허리케인이 늘어날 수 있다고 말한다. 그러나 그 가설을 확증하려면 시간적으로 훨씬 더 과거로 거슬러 올라가는 허리케인 기록이 필요하다는 것이 스탈의 말이다.

새로운 낙우송 기록은 정확하게 그 기록을 제공한다고 터커는 말한다. 그의 연구팀은 이제 나무 심 견본들을 분석할 예정이고, 그 중 일부에는 1000년 넘은 나무 심이 포함되어 있다. 연구자들은 또한 자신들이 측정한 데이터들을 허리케인에 대한 다른 대체 기록들과 결합시키기를 기대하고 있다. 즉 폭풍이 휩쓸고 간 퇴적층이다. 나무의 나이테는 매년 생긴다는 이점이 있지만 퇴적층 기록은 과거로 더 멀리 확대된다고 터커는 말한다. "아마 두 데이터를 결합할 수는 있을 겁니다."

growth ring 나이테 flounder v. 버둥거리다 throw a wrench 어깃장을 놓다 bald cypress trees 낙우송 extract v. 추출하다 woodpecker n. 딱따구리 kick-start v. 시작하다 dormancy n. 휴면 상태, 휴지기 landfall n. 상륙 proxy n. 대리 stretch v. 늘이다, 연장되다 geometrical a. 기하학의

39 글의 흐름상 적합하지 않은 단어 고르기 ③

단어가 잘못 쓰인 것을 고를 때는 본문의 단어와 반대 단어를 연상해보면 된다. ⓒ의 경우 바로 뒤에서 미국 남동부의 수자원이 허리케인에 따라 달라진다고 했으니 하천의 유량은 폭풍 관련 강우와 연관이 '거의 없는(rarely)' 것이 아니라 강한 연관이 있다고 해야 한다. ⓒ의 부정어 rarely를 긍정어 strongly로 바꾸어야 한다.

40 글의 요지 ③

거짓 나이테가 역사에 존재했던 허리케인과 홍수의 기록을 보여준다는 것이 주제이므로 정확한 답은 ③이다. ④에서 indicating the track of라고 되어 있어서 '과거에 폭풍이 지나간 흔적이 나이테에 나타나있다'는 의미가 되어버린다. 반면에 ③의 provide the record of는 '과거에 허리케인과 홍수가 일어났다는 사실을 보여주는 기록이 된다'는 뜻이다.

위 글의 요지로 가장 적합한 것을 고르시오.
① 거짓 나이테는 나무의 건강한 해들을 보여주는 중요한 실마리다.
② 거짓 나이테는 연구자들에게 기하학 정보를 제공해줄 수 있다.
③ 거짓 나이테는 역사상 있었던 허리케인과 홍수의 기록을 제공해줄 수 있다.
④ 거짓 나이테는 역사상 있었던 폭풍의 흔적을 보여주는 자료이다.

2022 중앙대학교(학사편입 A형)

01 ①	**02** ②	**03** ③	**04** ②	**05** ④	**06** ①	**07** ③	**08** ④	**09** ④	**10** ③
11 ②	**12** ①	**13** ④	**14** ④	**15** ①	**16** ③	**17** ④	**18** ②	**19** ④	**20** ③
21 ①	**22** ②	**23** ④	**24** ④	**25** ③	**26** ①	**27** ④	**28** ④	**29** ①	**30** ②
31 ①	**32** ①	**33** ②	**34** ①	**35** ③	**36** ③	**37** ①	**38** ②	**39** ①	**40** ②

01 동의어 ①

junket n. 시찰, 외유(= excursion)   incursion n. 급습   exhortation n. 장려, 권고   inchoation n. 개시, 착수

야당은 그의 러시아 여행이 단지 정치적 외유에 불과하다고 주장했다.

02 동의어 ②

erstwhile a. 전의, 지금까지의(= former)   formal a. 공식적인, 정식의   foraging a. 수렵 채집의   formidable a. 가공할, 어마어마한

나의 예전 친구들은 모두 각자 제 갈 길로 갔다.

03 동의어 ③

yearn v. 동경하다(= hanker)   simper v. 바보같이 웃다   search v. 수색하다, 뒤지다   ensue v. 뒤따르다

그 노인은 자신이 동경해왔던 대형 여객기 조종 경력을 다시 시작한다.

04 동의어 ②

revere v. 숭앙하다, 숭배하다, 존경하다(= venerate)   relevant to ~와 관련된; ~에 적절한   deride v. 조롱하다   extradite v. (범죄인을 관할국으로) 인도하다   mistrust v. 불신하다, 의심하다

1940년대 말의 물리학자들은 원자를 사회에 적절하게 만들었다는 이유로 숭배의 대상이 되었고, 그들이 만든 장난감이 악의 손으로 들어갈 경우 저지를 수 있는 짓 때문에 공포의 대상이 되었다.

05 동의어 ④

gratuitous a. 불필요한; 정당성이 없는, 부당한(= unwarranted)   respective a. 각각의   gamesome a. 놀이를 좋아하는, 장난치는; 명랑한   showy a. 현란한

그녀의 조언은 아주 부당했다.

06 동의어 ①

spoilsport n. 흥을 깨는 사람, 분위기 망치는 사람(= wet blanket)   get in the way 방해되다   imposter n. 사기꾼, 협잡꾼   energumen n. 광신자; 열광자   fall guy n. (남의 잘못을 뒤집어쓴) 희생양

그 분위기 망치는 녀석은 내가 하는 모든 일에 방해된다.

07 생활영어 ③

③ A가 이 술이 무료라는 것을 알고 있냐는 질문을 했으므로, 그 술은 무료임을 알 수 있다. 그런데 B가 자신이 술값을 계산하겠다고 답했으므로 어색하다.

jump all over someone ~을 비난하다   lend someone a hand 도움을 주다   on the house 무료의   pay the earth for ~의 값을 지불하다   spill the beans 무심코 비밀을 누설하다   you bet 물론이지   lips are sealed 비밀을 굳게 지키다

다음의 대화들 중 흐름이 가장 적절하지 않은 것을 고르시오.
① A: 조에게 무슨 일 있니?
　 B: 상사가 오늘 아침 그를 야단쳐서 기분이 안 좋아.
② A: 나 좀 도와줄 수 있어?
　 B: 지금 숙제해야 해. 끝내고 도와줄게.
③ A: 이 술이 무료라는 것 알고 있어?
　 B: 걱정 마. 내가 낼게.
④ A: 비밀을 누설해선 안 돼.
　 B: 물론이지! 비밀 꼭 지킬 거야.

08 생활영어 ④

④ A가 힘든 상황에 있다고 했으므로, B는 기운 내라는 정도의 말을 해야 하는데, 주인 노릇을 하게 해줄게라는 대답은 어색하다.

high and dry (사람이) 먹고 살 길이 막막한, 고립무원의   make the best of ~을 극복하다, ~을 최대한 활용하다   wear out one's welcome 너무 오래 머물러 미움 사다   thesis n. 논문   take the bull by the horn 문제에 정면으로 맞서다   up a (gum) tree 진퇴양난[곤경]에 빠져   do the honors 공식적인 일을 맡아 하다, 주인 노릇하다

다음의 대화들 중 흐름이 가장 적절하지 <u>않은</u> 것을 고르시오.
① A: 형편이 어려워졌다니 유감이다.
   B: 그래. 이대로 무너지지는 않을 거야. 꼭 이겨낼 거야.
② A: 며칠 더 있다 가면 안 돼?
   B: 아니야. 너무 오래 있어서 눈총 받고 싶지 않아.
③ A: 이 논문을 다 못 쓸 것 같아.
   B: 문제를 회피하지 말고 정면으로 맞서 봐.
④ A: 이봐, 나 오늘 힘들어.
   B: 주인 노릇 하게 해줄게.

09 문의 구성   ④

① infants를 수식하는 현재분사 growing이고, ② 주어가 Cross-linguistic studies로 복수이므로 주어와 수일치하여 show이고, ③ 부사절을 이끄는 접속사 when 앞에 부사 even이 사용되어 틀린 곳이 없는 문장이다.

cross-linguistic a. 언어 간의 categorization n. 분류, 분류 체계
phonology n. 음운론, 음운 체계

언어 간 연구는 상이한 언어 배경에서 자라는 영아들의 능력을 비교하는 연구로서, 성인 언어의 음운 체계에 차이가 있을 때에도 영아에 의한 일반적인 범주화를 보여준다.

10 재귀대명사   ③

the evolution of insulin 뒤에서 그 자체를 강조하는 의미로 쓴 ③의 themselves는 수를 일치시켜 itself로 고쳐야 한다.

try v. 시도하다 mirror v. 비추다, 반영하다 evolution n. 진화, 변화

그 이후로 그녀는 상이한 종류의 아주 많은 인슐린과 도구와 기구들을 시도해보았기 때문에 그녀의 경험은 거의 인슐린의 발전 그 자체를 반영해온 것이다.

11 관계대명사   ②

②의 관계대명사 what 이하가 완전한 절이므로 틀렸다. '그 접근법에서는(in that approach) 그들이 ~를 더 강조하는' 것이므로 in what을 in which로 바꾸어야 한다.

tour operator n. 투어 담당자 eco-tour n. 생태관광

앙헬 폭포 생태 관광 투어의 담당자들은 앙헬 폭포 자체보다 (폭포가 속한) 공원과 그곳 사람들을 더 강조하는 흥미로운 접근법을 취한다.

12 논리완성   ①

윌마가 체로키 부족 최초의 여성 추장이 된 것은 그녀가 오클라호마로 돌아가서 된 것이므로 '방송이 그녀로 하여금 돌아가게 했다'는 뜻으로 빈칸에는 actuated(~하게 했다)가 적절하다.

actuate v. (특정) 행동을 하게 하다 anesthetize v. 마취[마비]시키다
attire v. 차려 입히다 attenuate v. 약화시키다, 희석시키다

아메리카 원주민 여성들의 고충을 다룬 방송은 윌마 올라야라는 체로키 부족 사람으로 하여금 오클라호마로 돌아가게 했는데, 거기서 그녀는 체로키 부족 최초의 여성 추장이 되었다.

13 논리완성   ④

위기에 빠진 국가에서 국제 원조가 심지어 최소한(even minimal)이라 했으므로, 빈칸에도 이와 유사한 '인색하다'는 의미의 parsimonious가 적절하다.

ebullient a. 패기만만한, 사기가 충천한 efficacious a. 효과적인
prodigal a. 방탕한, 낭비가 심한 parsimonious a. (돈에) 인색한

위기 국가들에 있어서, 국제 원조는 아주 인색하거나 심지어 최소한일 뿐이며 종종 군사 지출과 민간 지출 사이의 균형도 맞지 않는다.

14 논리완성   ④

대통령 연설 때 대통령에게 소리를 지르는 기자는 보안요원이 기자회견실에서 내쫓을 것이므로 빈칸에는 ejected가 적절하다.

dejected a. 낙담한, 실의에 빠진 disject v. 분산시키다, 살포하다
inject v. 주입하다, 주사하다 eject v. 내쫓다

대통령이 연설하는 동안 그에게 고함을 지른 기자는 보안요원들에 의해 기자회견장에서 쫓겨났다.

15 논리완성   ①

야만을 부추긴 금지해야 할 관행은 사라져야 할 '과거의 퇴물'이라 할 수 있을 것이므로, 빈칸에는 relic이 적절하다.

relic n. 과거의 유물 overhaul n. 점검, 정비 masterstroke n. 훌륭한 솜씨 premonition n. 예감

그들은 그 관행을 지난 10년 동안 야만을 부추겼던 과거의 유물이라고 부르면서 그 관행을 금지하는 것이 적절하다고 주장했다.

16 논리완성   ③

뒤이은 tapping the table with your fingers가 예시라면 빈칸에는 '손을 가만히 두지 못하다'는 의미의 fidgeting이 적절하다.

coerce v. 강요하다, 강제하다 buttress v. 지지하다, 힘을 실어주다
fidget v. (초조·지루함·흥분 등으로) 꼼지락거리다, 가만히 못 있다
pledge v. 맹세하다, 서약하다; 저당 잡히다

손을 입에 대는 경우 이것은 당신이 뭔가 숨기고 있거나 초조하다는 것을 드러낸다. 두 손을 부단히 움직이는 것, 예를 들어, 손가락으로 탁자를

두드리는 것도 초조함을 보여주며, 가방이나 서류가방을 몸 앞에 놓고 아주 꼭 잡고 있는 것도 또한 그렇다.

---

17 논리완성 ④

법안 통과를 중단시켰다는 because절의 내용으로 보아 선거법이 정지 상태에 있었을 것이므로, 빈칸에는 abeyance가 적절하다.

electoral law 선거법 halt v. 중단하다 passage n. 통과 bill n. 법안 celerity n. 기민함, 민첩함 rapprochement n. (두 국가·단체 사이의) 화해, 관계 회복 reactivation n. 재활성화, 부활 abeyance n. (일시적) 중지, 중단

많은 정당들이 법안 통과를 중단시켰기 때문에 선거법은 지금까지 지속적으로 중지 상태에 빠져 있었다.

---

18 논리완성 ②

평판과 반대로 돈을 물 쓰듯 썼다(splurged)면 평판은 '구두쇠'일 것이므로 빈칸에는 miser가 적절하다.

cluck n. 얼간이 miser n. 구두쇠 bullethead n. 바보 같은 고집쟁이 zealot n. 열성분자

유명한 구두쇠였던 사람이 자기 평판과는 대조적으로 집수리에 돈을 물 쓰듯 썼다.

---

19 논리완성 ③

requiring obedience가 순종을 요구한다는 의미이므로, 학생은 '순종적인' 위치에 놓이게 될 것이다. 따라서 빈칸에는 submissive가 적절하다.

pedagogy n. 교육학 coactive a. 강제적인; 공동 작업[작용]의 conative a. 의욕적인, 능동적인 submissive a. 순종하는, 복종하는 suppressive a. 억압하는

교육학은 흔히 알려진 교사 주도 교육법으로, 학생으로 하여금 교사의 가르침에 복종하라고 요구하는 순종적인 역할을 하게 한다.

---

20 논리완성 ③

호미닌(hominin)이 우리 인간 종을 포함하는 진화상의 계보, 족보라는 의미가 되어야 하므로 첫 빈칸은 lineage가 적절하고, 재가 땅의 모든 것을 뒤덮었다는 의미가 되어야 하므로 둘째 빈칸은 blanket이 적절하다.

rainy season 우기 grassland n. 초원 hominin n. 호미닌(인류의 조상 종) fossilize v. 화석화시키다 footprint n. 발자국 hardened a. 단단해진 as chance would have it 마침 공교롭게도 diagram n. 도표, 도해 bracket v. 괄호로 묶다 seriality n. 연속성 reticulate v. 그물 모양의 것으로 덮다 lineage n. 계보, 족보 blanket v. 뒤덮다 extricate v. 탈출시키다, 해방시키다

아마 약 370만 년 전 우기인 어느 날, 두세 마리의 동물이 지금의 동아프리카 북부 탄자니아에 있던 초원을 가로질러 걸어갔다. 이들이 초창기 호미닌이었다. 호미닌은 인간 종인 '호모사피엔스'를 포함하는 동일한 진화 계보에 속하는 종족이다. 우리로서는 다행스럽게도 오랫동안 잊혔던 그 날 이들이 길을 통과했던 기록이 화석화된 발자국의 형태로 남아, 단단하게 굳은 화석 퇴적층에 보존되어 있다. 마침 공교롭게도 축축한 흙에 이들의 발뒤꿈치와 발가락이 찍힌 직후에 인근의 화산이 분출했던 것이다. 뒤이어 화산재가 땅에 있는 모든 것을 뒤덮었다. 시간이 흐르고 화산재 퇴적물이 지층으로 굳어 그 초창기 호미닌을 비롯해 수많은 동물들의 흔적을 거의 400만 년 동안 놀랍게 보존해 놓은 것이다.

---

21 논리완성 ①

농경지에 집중적인 작물 재배를 여러 해 하고 비료와 살충제를 지속적으로 살포하면 토양은 고갈될 것이므로 첫 빈칸에는 depleted가 적절하고, 토양이 고갈되면 생산 증가가 멈출 것이므로 둘째 빈칸에는 plateau가 적절하다.

loom v. 닥치다, 임박하다 intensive a. 집중적인 cropping n. 경작 impending a. 곧 닥칠, 임박한 deplete v. 고갈시키다 plateau n. 안정기; 정체기 fertilize v. 비료를 주다 petrify v. 석화하다, 굳히다 precipice n. 절벽, 벼랑; 위기

숲, 평원, 강, 그리고 바다에서 취재된 뉴스 기사들은 우리가 사는 세상이 곤경에 처해 있음을 암시한다. 폭풍은 아시아와 아메리카 대륙의 해안을 강타하고, 해수면은 천천히 상승하고 있어 더 많은 폭풍이 몰려올 것으로 예상된다. 민물은 세계적으로 점점 더 부족해지고 있다. 물을 지나치게 많이 써서 그렇기도 하지만 만연된 오염 때문이기도 하다. 미국의 콜로라도 강이나 프랑스의 론 강에 복잡한 댐이나 분배체계를 통해 관리되지 않거나 바다로 흘러가는 동안 도시 폐기물과 산업 폐기물의 영향을 받지 않는 물은 단 한 방울도 없다. 농경지의 토양은 수 년 간의 집중적인 작물 재배와 식량 및 섬유의 안정적인 증가를 도모하기 위한 비료 및 살충제의 지속적 살포로 인해 고갈되고 있다. 인도 북부에서는 수십 년의 생산 증대 이후 밀과 쌀의 작황이 정체기를 맞이했다. 전 세계의 기온은 상승 중이고 이 상승 때문에 생태계 전체가 위험에 처해 있다. 식물과 동물 종은 지구상에서 사라지고 있고 다시는 돌아오지 못할 것이다. 필시 가장 큰 문제는 지구 생태계가 의지하고 있는 세계의 대양이 임박한 붕괴 조짐을 보이고 있다는 것이다.

---

22 논리완성 ②

법을 정의하는 글이다. 빈칸 앞에 나온 '분쟁이 회피되는 것'이 가장 좋지만 그것이 아니면 최소한 공정하게 판결될 수는 있어야 하므로 빈칸에는 adjudicated가 적절하다.

ethical a. 윤리적인 sanction n. 승인 justice n. 정의 dispute n. 분쟁 absolve v. 무죄임을 선언하다 adjudicate v. 판결 내리다, 심판보다 conjugate v. (동사를) 활용[변화]시키다 equivocate v. 얼버무리다, 모호하게 말하다

법은 의사소통에, 그리고 의사소통의 한 형태인 언어에 적용되는 윤리적 통제라고 정의될 수 있는데, 특히 이런 규범적 측면이 자신의 결정에 효과적인 사회적 승인을 부여할 수 있을 정도로 강력한 어떤 권위의 통제 아래

있을 때 그러하다. 법은 서로 다른 개인들의 행동을 연결하는 "연결 장치"를, 우리가 정의라고 부르는 것이 성취될 수 있고 분쟁이 회피되거나 최소한 판정될 수 있는 그런 방식으로 조정하는 과정이다. 그래서 법의 이론과 실제에는 두 가지 부류의 문제가 관련되는데, 법의 일반적 목적 및 법의 정의 개념의 문제와 이 정의 개념을 실행할 수 있는 기술의 문제이다.

---

23 논리완성   ④

첫 빈칸에는 반역자, 범죄자를 나타내는 단어로 blemished가 적절하고, 둘째 빈칸에는 꽃이 만개함을 나타내는 단어로 eruptive가 적절하다.

be strong on ~를 중히 여기다, 좋아하다 visual aid 시각 보조 장치 stigma n. 낙인; 오명, 치욕; <가톨릭> 성흔(聖痕, 성인 등의 몸에 나타나는 십자가 위의 예수의 것과 비슷한 상처 자국) bodily a. 신체의, 육체의 expose v. ~을 드러내다 signifier n. 징표를 지닌 자 holy grace 성령의 은혜 allusion n. 암시 obsequious a. 순종적인 vigorous a. 활기찬 credulous a. 남을 잘 믿는 hectic a. 분주한, 바쁜 blemished a. 흠이 있는 eruptive a. 화산 분화의, 분출하는

시각적 보조 장치를 매우 중시했던 그리스인이 신체적 징표를 가리키는 말로 'stigma(낙인, 오명)'라는 용어를 처음 만들었다. 이 징표는 그것을 지닌 자의 도덕적 지위에 대해 이례적이고 부정적인 점을 드러내려고 고안된 것이다. 이 징표는 몸에 칼로 새겨 넣거나 불로 지져 넣어서 그걸 가진 자가 노예거나 범죄자거나 반역자, 즉 흠이 있는 자로 의례상으로 오염된 자, 피해야 할 자, 특히 공공장소에서 마주치면 안 될 자임을 널리 알렸다. 훗날 기독교 시대가 되자 이 용어에 비유의 두 가지 층위가 추가되었다. 첫 번째 층위는 피부에 만개하는 꽃의 형태로 나타난 성령의 은혜의 신체적 징표를 가리켰고, 이런 종교적인 암시에 대한 의학적 암시인 두 번째 층위는 신체 질병의 신체적 징표(피부의 반점)를 가리켰다. 오늘날 이 stigma라는 용어는 원래 쓰였던 문자 그대로의 의미로 널리 쓰이지만, 수치의 신체적 증거보다는 수치 자체에 더 많이 적용되어 쓰인다.

---

24 논리완성   ④

for example 앞의 내용이 유성생식 개체가 짝을 구하는 방식이 바뀌면 분화가 초래된다고 했으므로, 제비 암컷이 수컷을 다르게 고르게 되면 종의 분화가 일어난다고 추론해야 한다. 따라서 빈칸에는 divergence가 적절하다.

sex selection 성 선택 mate n. 짝 genetic a. 유전의 barn swallow n. 제비 iridescent a. 무지갯빛의 trigger v. 촉발시키다, 계기가 되다 upturn n. 호전, 상승 convergence n. 수렴 downturn n. 하락 divergence n. 분기, 분화 differentiation n. 분화

성 선택은 짝을 구하는 능력의 개체 간 차이에서 발생하는 일종의 자연선택이다. 개체군 유전자 모형은 유성생식을 하는 개체군이 짝을 선택하거나 획득하는 방식의 변화가 조상 개체군으로부터의 급속한 분화를 초래할 수 있다는 것을 보여주었다. 가령 제비의 특정 개체군에 속한 암컷에게 새로운 변이가 일어나 긴 꼬리를 가진 수컷 대신 무지갯빛 깃털을 가진 수컷을 좋아하게 되면 성 선택은 분화를 촉발시키게 된다.

---

25 논리완성   ③

결과가 특정 단계의 결과인 한에서라는 말은 결과가 단계에 따라 달라질 수 있다는 말이며 진보의 과정에서 다른 것으로 대체될 수 있다는 말은 그것이 절대적이지 않다는 말이므로 첫째 빈칸에는 상대적이라는 의미로 relative가 적절하고, 증거가 결정적이지 않고 따라서 언제든 수정 가능한 진술은 곧 가설이므로 두 번째 빈칸에는 hypotheses가 적절하다.

supersede v. 대체하다 inconclusive a. 확정적이지 않은 further v. 발전시키다, 진전시키다, 증진시키다 impregnable a. 난공불락의, 확고한 formula n. 공식 endurable a. 견딜 수 있는 axiom n. 공리, 자명한 이치 relative a. 상대적인 hypothesis n. 가설 tractable a. 다루기 쉬운 doctrine n. 교리

과학의 결과는 단지 과학 발전의 특정 단계의 결과인 한에서 그리고 과학 진보의 과정에서 쉽게 대체될 수 있는 한에서 상대적이다. 그러나 이것이 진리가 바뀔 수 있다는 것을 의미하지는 않는다. 한 가지 주장이 진리라면 그것은 영구적으로 진리다. 그것은 단지 대부분의 과학적 결과들이 가설의, 즉 증거가 결정적이지 않고 따라서 언제든 교정될 수 있는 진술의, 성격을 지니고 있다는 것을 의미할 뿐이다. 이러한 고려들은 사회학자들의 평론에는 필요하지 않다 해도 그들의 이론에 대한 이해를 증진시키는 데는 아마도 도움이 될 것이다.

---

26 논리완성   ①

두 이론 모두 인간을 동물로 보거나 동물적 욕망에 영향을 받는 수동적 존재로 본다고 했으므로 자기 운명의 주인이 아니라는 의미의 ①이 빈칸에 적절하다.

behaviorism n. 행동주의 psychoanalytic theory 정신분석 이론 orientation n. 방향, 지향 unappealing a. 매력 없는 charge n. 비난 hurl v. 던지다, 퍼붓다 sexual urge 성욕 destiny n. 운명 dehumanizing a. 비인간화하는

1950년대에는 이미 행동주의와 정신분석 이론이 심리학 사상에서 가장 영향력 있는 학파가 되어 있었다. 그러나 많은 심리학자들은 이 두 이론의 지향이 매력이 없다고 생각했다. 두 학파를 향해 가해진 주된 비판은 두 이론이 "비인간화를 한다"는 것이었다. 정신분석 이론은 행동이 원시적인 성욕의 지배를 받는다는 신념 때문에 공격을 받았다. 행동주의는 단순한 동물 행동의 연구에 골몰한다고 비판을 받았다. 두 이론 모두 인간이 자기 운명의 주인이 아니라는 함의가 있었기 때문에 욕을 먹은 셈이다. 무엇보다 두 학파는 인간 행동의 고유한 속성을 인정하지 않았다고 많은 사람들은 주장했다.

① 사람들이 자기 운명의 주인이 아니다.
② 이론적 지향은 인간의 고유한 성질을 강조한다.
③ 인간적 성장의 잠재력은 실제만큼 중요하지 않다.
④ 인간은 자기 환경에 둔감하다.

---

27 글의 주장   ④

이야기를 공유함으로써 친구가 된다고 했고, 이야기는 우리를 다른 사

람들과 이어주므로 우리는 그 이야기에 반응을 할 책무가 있다고 했고, 서로의 이야기에 귀를 기울이고 존중해야 한다고 했으므로 ④가 글의 주장으로 적절하다.

leukemia n. 백혈병 reach out with ~에 접촉하려 하다 pass v. 죽다 mentor n. 스승, 멘토 impose v. 부과하다

우리의 이야기에는 많은 사람들이 등장한다. 좋은 사람, 나쁜 사람, 비극적인 인물, 그리고 신비로운 인간이 있다. 우리가 자신의 이야기를 할 때 그것은 우리에게 우리가 혼자가 아니라는 것, 우리가 우리를 줄곧 도와주는 타인에 의지하여 행복한 결말에 도달하게 된다는 것을 상기시켜 준다. 내 친구는 이야기가 필요했다. 그는 휠체어를 벗어나 병을 극복하는 X교수 같은 사람들이 있다는 것을 알아야만 했다. 그리고 나 역시 내 친구의 이야기가 필요했다. 그의 만화책에 나오는, 화려한 영웅들과 미지의 모험과 악당들의 이야기, 그리고 그의 머릿속에 있는, 만화책 상자를 잡으려다가 보물 위에서 숨을 거두는 백혈병 소년의 이야기가 필요했던 것이다. 이렇게 이야기를 공유함으로써 우리는 친구가 된다. 이야기는 우리 모두가 요청하거나 주는 것이었다. 이야기는 우리를 다른 사람들과 이어주므로 우리는 그 이야기에 반응을 할 책무가 있다. 심리학자 로버트 콜스는 『이야기의 부름』이라는 책에서 자신이 이야기의 가치와 필요성을 배우도록 자신의 멘토들이 어떻게 도움을 주었는지 이야기한다. 그의 멘토 중 하나인 유명한 의사이자 시인인 윌리엄스 카를로스 윌리엄스였다. 윌리엄스는 이야기에 관한 교훈을 이렇게 말했다. "그들의 이야기, 당신의 이야기, 나의 이야기. 이야기는 우리가 하는 이 여행에서 우리가 늘 지니고 다니는 것이므로, 우리가 서로에게 지켜야 할 책무는 우리의 이야기를 존중해주고 거기서 뭔가 배우는 것이다."

위 글의 주장으로 가장 적합한 것을 고르시오.
① 교수들과 학생들이 서로 도와 이야기를 창작한다는 것은 잘 알려져 있다.
② 심리학자들뿐 아니라 시인도 우리의 삶을 조언하는 데 중요한 역할을 한다.
③ 책을 읽는 것은 단지 재미를 위한 것만이 아니라 우리의 질병을 치유하기 위한 것이기도 하다.
④ 우리는 이야기들의 인생을 살고 있고, 이야기가 부과하는 소명에 대답하며 살고 있다.

28 내용일치   ④

마콜롤로 부족 여인들은 윗입술에 고리를 단다고 했으므로 ④가 정답이다.

hygiene n. 위생 straighten v. 가지런히 하다 blacken v. 까맣게 만들다, 검어지다 file v. 줄로 갈다 disgusting a. 역겨운, 혐오스러운 sanitation n. 위생시설

서양에서 대부분의 사람들은 위생 문제와 미관 문제로 정기적으로 치과를 찾는다. 이들은 치약과 치실을 매일 써서 치아를 청결하게 유지한다. 치아를 가지런하게 만들고 미백하고 크라운을 씌워 자기 문화권의 타인들에게 치아가 더 매력적으로 보이도록 만든다. 그러나 "매력"이라는 말은 다른 문화권에서는 의미가 아주 다르다. 과거에 일본에서는 여성이 치아를 미백하는 게 아니라 검게 칠하는 것이 관행이었다. 아프리카와 호주 중부의 일부 지역 사람들은 치아를 줄로 갈아 끝을 뾰족하게 만드는 관행이 있다. 그리고 말라위의 마콜롤로 부족민들 중의 여성들은 윗입술에 펠렐레라는 아주 큰 고리를 달고 다닌다. 이들의 추장은 펠렐레

에 대해 이렇게 설명한 적이 있다. "펠렐레는 여자들이 가진 유일하게 아름다운 물건입니다. 남자들은 수염이 있죠. 여자들은 수염이 전혀 없죠. 펠렐레가 없으면 여자가 어떤 사람이 될까요? 그런 여자는 여자도 아닐 겁니다." 현대 도시 사회의 일부 사람들은 부족의 입술 고리를 매력적이지 않을 뿐 아니라 심지어 "혐오스럽다고" 생각할 수 있지만, 도쿄나 뉴욕이나 로마의 다른 사람들은 작은 입술 고리를 달거나 혀를 뚫어 그 구멍에 고리를 달지도 모른다.

위 글의 내용과 일치하는 것을 고르시오.
① 흰 치아는 위생과 미관상의 이유로 옛 일본에서 매력적이었다.
② 서양에서 사람들은 오직 위생상의 이유로만 치과에 가며 치아를 가지런하게 만들고 미백하고 크라운을 씌운다.
③ 일부 도시 문화권에서 사람들은 치아를 까맣게 하거나 날카롭게 간다.
④ 마콜롤로 부족의 여인들은 윗입술에 큰 고리를 달고 다닌다.

29 글의 제목

집단에게 힘을 행사하도록 합의하는 과정과 거기서 나오는 사회 질서를 기술한 글이므로 '사회 질서와 정당한 힘'이라는 ②가 제목으로 적절하다.

isolated from ~에서 고립[분리]된 contract n. 계약 subject to ~에 종속된, ~아래에 놓이는 collective a. 집단의 appropriate a. 적절한 legitimacy n. 타당성, 적법성, 정당성 authority n. 권위, 권력, 권한 illegality n. 불법

이론적으로는, 사람들이 완전히 서로 분리되어 따로 살아간다면 그들은 뭐든 마음대로 할 자유를 완벽히 누릴 것이다. 그러나 인간은 함께 사는 사회적인 동물이므로 인간이 형성하는 집단은 플라톤의 말대로 본디 구성원들 간의 합의체나 계약 관계이다. 집단을 형성할 때 개인들은 자신의 자유의지 중 일부를 집단에게 넘긴다. 그러면 집단은 구성원의 행동에 대해 어느 정도의 통제를 가하며 구성원 전체의 이익을 위해 그 통제권을 행사하게 된다. 도둑질과 살인과 다양한 다른 행동을 금지하는 규칙은 집단 내에서 합의를 거쳐 만들어지며, 집단의 전 구성원들은 그 규칙을 지켜야 하는 위치에 놓인다. 이러한 계약설에 따르면 사회 질서는 개인들이 마음대로 하기 위해 갖고 있는 힘의 일부를 제거하여 그만큼을 집단에게 넘기는 것에서 생겨난다. 집단의 집단적 의지는 개개인에게 부여되어야 밖으로 표현될 수 있다(집단의 의지는 개개인의 행동을 통해 표현된다). 집단 내 사람들이 특정 상황에서 특정 개인이 힘을 행사하는 것이 적절하다고 동의할 때 그 힘은 정당성을 갖는 것으로 간주된다. 정당성을 부여받은 힘을 권위라 한다.

위 글의 제목으로 가장 적합한 것을 고르시오.
① 개인주의 사회의 집단주의
② 사회 질서와 정당한 힘
③ 사회 내 힘의 유형들
④ 불법을 예방하는 올바른 방안들

30 문장삽입

B 앞 문장에서 과학자들이 추정한 내용을 주어진 문장에서 this로 받아 실험실에서 그것을 입증하기 위해 실험을 했다는 맥락이므로 주어진 문장은 B에 들어가는 것이 적절하다.

comet n. 혜성　streak v. 쏜살같이 가다　sport v. 자랑스레 보이다　hazy a. 흐릿한　aura n. 오라, 기운, 영기(靈氣)　first-of-their-kind a. 동종 최초의　figure out 파악하다　odd a. 희한한, 기이한　chemistry n. 화학반응　suspect v. 추정하다, 생각하다　breakdown n. 분해　reactive a. 반응성의　dicarbon n. 이원자 탄소　absorb v. 흡수하다　photon n. 광자, 광양자　semistable a. 준안정적인　bump up ~을 올리다　glow n. 빛　carbon chloride 염화탄소　bombard v. (공격을) 퍼 붓다, 쏟아 붓다　high-intensity n. 고강도

러브조이 혜성이 2014년 지구를 쏜살같이 지나갈 때 그것은 흐릿한 녹색 오라(빛 같은 기운)를 내보였는데, 다른 혜성에서도 보이는 현상이다. 현재 연구자들은 그런 류로는 최초의 측정 작업을 통해 이 화려한 빛 이면의 기묘한 화학적 반응을 파악해냈다. 오랫동안 과학자들은 일부 혜성 주위를 감싼 이 녹색 빛이 이원자 탄소(C_2)라는 반응성 분자가 분해되면서 생겨난다고 추정해왔다. <이 추정을 실험실에서 입증하기 위해 연구자들은 자외선 레이저를 이용하여 염화탄소(C_2Cl_4) 분자로부터 염소 원자를 벗겨낸 다음 남은 C_2 분자에 고강도의 빛을 쐈다.> 그들이 관찰한 화학반응의 세부적인 면은 다소 놀라웠다. 그 화학반응은 빛의 단일한 광자를 흡수한 다음 분자가 분해되면서 녹색 광자를 방출하는 것이 아니라 분자가 두 개의 광자를 흡수하게 했다. 두 개의 광자 중 하나는 C_2 분자를 자극하여 준안정 상태로 만들고, 두 번째 광자는 C_2를 훨씬 더 에너지가 많고 불안정한 원자배열로 끌어올리는 데 필요하다. 거기서부터 분자는 붕괴하면서 특징적인 녹색 광자를 방출한다. 이것이 연구자들이 국립 과학 연구소 공식 기록에 온라인 형태로 보고한 내용이다. 이 과정 동안 C_2는 화학자들이 보통 "금지된" 것으로 간주하는 두 번의 이행을 겪는다. 연구팀의 실험 동안 수집된 데이터가 암시하는 바에 따르면, 태양에서 지구만큼 떨어진 거리에서는 C_2 분자의 수명이 이틀이 채 못 된다. 이 점이 분자의 분해와 관련된 녹색 빛이 혜성의 머리 주위에만 나타나고 꼬리에는 전혀 나타나지 않는 이유를 설명하는 데 도움을 준다고 연구자들은 말한다.

31-32

주요한 전쟁들은 종종 역사를 구분하는 일종의 구두점을 제공하는데, 주된 이유는 그 전쟁들이 국가 사이의 관계의 철저한 재편성을 강제하기 때문이다. 이러한 원칙에 1차 세계 대전도 예외가 아니었다. 1918년 11월에 전쟁이 끝나기 오래 전부터 유럽의 지도가 다시 그려져야 하고, 식민지의 재할당, 새로운 국제 조직의 창립, 그리고 경제 균형의 변화가 세계의 다른 지역에도 필경 상당한 영향을 미칠 것이라는 것이 분명했다. 1차 세계 대전은 유럽 지배의 종말을 예고했는데, 주로 유럽에서 진행된 이 전쟁의 진정한 승전국이 비유럽 열강인 미국과 일본이었기 때문이다. <유럽 각국은 국내 문제에 대해 우려하지 않았고, 전 세계에 있는 자신들의 식민지의 중요성도 간과했다.> 유럽의 승전국들은 가진 모든 것을 잃었고, 그들 중 어느 국가도 실질적으로 회복하지 못할 정도로 막대한 희생을 치른 승리를 거둔 셈이었다. 이 사실은 전쟁이 끝날 당시에는 분명하지 않았지만, 다가올 전후의 체제는 지리적 범위와 복잡성 면에서 훨씬 더 클 것이 분명했다. 종종 그러하듯, 적의 갑작스러운 몰락은 승자들을 깜짝 놀라게 했다. 독일은 1919년 중반까지 버티리라 예상되었지만, 1918년 가을, 동맹국의 에너지는 평화를 계획하는 일보다 전쟁을 승리로 이끄는 일에 더욱 집중되었다. 물론 일부 평화 계획이 진행 중이긴 했으나 항상 가장 효과적인 쪽으로 진행되는 것은 아니다. 전쟁 마지막 해, 동맹국 중에 작은 나라들은 제한된 구체적 목표를 힘차게 추구했지만 신중하고 한정된 약속만을 얻어냈을 뿐이었다. 독일 쪽 동맹국 내의 민족 집단들을 대변하는 추방 단체들도 같은 일을 했고 비슷한 결과를 얻었다. 그들은 최고 항소 법원이 영국과 프랑스와 미국으로 이루어지리라는 것을 알고 있었지만, 이 세 나라는 세계 많은 지역을 위한 계획을 과제로 갖고 있으면서 전쟁을 승리로

이끌 책무도 있었다. 당연히 전쟁의 승리가 먼저였다.

주요 동맹국들 중 프랑스가 주로 자기들에게 무엇이 중요한지 정확히 알고 있었고, 그들의 관심이 실제로 그다지 전 세계적인 것이 아니었기 때문에 아마도 계획을 가장 조직적으로 세운 열강이었을 것이다. 런던에서는 외무부가 생각할 수 있는 모든 주제에 관해 입장 표명서를 준비하고 있었지만 외무부의 입장은 종종 내각의 입장과 일치하지 않았고 심지어 수상이었던 데이비드 로이드 조지의 입장과는 더더욱 일치하지 않았기 때문에 많은 노력이 헛일로 판명되었다. 미국의 경우 상황은 더 애매모호했다. 1917년 말 '인콰이어리(탐구)'라는 특수 기구가 대통령의 친구 에드워드 M. 하우스의 감독 하에 평화의 문제를 연구하고 유럽 지도자들의 프로그램을 선취하기 위한 프로그램을 준비하기 위해 설립되었다. 인콰이어리는 대개 국무부와 독립적으로 일하는 학자들로 이루어져 있어 연구를 열심히 했지만 그 영향력은 여전히 불확실했고 하우스 자신도 대전이 끝나는 몇 주 동안 파리에 있었다. 국무부 장관 로버트 랜싱은 자신의 견해를 준비하고 있었는데, 그의 견해는 인콰이어리의 견해와 맞지 않았고 대통령의 견해와도 충돌할 것으로 예상될 수 있었다.

punctuation n. 구두점　realignment n. 재편성, 조정　state n. 국가　reallocation n. 재할당, 재배치　overlook v. 간과하다　bleed ~ white ~를 짜낼 수 있는 데까지 짜내다　pyrrhic victory 피로스(고대 그리스의 왕)의 승리(막대한 희생을 치른 승리)　take someone by surprise ~을 깜짝 놀라게 하다　Central Powers 동맹국(제1차 세계 대전 중에 연합국에 대항해서 공동으로 싸웠던 독일, 오스트리아, 헝가리; 때로 터키, 불가리아를 포함)　futile a. 무익한, 헛된

31　문맥상 적절하지 않은 문장 고르기　　①

Ⓐ의 문장 내용은 "유럽 각국은 국내 문제에 대해 우려하지 않았고, 전 세계에 있는 자신들의 식민지의 중요성도 간과했다."인데, 이는 제1차 세계 대전의 여파와 결과를 다루는 글의 흐름에 맞지 않는다. 따라서 Ⓐ가 글의 흐름상 적합하지 않은 문장이다.

32　내용일치　　①

'1차 세계 대전은 유럽 지배의 종말을 예고했다고 했고, 유럽의 승전국들은 가진 모든 것을 잃었고, 그들 중 어느 국가도 실질적으로 회복하지 못할 정도로 막대한 희생을 치르고 승리를 거둔 셈이었다'고 했으므로 ①이 글의 내용과 일치한다.

위 글의 내용과 일치하는 것을 고르시오.
① 유럽의 세계 정치 지배는 제1차 세계 대전으로 끝났다.
② 영국과 프랑스와 미국은 독일의 급속한 붕괴에 대비했다.
③ 유럽 국가들은 주로 미국과 일본의 부상으로 인해 권력 재편성으로부터 점차 회복했다.
④ 새 국제기구의 창설이 1차 세계 대전 승리 이전부터 승전국들의 주된 관심사였다.

33-34

전체주의 국가에서는 선전과 공포가 동전의 양면을 나타낸다는 주장이 초창기에 인정을 받아 자주 제시되었다. 그러나 이러한 주장은 부분적인 진실에 불과하다. 전체주의가 절대적인 통제권을 갖고 있는 곳마다 전체주

의는 선전을 세뇌로 대신하며, 폭력도 사람들을 공포에 떨게 하기 위해서가 아니라(공포정치는 정치적 야당이 아직 존재하는 초기 단계에서만 행해진다) 전체주의의 이념적 교리와 실질적인 거짓말을 끊임없이 실현하기 위해서 사용한다. 전체주의는 자신의 주장과 반대되는 사실에 맞서 실업이 존재하지 않는다고 주장하는 것에 만족하지 않고, 그 선전의 일환으로 실업의 혜택을 아예 없애버리려 한다. 똑같이 중요한 사실은 실업을 인정하지 않는 것이 — 비록 다소 예상치 못한 방식으로이긴 하지만 — '일하지 않는 자는 먹지도 말라'는 옛 사회주의 교리를 실현했다는 것이다. 혹은 또 다른 예를 들자면, 스탈린이 러시아 혁명 역사를 다시 쓰기로 결정했을 때, 그의 새 버전의 역사에 대한 선전은 옛 책과 기록과 더불어 그 저자들과 독자들을 <지지하는> 것에 있었다. 1938년에 출간된 새로운 공식적인 공산당 역사는 소련 지식인들 전체 세대를 제거한 대대적인 숙청이 끝났다는 신호였다. 마찬가지로 동유럽의 점령지에 있던 나치도 처음에는 주민들을 더 굳건히 통제하기 위해 주로 반유대주의 선전을 이용했다. 나치는 이 선전을 뒷받침해줄 공포를 필요로 하지도 않았고 사용하지도 않았다. 폴란드 지식인 대부분을 제거했을 때, 나치는 지식인들의 반대 때문이 아니라 자신들의 교리에 따르면 폴란드인들은 지성이 없는 사람들이기 때문에 그렇게 했던 것이고, 그들이 파란 눈에 금발을 한 아이들을 납치할 계획을 세웠을 때에도 주민들에게 공포를 주려고 한 것이 아니라 '독일인의 혈통'을 구하려고 한 것이었다.

totalitarianism n. 전체주의 assert v. 주장하다 propaganda n. 선동 terror n. 공포(정치) absolute a. 절대적인 indoctrination n. 세뇌, 주입 frighten v. 겁을 주다 abolish v. 폐지하다 socialist a. 사회주의의 espouse v. 옹호하다, 지지하다 superpurge n. 대대적인 숙청 decimate v. 제거하다 liquidate v. 제거하다 intelligentsia n. 지식인

33 글의 흐름상 적절하지 않은 표현 고르기 ②

러시아 혁명 때 옛 책과 기록과 옛 저자와 독자를 지지하면 새로운 역사를 쓰지 못할 것이므로, 지지하는 것이 아니라 제거한다고 해야 맥락에 맞다. 따라서 ⑧의 espousing을 destroying으로 고쳐야 한다.

34 내용추론 ①

'전체주의가 절대적인 통제권을 갖고 있는 곳마다 전체주의는 선전을 세뇌로 대신하며, 폭력도 사람들을 공포에 떨게 하기 위해서가 아니라 전체주의의 이념적 교리와 실질적인 거짓말을 끊임없이 실현하기 위해서 사용한다'고 했으므로 ①을 추론할 수 있다.

위 글을 통해 추론할 수 있는 것으로 가장 적합한 것을 고르시오.
① 전체주의 정권은 권력을 잡고 난 후에는 선동과 공포정치를 쓸 필요가 없다.
② 전체주의 정권은 권력을 잡고 난 후 이념적 목적을 이루기 위해 폭력을 쓸 필요가 있다.
③ 전체주의 정권은 선동을 세뇌로 대체할 필요가 없다.
④ 전체주의 정권은 권력을 더 강하게 장악하고 난 후 인종 관련 선동을 그만두기 위해 공포정치를 이용할 필요가 있다.

35-36

종교를 사회구조와 물질세계에 뿌리를 두고 있는 현상으로 설명하는 것은 종교의 보다 더 영적이고 개인적인 기반을 찾으려는 사람들을 늘 만족시키지는 못한다. 수년 동안 철학자들과 사회과학자들은 다른 많은 요인들을 잔뜩 제시했고 그 중에는 자연의 힘에 대한 경외감, 죽음에 대한 공포, 꿈을 해석해야 할 필요, 자신의 부모를 죽이고 싶은 욕망에 대한 죄의식, 그리고 원죄 등을 요인으로 제시했다. 일부 사회학자들은 자신의 감각의 한계를 피하고 자신의 삶의 의미가 일상 경험 너머에 있다고 느끼기 위한 초월의 필요성에 대해 이야기하기도 한다.
그러나 이러한 가능한 원천들은 신앙체계의 끝없는 다양성이나 시간 경과에 따른 신앙체계의 변화 방식을 설명할 수 없다. 이런 유형의 분석을 하려면 해당 집단의 특정 문화와 사회 구조를 살펴보아야 한다. 가령 채집 집단은 농업 부족집단과 다른 신앙체계를 발전시키는 경향이 있는가? 신앙의 기원이 인간 존재의 불확실성에 있다면 신앙 차이의 기반을 다양한 생존 방식에 있다고 볼 수 있을 것이다. 이러한 생각에 맞추어 마빈 해리스라는 인류학자는 사람들이 숭배하는 종류의 신은 해당 사회 내 사회관계의 성격을 드러낸다고 말한다. 단순한 수렵 채집 집단에서 신들은 그들이 인도하는 사람들과 마찬가지로 기본적으로 평등주의 집단으로, 남녀 차이가 거의 없다. 이 신들은 집단을 창조하는 데 중요했지만 일상생활은 원주민들이나 더 낮은 등급의 신들에게 맡겨둔다. 반면에 농업 사회, 특히 중앙집권 국가 체제와 잘 정립된 사회 계급이 있는 농업 사회의 경우, 신들 자신이 고도로 계층화되어 있고 행동 및 도덕 기준에의 엄격한 복종을 주장한다.
중요한 의례 기능이 여성들에 의해 수행되었다는 증거도 있다. 가령 고대 유럽의 베스타 여신의 시중을 들던 처녀들, 영국의 옛 켈트 족 드루이드 여사제, 초기 로마사의 여성 컬트의 구성원들이 그 사례이다. 고대 크레타 문명의 어머니 여신의 동상들, 그리고 석기 시대 터키에서 나온 벽화들은 여성들이 종교 의례뿐 아니라 사회 전체에서도 훨씬 더 중심적인 역할을 맡았다는 것을 시사한다. 실로 선사시대부터 현대 사회에 이르기까지 전 세계에 어머니 숭배가 널리 퍼져 있다는 증거가 존재한다.

factor n. 요인 subsistence n. 생계, 생존 hunting band 사냥 집단 anthropologist n. 인류학자 egalitarian a. 평등주의의 bunch n. 무리, 다발 stratify v. 계층화[서열화]하다 conduct n. 행동 ritual n. 의례, 의식 priestess n. 여사제 statue n. 동상, 석상 worship n. 숭배 contemporary a. 당대의, 현대의 in line with ~에 따라, ~에 의거하여

35 글의 제목 ③

'이런 유형의 분석을 하려면 해당 집단의 특정 문화와 사회 구조를 살펴보아야 한다'고 한 둘째 단락 둘째 문장이 글의 주제를 담은 문장이므로 ③이 글의 제목으로 적절하다. ① 여러 문화를 비교하는 관점이므로 글과 맞지 않고, ②와 ④의 여성에 대한 언급은 사회 문화적 특성의 일부에 해당하는 내용이므로 제목으로는 부적절하다.

위 글의 제목으로 가장 적합한 것을 고르시오.
① 신앙체계의 비교 문화적 관점들
② 신앙체계에 반영되어 있는 성별 차이
③ 종교의 사회구조와 개인적 기반
④ 종교 의례에서 여성들이 차지하는 보편적인 역할

36 내용추론   ③

'단순한 수렵 채집 집단에서 신들은 평등주의 집단으로, 남녀 차이가 거의 없다(with little distinction between male and female)'고 했으므로 똑같이 성별에 따라 차이가 나지 않았다(were not distinctive in gender)고 한 ③을 추론할 수 있다. ① 인간의 초월 추구가 설명해줄 수 있는 것은 종교의 영적, 개인적 기반이다. ② Inter-societal이 아니라 Social이어야 한다. ④ 고대 그리스(Greek) 유물이 아니라 고대 크레타(Crete) 유물이어야 한다. 고대 크레타는 기원전 1100년 이전이고 고대 그리스는 기원전 500년 ~ 300년 정도이다.

위 글을 통해 추론할 수 있는 것으로 가장 적합한 것을 고르시오.
① 인간의 초월 추구는 다양한 형태의 신앙 체계를 설명해줄 수 있다.
② 사회 간의 관계들은 사람들이 믿는 신의 형성에 영향을 끼쳤다.
③ 수렵하는 무리들의 사회에서는 신들이 성별에 따라 차이가 나지 않았다.
④ 고대 그리스 유물에 따르면 여성들은 종교 의례를 뒷받침한다고 여겨졌다.

37-38

외부에서 보면 인간은 기분 좋게 대칭을 이루고 있다. 팔, 다리와 눈의 오른쪽과 왼쪽이 균형이 맞는다는 뜻이다. 그러나 몸 내부로 들어가면 이야기가 달라진다. 심장은 왼쪽에, 간은 오른쪽에 있다. 폐와 신장 역시 비대칭이다. 이제 연구자들은 발달 중인 장기들이 제자리를 찾는 것을 돕는 유전자를 분명하게 규명해냈다.
과학자들은 발달 중인 둥근 배아의 초창기 대칭을 깨뜨려 장기들이 어느 한쪽을 택하도록 돕는 다른 유전자들을 밝혀냈다. 그러나 연구자들이 이 유전자를 추적한 방식은 독특했다는 것이 발달생물학자 대니얼 그라임스의 말이다. 그의 말에 따르면 연구는 장기 형성이 왜 일부 사람들에게서 엉뚱한 방향으로 가는지를 더 잘 이해할 수 있게 해줄 수 있다.
발달생물학자들은 심장과 또 다른 장기들이 중심을 벗어난 곳에 자리를 잡게 되는 현상이 초창기 배아에 일시적으로 형성되는 좌우형성체(left-right organizer)라는 일군의 세포 때문이라는 것을 오랫동안 알고 있었다. 1998년, 생쥐 연구를 기반으로 일본의 연구자들은 형성체 세포의 하위 집단 위에 위치한 털 같은 부속기관인 회전 섬모(twirling cilia)가 배아 체액을 오른쪽이 아니라 왼쪽으로 보냄으로써 장기들이 제자리에 형성되도록 돕는다는 가설을 제시했다. 이 배아 체액은 그 왼쪽에서 특정 유전자를 활성화시켜, 그 다음 성장하는 것들을 바꾸어 놓는 것이라고 일본 학자들과 또 다른 학자들이 추정한 것이다. 훗날 연구자들은 어류와 개구리에게서도 똑같은 현상이 발생한다는 것을 발견했다.
그러나 놀랍게도, 발달 중인 병아리와 돼지 속에는 회전 섬모가 달린 이런 세포가 전혀 없다. 그런데도 이들의 심장은 한쪽에서만 형성된다. "문헌에 혼동을 주는 결과들이 많아 이 결과들을 조화시키기가 어렵습니다."라고 그라임스가 말한다. 그와 다른 학자들은 이 소위 운동 섬모(motile cilia)가 동물의 진화 초기에 진화를 거쳤지만 동물 가계도의 가지에서 손실되어 조류와 "짝수 발굽을 가진" 돼지 같은 포유류에게서는 없어졌지만 인간에게서는 남아 있는 것이라고 생각한다.
발달생물학자인 브루노 리버세이드와 크리스토퍼 고든은 이 불일치가 몸의 대칭을 깨는 원인이 되는 새 유전자를 추적하는 방법에 힌트를 줄 수 있지 않을까 궁금히 여겼다. 이들과 동료들은 발달 중인 생쥐와 어류와 개구리 속에서 활동하지만, 더 이상 배아 체액이 없어 그런 유전자가 필요하지 않은 돼지와 조류의 발달 단계에서는 활동하지 않는 유전자들을 찾아보았다.
연구자들은 이런 유전자 다섯 개를 찾아냈다고 이번 달 <네이처 유전학>지에 발표한다. 리버세이드는 이 유전자들 중 셋은 체액이 유도하는

대칭의 소실에서 중요한 역할을 한다는 사실이 이미 알려져 있었기 때문에 자기 팀의 연구 방향이 올바른 쪽으로 가고 있다는 것을 알고 있었다.

pin down 분명히 정의하다   pleasingly ad. 기분 좋게   asymmetric a. 비대칭의   embryo n. 배아   track v. 추적하다   unique a. 독특한, 고유한   go awry 실패하다, 예측에서 벗어나다   off-center a. 중심에서 벗어난   organizer n. 형성체   twirl v. 회전하다   cilia n. 섬모   appendage n. 부속물   speculate v. 추정하다   reconcile v. 조화를 이루다, 화해시키다   even-toed a. 발굽 개수가 짝수인   hint at ~을 암시하다   induce v. 유도하다, 유발하다

37 글의 제목   ①

글의 둘째, 셋째 문장을 보면 몸 장기의 비대칭이 언급되고 있고 그 다음 문장에서 '이제 연구자들은 발달 중인 장기들이 제자리를 찾는 것을 돕는 유전자를 분명하게 규명해냈다.'라고 한 다음 이와 관련된 실험 결과가 과정과 결과까지 나오고 있으므로 제목은 대칭을 깨는 유전자 탐색이라는 ①이 적절하다.

위 글의 제목으로 가장 적합한 것을 고르시오.

① 몸의 대칭을 깨는 유전자 탐색
② 배아 체액을 찾기 위한 선제적 조치들
③ 유전자 치료에서 회전 섬모의 비밀 탐색하기
④ 초기 배아의 역할에 대한 다양한 관점들

38 내용추론   ②

좌우형성체는 배아 단계에 일시적으로 형성된다고 했으므로 ①은 틀린 추론이고, 발굽이 짝수인 포유류의 경우 회전 섬모가 진화 과정에서 소실되었다고 했으므로 ③도 틀린 추론이며, 리버세이드와 고든이 몸의 대칭을 만드는 유전자를 다섯 개 규명했다고 했으므로 ④도 틀린 추론이다. 셋째 단락에서 '생쥐 연구를 기반으로 일본의 연구자들은 회전 섬모(twirling cilia)가 장기들이 제자리에 형성되도록 돕는다는 가설을 제시했다'고 했으므로 ②가 맞는 추론이다.

위 글을 통해 추론할 수 있는 것으로 가장 적합한 것을 고르시오.
① 좌우형성체는 배아 단계에서는 기능하지 않는다.
② 생쥐 연구에 따르면 회전 섬모는 기관들이 올바른 위치에서 발달하도록 독려한다.
③ 발굽이 짝수인 포유류의 경우 회전 섬모는 심장이 한쪽에서 자라도록 돕는다.
④ 결국 리버세이드와 고든은 몸의 대칭을 깨는 유전자를 규명하기가 어렵다고 생각했다.

39-40

2021년 10월, 스카이다이버 펠릭스 바움가르트너는 세계 신기록을 세웠다. 우주 가장자리에서 매우 작은 캡슐 내부에 앉아 있다가 그는 시속 1357 킬로미터의 속도에 도달하여 음속의 장벽을 깬 것이다. 이 10분간의 점프는 극도로 치밀한 준비를 거친 것이었다. <따라서> 이 점프는 아주 위험한 일이었기 때문에 다음과 같은 의문을 제기한다. 왜 어떤 사람들은 위험한 활동에 끌리는 것일까?

한 가지 이유는 주목을 끌기 위함이라는 것이다. 펠릭스 바움가르트너의 점프는 약 800만 명이 유튜브에서 지켜본 묘기였다. 일부 사람들은 자신들이 가장 빠르거나 뭔가 가장 잘한다는 것을 보여줄 필요를 느끼며, 남들 앞에서 위험을 감수하는 것은 이를 하기 위한 한 가지 방법이다. 일부 경쟁심이 강한 개인들에게 (특히 스포츠와 사업의 세계에서) 위험을 감수해 원하는 바를 얻음으로써 얻게 되는 금전적 보상은 엄청나게 클 수 있다. 그뿐 아니라 기회를 잡아 원하는 바를 이루어내는 경우 그 업적은 아주 오랫동안 기억된다. 위험이 스릴이 넘칠수록 승리도 크다. 누구나 달에서 걸어본 최초의 인물, 에베레스트 산을 최초로 등반한 팀은 기억하지만 그렇게 했던 다섯 번째나 아홉 번째 사람을 기억하는 사람은 거의 없다. 그러나 사람들이 관객 없이 위험을 감수하는 경우도 꽤 많다. 가령 위험이 아주 높은 스포츠, 가령 동굴 다이빙이나 산악 등반 같은 것들이다. 그렇다면 위험을 감수하는 데 따르는 다른 종류의 보상도 있음에 틀림없다는 사실이 명확해진다. 그 보상 중 하나는 사람들이 뭔가 위험한 행동을 할 때 겪는 '아드레날린 분출'일 수 있다. 무서운 상황에서는 화학물질인 아드레날린이 몸으로 분출된다. 이것이 우리 심장을 더 빨리 뛰게 하고, 싸우거나 도망쳐야 할 경우에 그렇게 하도록 몸을 돕는다. 이 정도의 흥분이면 일부 사람들이 숨 막힐 듯 흥분되는 활동을 지속적으로 시도하는 한 가지 이유일 수도 있다.

요컨대, 많은 사람들이 위험을 자초하는 이유는 이들이 성공을 꿈꾸기 때문이다. 물론 끔찍한 실패의 가능성도 늘 있다. 그렇지만 위험한 활동에서 모든 것이 잘만 된다면 보상은 엄청날 수 있다.

set a record 기록을 수립하다 sound barrier 음속 장벽 attract v. 끌어들이다, 매혹하다 take risk 위험을 감수하다 win through ~을 이루다, 성취하다 rush n. 분출 frightening a. 무시무시한 exhilarating a. 숨 막힐 듯 흥분되는 stick one's necks out 위험을 감수하다 risky a. 위험한

39 글의 흐름상 적절하지 않은 표현 고르기   ①

ⓐ 바로 앞에서 우주 스카이 점프가 잘 준비된 행동이라고 했는데 뒤에서 아주 위험한 일이라고 했으니 흐름은 순접이 아니라 역접이며, 따라서 ⓐ를 연결어 nevertheless로 고쳐야 한다.

40 내용일치   ②

①은 위험을 감수하는 사람들이 아드레날린 분출을 경험하는 것이지 극복하는 것이 아니므로 그릇된 추론이고, ③은 위험을 감수하는 이유에 관한 글에서 위험 감수가 크면 승리도 크다고 했지 위험 감수에 따라 항상 위험 정도가 커진다는 극단적인 진술은 없으므로 그릇된 추론이며, ④는 혼자 있어도 위험 감수를 하는 경우도 있다고 했으므로 그릇된 추론이다. 위험을 감수해 성공하면 돈을 벌 수 있다는 ②가 추론할 수 있는 진술이다.

위 글의 내용과 일치하는 것을 고르시오.
① 사람들은 뭔가 위험할 때 아드레날린 분출을 극복한다.
② 위험을 감수해 성공하면 많은 돈을 버는 것이 가능하다.
③ 위험을 감수하는 사람들은 뭔가를 할 때마다 더 크고 더 많은 위험을 감수한다.
④ 사람들은 혼자 있을 때는 흥분되는 활동을 위험을 감수하면서까지 하지 않는다.

01 동의어 ③

beef up 강화하다, 보강하다(= reinforce) redirect v. 전용하다, 다른 방향으로 보내다 reclaim v. 반환 요구하다 reboot v. 다시 가동시키다

그 식품회사는 기술 및 신제품 개발 서비스를 강화했다.

02 동의어 ③

acerbity n. (말·태도의) 신랄함(= mordancy) equivalency n. 등가, 동량 wimpishness n. 나약함, 겁 많음 costiveness n. 변비

세계보건기구의 회의는 너무 신랄한 분위기여서 그 문제에 대해 충분한 합의에 도달할 수 있다는 희망을 거의 가질 수가 없었다.

03 동의어 ②

tutelary a. 보호해주는, 후견의(= protective) capacity n. 자격; 입장 untoward a. 고집 센, 형편이 나쁜, 곤란한 statutory a. 법률상의, 법에 명시된 jejune a. 순진한; 너무 단순한, 고지식한

내가 너에게 캠퍼스를 떠나도록 허락해주기를 거부할 때는 보호하는 입장에서 행동하고 있는 것이다.

04 동의어 ①

rapprochement n. 친교 관계, 친선, 화해(= reconciliation) refection n. 기분전환, (음식을 통한) 원기 회복 recourse n. 도움을 얻기 위한 의지(처) rehabilitation n. 사회복귀, 갱생

양측 모두가 화해를 열망했지만, 화해를 가져오도록 고안된 프로그램을 어떻게 시작해야할지를 알지 못했다.

05 동의어 ④

complex compound 착화합물 artery n. 동맥 dilate v. 팽창하다 (= expand) coagulate v. 응고시키다 precipitate v. 가속화시키다 straighten v. 곧게 하다, (자세를) 바로 하다

차에는 동맥이 팽창하는 데 도움을 준다고 여겨지고 있는 폴리페놀이라는 착화합물이 들어있다.

06 동의어 ①

genetic mutation 유전자 변이 circumstance n. 환경, 상황, 정황 unconditionally ad. 무조건적으로 noxious a. 유해한, 유독한, 해로운 (= deleterious) decrepit a. 노후한, 노쇠한 onerous a. 짐스러운, 부담되는 odious a. 끔찍한, 혐오스러운

일부 유전자 변이는 어떤 상황에서는 유용하지만, 대부분은 기존의 모든 환경에서 무조건 해롭다.

07 생활영어 ②

②에서 A가 게임을 같이 하자고 B에게 물어봤는데, B가 너희들이 완전히 망해서 기분이 좋다고 했으므로 대화의 흐름상 부적절하다.

have a lot on one's plate 해야 할 일이 산더미처럼 있다 screwed a. 망가진, 엉망이 된 stock market 주식 시장 naive a. 순진한 grow on trees 쉽게 손에 들어오다[생기다] let it aside 그냥 내버려두다, 더 이상 언급하지 않다

① A: 이봐, 라이언. 내 부탁 하나 들어줄래?
  B: 나도 할 일이 많아. 하지만 뭔데?
② A: 오늘밤에 게임을 하려는데 너도 같이 할래?
  B: 물론. 너희들이 완전히 망해서 난 너무 기뻐.
③ A: 매기, 주식 시장에서 이 부문에 돈을 투자하면 큰돈을 벌 수 있어.
  B: 순진하게 굴지 말자. 돈은 그렇게 쉽게 생기지 않아.
④ A: 부인, 부인은 트랜스내셔널 1번 고속도로에서 150마일로 달리셔서 속도위반을 하셨어요.
  B: 경관님, 제발 좀 넘어가 주실 수 없을까요?

08 생활영어 ②

② 그가 오늘도 수업에 빠졌다는 A의 말에 B가 Yes라고 대답했으므로 이에 상응하는 말이 이어져야 하는데, 그가 청소를 돕기 원한다는 동문서답을 하므로 ②가 대화의 흐름상 부적절하다.

come up with ~을 생각해내다   peculiar a. 이상한, 특이한, 기이한
off the wall 특이한   skive off 뺑소니치다; (수업에) 빠지다   scoff v.
게걸스레 먹다   faff around 정신없이 돌아다니다

① A: 어떻게 그녀가 그렇게 특이한 아이디어를 생각해냈는지 모르겠어!
　　B: 내 생각에도 그녀의 몇몇 아이디어는 종종 정말 특이해.
② A: 그는 늘 그렇듯 오늘도 수업에 빠졌어.
　　B: 그래. 그는 항상 청소를 돕고 싶어 해.
③ A: 그는 점심식사 때 국수를 게걸스레 먹더군.
　　B: 아마도 오늘 아침밥을 걸렀을 거야.
④ A: 도서관에서 정신없이 돌아다녔어.
　　B: 보고 싶은 책은 찾았어?

09 관계대명사 ③

관계사 who 절의 내용이 a day of pleasure를 선행사로 해야 하므로
③의 관계사를 who에서 which로 바꾸어야 한다.

inasmuch as ~이므로   intimate a. 친밀한   arrange v. 마련하다, 준비
하다, 주선하다   for some time past 지난 얼마동안

그 사고는 익사한 사람들이 아주 젊은 사람들이었고, 가족들과 도시에
나와 살고 있었고, 그리고 모두가 아주 가까운 친구들로, 지난 얼마 동
안 준비해온 즐거운 날을 맞아 밖으로 나온 참이었으므로 특히 슬픈 사
고였다.

10 자동사와 타동사의 구분 ①

①의 arose는 자동사 arise의 과거형인데 fear라는 목적어가 뒤에 있으
므로 타동사 raised로 바꾸어야 한다.

disruption n. 혼돈, 혼란   panic buying 패닉 바잉(공황으로 인한 사재
기 열풍), (군중이 공포에 질려 지르는) 사재기   rattle v. 덜컹거리게 하다
run out of ~가 부족해지다, 동이 나다

팬데믹의 갑작스러운 혼란이 영국 슈퍼마켓에서 사재기에 대한 두려움을
증가시켰는데, 알 수 없는 신종 바이러스에 의해 이미 뒤흔들린 이 나라가
이제는 크리스마스 전에 신선한 식품이 부족해질까를 걱정해야 했다.

11 문의 구성 ④

① 'not until 명사'라는 부정의 부사어구가 문두에 와서 주어와 동사가
도치되었다. ② lackluster는 '활기 없는'이라는 뜻의 형용사로 'so 형용
사 that절'의 구문을 이루고 있다. ③ out of joy(기뻐서)처럼 'out of 감
정명사'의 한 용례로, 이런 관용표현의 경우 감정명사는 무관사가 원칙이
다. 밑줄 친 세 부분이 모두 문법적으로 옳으므로 ④가 정답이다.

lackluster a. 활기 없는; 흐릿한   embarrassment n. 난처, 곤란

그녀는 자신의 연기가 너무나도 밋밋해서 경영진이 자신을 해고했다는
사실을 다음날이 되어서야 알게 됐지만, 다른 배우들은 난처해서 아무 말
도 하지 않고 있었다.

12 논리완성 ②

complicated legacy(복잡한 유산)는 서로 상반된 요소들이 함께 포함
될 때이다. as well as 앞이 긍정적인 것과 반대되도록 hateful and
reactionary의 수식을 받아 부정적인 의미가 되는 diatribes(비난)가 빈
칸에 가장 적절하다.

complicated a. 복잡한   legacy n. 유산   incredible a. 믿을 수 없는
philanthropy n. 자선활동   hateful a. 혐오스러운   plaudit n. 박수,
칭찬   diatribe n. 통렬한 비난, 공격   oracle n. 신탁   jubilation n.
의기양양함, 승리감

그 미국 가수는 7월에 83세로 사망했으며, 혐오스럽고 반동적인 비난뿐
아니라 믿을 수 없을 정도로 뛰어난 노래와 자선활동을 포함하는 복잡한
유산을 남겼다.

13 논리완성 ②

'독이 든 동물과 곤충에게 물리거나 쏘인 상처'라 했으므로 빈칸에는 독
거미에 물려 생기는 병인 tarantism이 적절하다.

somnaubmlism n. 몽유병   tarantism n. 무도병(舞蹈病)(독거미의 일
종인 tarantula에 물리면 발병한다는 병)   epilepsy n. 뇌전증   amnesia
n. 기억상실증

공식적으로, 무도병(舞蹈病)은 파도바(Padova) 출신의 한 의사가 독이 든
동물과 곤충에 물리거나 쏘인 상처를 치료하는 법을 설명하며 쓴 14세기
의 한 문헌에 처음 등장했다.

14 논리완성 ④

헌팅턴 무도병에 걸린 환자의 신체가 마구 움직여진다(are jerked
about)고 했으므로, 빈칸에는 puppeteer(인형 조종자)를 수식할 수 있
는 형용사로 '술 취한'이라는 뜻의 inebriated가 적절하다.

jerked a. 홱홱 움직이는   manipulate v. 조종하다   puppeteer n. 인형
을 조종하는 사람   jovial a. 쾌활한   irksome a. 짜증나게 하는, 귀찮은
mawkish a. 감상적인   inebriated a. 술에 취한

일반적으로, 헌팅턴 무도병이 진행된 상태에 있는 환자의 머리와 팔다리
는 마치 술 취한 인형 조종자가 조종하는 것처럼 이리저리 홱홱 마구 움
직인다.

15 논리완성 ②

무언가를 비극적 뉴스에 비추어 바꾼다면 바꾸기 전의 그 무언가는 '비
극적'에 반대되는 '희망적, 낙관적'인 것일 것이다. 따라서 roseate가 정
답이다.

in the light of ~의 견지에서, ~에 비추어, ~를 고려하여   odoriferous
a. 냄새 나는, 향내 나는; 불쾌한   roseate a. 낙관적인   slack a. 느슨한,
늘어진   brackish a. 소금기 있는, 염분이 있는; 불쾌한

나는 당신이 당신의 낙관적 견해를 오늘 웹사이트에 보도된 비극적 뉴스에 비추어 바꿔야 할 것이라고 생각한다.

---

16 논리완성 ④

변호사는 항의하고 요청했는데, 뒤에 요청한 내용 중 it(증언)이 irrelevant하다(무관하다)고 했으므로, 항의한 내용 중의 빈칸에는 그 앞의 not 때문에 germane(관련 있는)이 적절하다.

testimony n. 증언, 증거 stricken from <법률> ~에서 말소된, 삭제된 irrelevant a. 무관한 antithetical a. 상반되는 accustomed a. 익숙한 incongruent a. 맞지 않는, 일치하지 않는 germane a. ~와 관련이 있는(to)

그 변호사는 제공된 증거가 사건과 무관하다고 항의했고 그 증언을 관련 없는 것으로서 법정 기록에서 삭제해달라고 요청했다.

---

17 논리완성 ②

도로 건설을 어렵게 만드는 지형이라는 뜻이 되려면 빈칸에는 vertiginous가 와야 한다.

constitution n. 헌법 terrain n. 지형 unflinching a. 위축되지 않는 vertiginous a. 아찔한, 깎아지른 듯한 extraneous a. 무관한, 관계없는 querulous a. 불평하는, 짜증내는

네팔의 새 헌법은 2015년에 채택된 것으로, 벽촌에도 도로 서비스를 제공해야 한다고 규정해 놓았지만, 깎아지른 듯한 지형으로 인해 도로를 건설하는 것은 어려운 일이다.

---

18 논리완성 ①

newly-born character(새롭게 탄생한 인물)가 나오려면 인물을 재해석해야 가능하다.

inscribe v. 쓰다, 새기다 assemble v. 조립하다 attentive a. 주의를 기울이는 reinterpret v. 재해석하다 replicate v. 복제하다 privatize v. 민영화하다 patternize v. 정형화[패턴화]하다

그 여배우는 텍스트(극본)에 적혀있는 작중 인물을 기꺼이 재해석하려 한다. 그녀는 다른 배우들과의 상호작용과 전개되는 사건의 분위기에 주의를 기울이면서, 역할과 일련의 행동들을 조립하는데, 텍스트를 갖고 이렇게 작업하는 과정으로부터 "진실하고 새롭게 탄생한 살아 있는 작중 인물"이 나올 수 있다.

---

19 논리완성 ④

incumbent는 여기서 "현직의, 재임 중인"이라는 뜻이 아니라 전치사 on(upon)과 같이 "~에게 의무로 지워진"이라는 뜻인데, 장비 사용자가 의무적으로 반드시 해야 하는 것은 안전 절차를 숙지하는 것일 것이므로 빈칸에는 familiarize가 적절하다.

incumbent a. 의무로서 지워지는; 현직의, 재임 중인 upbraid v. 질책하다, 나무라다 indulge v. ~을 채우다, 충족시키다 expedite v. 촉진시키다 familiarize v. 익숙하게 하다, 숙지하다

이 장비의 모든 사용자들은 안전 절차를 숙지하는 것이 의무이다.

---

20 논리완성 ③

대자연에 공명하는 화자의 즐거움을 기술한 글이므로, 빈칸에는 sympathy가 들어가는 것이 적절하다.

delicious a. 기분 좋은 imbibe v. 흡수하다 pore n. 구멍 liberty n. 자유, 해방 stony a. 돌이 많은 congenial a. 기분 좋은 bullfrog n. 황소개구리 trump v. 트럼펫 소리를 내다, 울다 usher in 예고하다 note n. 음표, 소리 whippoorwill n. 쏙독새 rippling a. 파문을 일으키는 apathy n. 무관심 myopathy n. 근육 질환 sympathy n. 동정심, 공명 dyspathy n. 동정심 결여, 반감

정말 기분 좋은 밤이다. 몸 전체가 하나의 감각이 되어 구멍 하나하나를 통해 기쁨을 흡수한다. 나는 대자연의 일부가 되어 기이한 해방감을 느끼며 걷는다. (정장 없이) 셔츠 소매를 드러내고 돌투성이 호숫가를 따라 걸을 때, 구름이 자욱하고 바람이 부는 데다 쌀쌀하고 내 마음을 끄는 것도 딱히 찾아볼 수 없는데도 이 모든 것이 유달리 마음에 든다. 황소개구리는 밤을 예고하듯 울어대고 쏙독새의 노랫소리는 물 위에서 파문을 일으키는 바람에 실려 온다. 오리나무와 포플러 나무 잎사귀가 바람에 흔들리는 소리에 공명(共鳴)하다 보니 거의 숨이 멎을 만큼 좋다. 그러나 호수와 마찬가지로, 나의 평온한 마음도 역시 큰 물결이 아니라 잔잔한 물결에 흔들릴 뿐이다. 밤바람이 일으키는 이 작은 물결은 생각에 잠긴 부드러운 수면처럼, 폭풍과는 거리가 멀다.

---

21 논리완성 ②

병의 온상이 되는 living이 되어야 하므로 '비좁은'이라는 뜻이 적절하다. houses were made further apart라는 표현이 해결책으로 나오는 것도 단서가 될 수 있다. 따라서 첫 빈칸에는 cramped와 crowded가 적절하다. 한편, 비누를 가난한 사람들도 쓸 수 있어야 하므로 부과하던 세금을 중단, 제거한다는 의미가 와야 한다. 따라서 둘째 빈칸에는 taken off가 적절하다.

rubbish n. 쓰레기 breeding ground 온상, 생기는 지점 typhus n. 발진티푸스 dysentery n. 세균성 이질 sewer n. 하수구, 하수도 sewage n. 하수 inspector n. 조사관 levy on ~에 세금을 부과하다 cramped a. 비좁은 take off 중단하다 stingy a. 인색한 perk up 증가시키다, 증가하다 put down 내려놓다, 억누르다, 진압하다

가구마다 폐기물이 좁은 거리에 내버려졌고 공기는 공장 굴뚝에서 나온 검은 연기로 꽉 차 있었다. 더러운 거리와 비좁은 생활은 질병의 완벽한 온상이었다. 31,000명이 넘는 사람들이 1832년 콜레라 발발 동안 사망했고, 훨씬 더 많은 사람들이 발진티푸스, 천연두와 세균성 이질로 죽었다. 1875년에 제정된 공중보건법은 개방 하수구를 금지했는데, 조셉 배절제트(Joseph Bazalgette)의 하수 시스템 덕분이었다. 주택들은 서로 멀찌감치 떨어져서 건설되었고 쓰레기 수거가 도입되었으며 공중 보건 조사관들이 지역 의회에 의해 공급되어야 했다. 조사관들은 기본적으로 자신을 고

용한 읍이나 시를 모조리 돌아다니면서 위생과 공중보건 상태가 적절한지 확인해야 했다. 1853년, 비누에 부과하는 세금이 중단됐다. 이는 가난한 사람들이 비누를 사서 비누로 씻음으로써 더 위생적이 되었다는 것을 의미했다.

22 논리완성 ①

*organized violence*를 문학의 정의라고 했으니 문학은 일상 언어에서 조직적으로, 체계적으로(systematically) 일탈한다고 볼 수 있고, in excess of their abstractable meaning 즉 당신이 한 말의 질감과 리듬과 울림에서 너무 많은 의미를 추상할 수 있다고 했으므로, 둘째 빈칸과 관련해서는, 당신이 한 말의 소리가 일상적으로 나타내는 문자적 의미 이상으로 많은 비유적, 상징적 의미를 나타내고 있어서 소리와 의미 사이에 불균형(disproportion)이 존재한다고 추론해볼 수 있다.

definable a. 정의할 수 있는 peculiar a. 고유한, 특유한 intensify v. 강화하다 murmur v. 소곤거리다 thou pron. 그대(you의 고어) unravished a. 매료되지 않은 resonance n. 울림 abstractable a. 추상할 수 있는, 추출할 수 있는 technically ad. 전문적으로 the signifier 기표(언어기호의 소리) the signified 기의(언어기호의 의미)

아마도 문학은 허구적이나 혹은 '상상에 의한 것이냐' 아니냐에 따라 정의할 수 있는 것이 아니라 언어를 특유의 방식으로 쓰기 때문에 문학으로 정의할 수 있는 것일 것이다. 이 이론에 따르면 문학이란, 러시아 비평가인 로만 야콥슨(Roman Jakobson)의 말로 하자면, '평범한 말에 가해진 조직적 폭력'을 나타내는 그런 종류의 글이다. 문학은 평범한 언어를 변형시키고 강화시키며, 일상적인 말로부터 체계적으로 벗어난다. 버스 정류장에서 당신이 내게 다가와 '그대, 아직 마음을 빼앗기지 않은 고요의 신부여'라고 속삭인다면 나는 내가 지금 문학인과 함께 하고 있다는 것을 즉시 알아차린다. 그렇게 아는 이유는 당신이 한 말의 질감과 리듬과 울림이 추상할 수 있는 의미를 지나치게 많이 품고 있기 때문이거나 아니면, 언어학자의 보다 더 전문적인 표현처럼, 기표(記標)와 기의(記意) 사이에 불균형이 있기 때문이다.

23 논리완성 ④

개인에게 집중하고 환경은 집중을 받지 못한다는 맥락이므로 빈칸에는 secondary(부차적인)가 들어가야 한다.

analytic a. 분석적인 priority n. 우선권 recipient n. 수령자, 받는 사람 spontaneous a. 자발적인, 즉흥적인 nonchalant a. 차분한, 태연한 secondary a. 이차적인, 부차적인, 덜 중요한

행동을 우선적인 분석 대상으로 삼을 때, 인간은 자신이 하는 행동을 통해 자신뿐 아니라 자신의 환경과 접촉하고 자신과 환경을 창조한다고 볼 수 있다. 따라서 고립된 존재로 간주되는 인간이나 환경이 아니라 바로 행동이 분석의 시작점을 제공한다. 이러한 접근법은 한편으로는 개인을 주로 환경 정보를 수동적으로 받아들이는 존재로 다루는 접근법과 대조되고, 또 다른 한편으로는 개인에 초점을 맞추고 환경은 그저 특정 발달 과정을 촉발하는 수단의 역할만 하는 부차적 존재로 보는 관점과도 대조된다.

24 논리완성 ②

isolated village라고 했고 into 다음에 lucrative가 나오므로 첫 빈칸에는 impoverished(빈곤한)가 적절하고, 둘째 빈칸의 경우, 앞에 티롤 지방의 스키 리조트가 폐쇄되었다는 내용이 있고 뒤에는 GDP에 손실이 생긴다고 했으므로 falter(비틀거리다, 불안정해지다)가 적절하다.

upscale a. 부유한, 고소득의 untrod a. 인적이 없는 impoverished a. 빈곤한 falter v. 흔들리다, 불안정해지다 antiqued a. 고풍스러운

지난 수십 년 동안 스키 리프트는 가난하고 고립된 산악 마을들을 수익성 좋은 관광지로 변모시키는 데 도움을 주었다. 현재, 그 부자 스포츠(스키)에 대한 이 산악 마을들의 경제적 의존은 이 마을들을 붕괴시킬 수 있다. 3월에 휴양지 리조트가 폐쇄된 이후로 지금까지 이미 수십억 달러의 손실이 났다. 오스트리아 경제연구 협회에 따르면, 오스트리아 티롤 지방의 전체 스키 시즌이 불안정해지면 오스트리아 GDP의 3퍼센트나 날아갈 수 있다고 한다.

25 논리완성 ③

지구 대기(earth's atmosphere)에서 일어나는 과정은 기상 과정이므로 빈칸에는 ③ meteorological이 적절하다.

yield v. 산출하다 extinct a. 멸종한, 절멸한 immense a. 거대한 coal deposit 석탄 층 nourishment n. 영양분 kingdom n. 왕국; <생물> …계(界); (학문·예술 등의) 분야 inquire into ~을 탐구하다, 조사하다 paleontological a. 고생물학의 translocal a. 지역을 초월하는 meteorological a. 기상의, 기상학의 geothermal a. 지열의

증기 엔진은 현재도 살아있는 주변 식물이든 지구 깊은 곳에서 엄청난 석탄층을 산출한 죽은 식물이든, 식물이 산출하는 연료를 필요로 한다. 인간과 동물의 힘은 양분을 통해 회복되어야 한다. 모든 양분은 궁극적으로 식물계로부터 오며 우리를 동일한 양분의 원천(식물계)으로 돌려놓는다(우리 역시 썩어서 식물이 된다). 그러면 우리는 인간이 사용하는 동력의 기원을 살필 때 우리가 지구 대기의 기상 과정과 일반적인 식물의 생명과 태양으로 되돌아가게 된다는 것을 알게 된다.

26 논리완성 ④

의제 설정을 절반의 진실이라고 치부하므로 그 근거도 의제 설정에 대해 부정적인 내용이어야 한다. 따라서 첫 빈칸에는 의제 설정이 다수의 의제를 경시한다는 의미로 downplay가 적절하다. 맥퀘일은 미디어가 의제를 설정해 유권자에게 영향을 끼치는 게 아니라 이들의 태도를 보여주기만 한다고 했으므로, 맥퀘일이 보기에 유권자들의 태도가 어떻게 의제 설정으로 이어지는지는 여전히 입증되지 않은 채로 있다고 해야 한다. 따라서 둘째 빈칸에는 unproven이 적절하다.

agenda n. 의제 coin v. 신조어를 만들다 coverage n. 보도 exert v. 발휘하다 salient a. 핵심적인, 두드러진 dismiss v. 기각하다, 무시하다 hackneyed a. 진부한 sanction v. 승인하다, 인정하다 fabricated a. 날조된 shatter v. 산산조각 내다 corroborative a. 확증[입증]하는 underline v. 강조하다 plausible a. 타당한, 이치에 맞는 downplay v. 경시하다, ~을 얕보다 unproven a. 입증되지 않은

'의제 설정'이라는 용어는 맥콤브(McCombs)와 쇼(Shaw)가 미디어 보도와 유권자 태도를 연구하면서 만든 것이다. 이들은 무엇이 선거운동의 중요한 쟁점인가에 대한 유권자들의 판단에 미디어가 상당한 영향력을 발휘한다는 것을 발견했다. 이 연구뿐 아니라 유사한 연구들에 근거한 주장들에 따르면, 미디어는 우리에게 생각의 내용을 말해줄 수는 없을지 모르지만 우리가 생각하는 소재에 관해서는 영향을 미친다. 그러나 그 후로 지금까지 의제 설정은 그것이 다수 의제의 존재를 경시한다는 점을 근거로, 미디어 조직과 유권자 둘 모두에 의해 "기껏해야 진부한 절반의 진실" 정도로 치부되어 왔다. 맥퀘일(McQuail)은 의제 설정 모델에서 흐름의 방향이 바뀔 수 있어서, 미디어가 의제를 설정하기보다는 단순히 유권자의 태도를 반영할 가능성을 높인다는 점에 주목한다. (따라서) 맥퀘일이 보기에 의제 설정은 입증되지 않은 관념으로 남아 있다.

---

27 내용추론 ③

글의 주제로 4차 산업혁명이 기술이 컴퓨터의 한계를 벗어난다는 정의가 제일 중요하므로, 정답은 ③이 적절하다. ①은 사물인터넷이 혁명의 사례이지 사물인터넷과 인간의 관계가 혁명으로 다시 정의되는 것이 아니므로 적절한 추론이 아니다.

moniker n. 이름 innovation n. 혁신 cease v. 멈추다, 그만두다 trapped a. 갇힌 confine n. 한계 insertion n. 삽입 holistic a. 유기적인, 전체론적인 default n. 부채 미상환 exoskeleton n. 외골격 orthotics n. 보조 기구에 의한 기능 회복 훈련, 지지대나 코르셋 등 정형외과용 교정 기구 연구

4차 산업혁명은 세계경제포럼이 가까운 미래의 로봇 및 인공지능 혁신을 비롯한 노동과 생산성의 최신 혁신을 가리키기 위해 처음에 만든 용어로서 디지털 기술이 더 이상 데스크톱 컴퓨터의 한계 내에 갇혀있지 않는 시대를 가리킨다. 사물인터넷은 컴퓨터 기술이 거의 모든 물리적 제품에 스며들게 될 것을 약속한다. '수량화된 자아'는 심장 박동률과 홍조 반응으로부터 감성 능숙도와 활동 추적에 이르기까지 모든 인간의 감각과 행동을 디지털로 포착할 수 있음을 암시한다. 디지털 감시와 물리적 감시가 결합되어 개개인의 온오프라인의 활동을 통일된 전체적 그림 속에 온전히 볼 수 있게 해준다. 거대한 네트워킹은 정보가 풍부하게 융합되어, 인구 데이터, 구매 습관, 채무 상환 불이행 가능성 같은, 다른 방식으로는 가질 수 없는 부차적인 지식을 생성해줄 것을 약속한다. 로봇 혁신은 노화와 부상이라는 지배적인 개념을 위협하며, 인간과 기계가 물리적 세계에서 결합하는 방식을 바꾸어 놓는 외골격과 또 다른 로봇 정형보조기구를 암시한다.

위 글을 통해 추론할 수 있는 것으로 가장 적합한 것을 고르시오.
① 혁명은 사물인터넷과 인간의 관계를 다시 정의한다.
② 혁명은 컴퓨터 계산과 디지털 지능과의 전체적 관계를 감소시킨다.
③ 혁명은 디지털 기술이 컴퓨터에서 벗어나 전체 세계에 구석구석 스며들 기회를 제공한다.
④ 혁명은 컴퓨터 생산과 관련된 모든 제품 및 시스템을 상상한다.

---

28 빈칸완성 ①

글의 주제는 priming인데, 질문만 해도 행동에 영향을 끼친다고 했으므로, Ⓐ에는 단순한 측정만으로도 영향을 끼친다는 뜻의 mere-measurement effect가 와야 하고, 이것은 사람들의 행동에 팔꿈치로

찌르듯 약간만 개입해 영향을 끼친다는 Ⓑ 넛지(nudge) 개념과 잘 맞으므로 ①이 정답이 된다.

priming n. 프라이밍(점화(點火): 하나의 자극에 노출됨으로써 의식적인 지침이나 의도 없이 후속 자극에 대한 반응에 영향을 미치는 현상) ease n. 쉬움, 용이성 association n. 연상 trigger v. 유발하다 stimulate v. 자극하다 engage v. ~에 관여하다, 종사하다 intention n. 의도 conduct n. 행위, 행동 mere-measurement n. 단순한 측정 nudge n. 팔꿈치로 찌르기, 넛지(행동을 유도하는 작은 개입), 자극, 부추김 catalogue n. 목록 sneak attack 기습, 급습 gordian knot 아주 힘든 문제 conundrum n. 난제, 수수께끼

이제까지 우리는 사람들이 타인들의 생각과 행동에 기울이는 주의에 초점을 맞추었다. 밀접하게 관련된 연구는 "프라이밍(점화)"의 힘을 보여준다. 프라이밍이란 뇌의 자동 시스템의 다소 수수께끼 같은 작용을 가리킨다. 연구에 따르면, 미묘한 영향들이 특정 정보가 더 쉽게 떠오르게 만들어준다. 호머 심슨과 단어 연상 게임을 한다고 상상해보라. 그러면 이게 무슨 말인지 이해가 갈 것이다. 때로는 아이디어나 개념에 대한 가장 미미한 힌트가 연상을 유발할 것이며 그것이 행동을 자극할 수 있다. 이 "프라임들"은 사회적 상황에서 발생하며 그 효과는 놀라울 정도로 강력할 수 있다. 조사에서는, 사람들에게 특정 행동 ― 가령 투표, 체중감량, 특정 상품 구매 ― 을 하는 경향이 있는지 여부를 자주 질문한다. 조사를 실시하는 사람들은 행동의 목록을 만들고 싶은 것이지 행동에 영향을 끼치고 싶어 하지 않는다. 그러나 사회과학자들은 희한한 사실을 발견했다. 즉 이들이 사람들의 의도를 측정할 때 자신들이 사람들의 행위에 영향을 끼치고 있다는 것을 알게 된 것이다. 단순 측정 효과는 사람들은 무엇을 할 것인지 질문을 받을 때 자신이 한 대답에 맞는 행동을 할 가능성이 더 높아진다는 발견을 가리킨다. 이 발견은 많은 맥락에서 발견된다. 사람들에게 특정 음식을 먹을 작정이냐고 혹은 다이어트를 할 작정이냐 아니면 운동을 할 작정이냐고 물으면, 질문에 대한 그들의 대답이 그들의 행동에 영향을 미칠 것이다. 우리의 용어로는, 단순 측정 효과는 일종의 넛지이며 이는 사적인 넛지나 공적인 넛지에 의해 사용될 수 있다.

---

29 내용추론 ③

① 딥 러닝 과정은 신경세포의 추상적 집합이 아니고, 많은 신경세포들이 협력적으로 작용하여 엄청난 결과를 낳는 것과 같은 과정이다. ② 비선형 처리 단위의 많은 층위들은 다음 단계를 위해 독립적으로 작용하지 않고 연결되어 작용한다. ④ 한 층위는 독립 변수의 반복적 처리 과정을 통해 입력 정보 데이터를 삭제하는 것이 아니라 다른 층위로 이동한다. 단일 관찰에서 오는 독립변수로서의 정보는 숫자로 쪼개져 컴퓨터가 사용할 수 있는 2진 데이터의 최소단위들로 나뉜다고 했다. 따라서 추론 가능한 것은 ③이다.

neuron n. 신경세포 dendrite n. 가지돌기 axon n. 축삭돌기 transfer v. 이동하다 synapse n. 시냅스 input n. 입력정보 output n. 출력정보 variable n. 변수 standardize v. 표준화하다 normalize v. 정상화하다 extraction n. 추출 hierarchy n. 서열 composite a. 합성의

우리 뇌에서 신경세포는 세포체(body)와 가지돌기(dendrite)와 축삭돌기(axon)로 이루어져 있다. 한 신경세포에서 오는 신호는 축삭돌기를 따라 이동해 다음 신경세포의 가지돌기로 이동한다. 신호가 통과하는 연접부위를 시냅스라 한다. 신경세포 자체는 쓸모가 없다. 그러나 신경세포가 많으면 이들은 협동을 통해 진짜 마법을 창조한다. 이것이 딥 러닝 알고리즘을 떠받치는

개념이다! 관찰로부터 입력정보를 얻고 그 정보를 한 층위로 집어넣는다. 그 층이 출력 정보를 만들어내고 이것은 다시 다음 층위로 들어갈 입력정보가 되고 이것이 되풀이되는 것이다. 이는 마지막 출력정보가 신호를 보낼 때까지 되풀이된다. 입력 정보 층위를 당신이 보고 냄새 맡고 느끼는 감각이라고 생각해보라. 이것들은 하나의 단일 관찰의 경우에는 독립 변수들이다. 이 정보는 숫자로 쪼개져 컴퓨터가 사용할 수 있는 2진 데이터의 최소단위들로 나뉜다. 이 변수를 표준화 혹은 정상화해야만 이들이 동일한 범위 내에 있게 된다. 이들은 비선형 처리 단위의 수많은 층위들을 사용하여 특징을 뽑아내고 변형시킨다. 각 연속 층위들은 전 층위의 출력 정보를 사용하여 자신의 입력 정보로 만든다. 이들이 배우는 것은 개념의 계층구조를 형성한다. 이런 계층구조에서 각 레벨은 자신의 입력정보를 점점 더 추상적이고 합성된 표상으로 변형시키는 법을 배운다.

위 글을 통해 추론할 수 있는 것으로 가장 적합한 것을 고르시오.
① 딥 러닝 과정은 신경세포의 추상적 집합이다.
② 비선형 처리 단위의 많은 층위들은 다음 단계를 위해 독립적으로 작용한다.
③ 단일 관찰에서 얻은 정보는 2진 데이터의 최소단위들로 변형된다.
④ 한 층위는 독립 변수의 반복적 처리 과정을 통해 입력 정보 데이터를 삭제한다.

30 문장삽입 ①

Ⓐ의 앞에는 인간이 동물이라는 점이 나오고 뒤에는 인간의 이성이 나오므로, 그 사이에 But으로 시작되는 제시문이 들어가면 내용 진술의 방향을 반대로 바꾸어 줄 것이므로 Ⓐ가 가장 좋은 자리라고 할 수 있다.

ape n. 유인원 deny v. 부정하다 excrete v. 배설하다 deliberative a. 깊이 생각하는 inspiring a. 영감을 주는, 고무적인, 감동적인 mark off 구분 짓다 free will 자유 의지 moderately ad. 적당히 intrinsic a. 내재적인 make the best of ~을 최대한 이용하다 locus n. 장소, 소재지 dualism n. 이원론 materialism n. 유물론

오늘날에는 인간을 유인원과 컴퓨터 사이 어딘가에 있는 존재로 보는 경향이 있다. 우리가 동물이라는 것이, 즉 먹고 배설하고 번식하고 숨 쉬고 자고 죽는 데 있어 동물처럼 행동하는 동물의 측면이 있다는 것이 부정된 적은 없다. <그러나 (인간에게는) 그 이상이 있었다.> 우리는 신의 형상을 본떠 천사보다 약간 낮은 존재로 만들어진 합리적이고 영적이고 사색하는 존재로 여겨졌다. 인간의 성경적 이미지는 고귀하고 감동적이다. 호모-컴퓨터라는 현대 모델은 덜 감동적이다. 기계론적인 존재일 때 인간은 자유 의지가 결여되어 있고, 그래서 책임감과 내재적 가치는 전혀 없는 것으로 간주된다. 사실, 우리를 좀 믿을 만한 컴퓨터와 구별시켜주는 것은 우리 속의 동물, 즉 감각, 감정, 의식의 비합리적 요소들뿐이다. 우리가 컴퓨터에 불과하다는 후자의 모델이 진실에 더 가깝다면 우리는 그것을 최대한 활용해야 할 것이다. 그러나 인간의 핵심적인 본성에 대한 질문은 던지고 답을 찾을 가치가 있다. 인간에게 뭔가 특별한 것, 변화를 거치고도 존속하여 죽은 후에도 살아남는 영혼이나 정신, 우리의 진정한 정체성을 구성하는 것이자 영원한 가치의 소재지인 뭔가가 정말 존재하는가? 아니면 정신이란 그저 몸의 기능, 특히 뇌의 기능에 불과한 것인가? 몸과 분리된 정신이 있다는 이론을 이원론이라 한다. 정신이 실제로는 뇌의 한 측면이나 기능이라는 이론은 유물론이라 불린다.

31-32

Ⓑ 생겨나는 거대한 열대우림에 이끌려 거주한 인간은 강과 해변을 따라 최초의 정착 공동체를 만들었다. 콩고의 밤부티족은 오늘날에도 여전히 숲의 정령인 젱기에게 경의를 표하며, 젱기의 힘은 온 세계에 발산된다고 여겨진다. 젱기는 부모의 상징이자 수호자라고 간주된다. 사회는 남편과 아내와 아이들로 이루어진 개별 가구를 중심으로 조직되며 최대 50명가량 되는 정착지를 형성한다. 여성들은 바구니를 거꾸로 뒤집은 모양의 오두막을 짓는데 묘목 틀을 세우고 잎사귀로 덮어 만든다. 또 다른 열대우림 문화들이 중앙아메리카와 동남아시아에서 발전했다.

Ⓐ 기원전 1만년 경부터 일부 지역에서는 인간의 삶을 아주 오랫동안 지탱해 주었던 최초 사회의 중요한 전통이 변하기 시작했다. 이제 인간은 동물을 사냥하지 않고 무리로 기르기 시작했고 식물을 채집하여 간수하지 않고 몇 가지 선택된 식물을 땅에 순화시켜 정지(整地)된 밭에 재배하기 시작했다. 이러한 변화는 정령 세계에 대한 상상(생각)을 바꾸어 놓았다. 특히 소는 살아 있는 신으로 간주되었고 매일의 돌봄과 존경하는 문화를 요구했다. 소는 식용으로 도살되지 않았고 공동체 생활에서 특별한 행사를 표시하기 위해 희생 제물로 사용되었다. 수단의 딩카족 사이에서는 사람이 자기의 소를 특별한 이름으로 식별하고 소에게 노래를 불러주며 오랫동안 소 옆에서 잠을 잔다. 소는 결혼식이나 장례식처럼 특별한 행사 때만 희생 제물이 된다. 오늘날 남아 있는 소 중심 사회는 소수이지만 이 세계관의 영향은 현대 종교에서도 감지된다.

Ⓒ 채집에서 농사로의 변화도 마찬가지로 중요했다. 중국 남부와 인도 동부의 쌀, 아프리카와 중국 북부의 기장, 레반트의 밀과 보리, 과테말라의 옥수수는 모두 인간이 돌보았던 수천 가지 식물 중의 하나에 불과했던 것에서 노력과 헌신을 쏟는 소중한 작물로 성장했다. 동물과 인간의 관계와 식물과 인간의 관계가 복합적으로 변하면서 새로운 생활방식이 탄생했는데, 바로 목축 농업이다. 오늘날 우리는 이 시기를 농업의 탄생 시기라고 부르지만 기억해야 할 것은 쌀과 보리 같은 작물은 식량으로 재배되지 않았다는 것이다. 이들은 신이었다. 오늘날의 식량 생산은 너무 세속화되어 있기 때문에 특정 식물을 신격화하고 그래서 이들의 생산에 필요한 올바르고 복잡한 노동 윤리를 보장했다고 할 수도 있는 심오한 변화와 농업의 탄생이 일치했다는 것을 우리는 기억하지 못한다.

sustain v. 지탱하다 herd v. ~을 몰다 tend v. 돌보다 gather v. 채집하다 domesticate v. 길들이다, 재배하다 habitation n. 거주, 주거 guardian n. 수호자 household n. 가구 emerge v. 출현하다, 등장하다 pay homage to ~을 존경하다, 경의를 표하다 emanate v. 등장하다, 나오다 upside-down a. 거꾸로 된 agropastoralism n. 목축농업 secularize v. 세속화하다 deify v. 신성화하다 ethic n. 윤리

31 단락배열 ①

Ⓑ가 변화 이전의 숲속 원시 사회를 설명하므로 제일 먼저 오고, 변화의 시작을 언급하는 문장으로 시작하여 사냥동물을 가축으로 기른 변화를 설명한 Ⓐ가 그다음에 오고, 채집에서 농사로의 변화를 설명한 Ⓒ로 끝나는 것이 자연스런 순서이다.

32 글의 제목 ①

각 문단을 요약하여 정리하면 Ⓑ는 최초의 정착 공동체의 가족 구성 이야기, Ⓐ는 최초 사회의 수렵에서 가축(소) 기르기로의 이행 이야기, Ⓒ는 최초의 농업 공동체와 종교 이야기임을 알 수 있다. 따라서

최초 사회의 가족 및 농업의 변화를 언급한 ①이 가장 적절한 제목이다. ②의 농촌 조직, ③의 가구 체제의 사회적 함의는 글의 내용과 거리가 멀고, ④의 인간 정착지의 특징은 열대 우림의 강과 해변을 따라 한 곳에 50명 정도로 정착했다는 것과 묘목과 나뭇잎으로 바구니를 거꾸로 뒤집은 모양의 오두막을 지었다는 부분적인 언급에 그친다.

위 글의 제목으로 가장 적합한 것을 고르시오.
① 최초 사회의 가족 및 농업의 구성
② 전통 사회의 농촌 조직의 탄생
③ 원시 사회 가구 체제의 사회적 함의
④ 고대 문명 초기 인간 정착지의 특징들

33-34

면역학이란 감염에 대한 신체의 방어를 연구하는 학문이다. 우리는 미생물에 지속적으로 노출되고 있으며 이 미생물 중 많은 것들이 질병을 일으키지만, 질병에 걸리는 일은 매우 드물다. 몸은 스스로를 어떻게 방어하는 것일까? 감염이 발생하면 몸은 침입자를 어떻게 제거하여 자신을 치유할까? 왜 우리는 한 번 맞서 싸우고 극복한 수많은 감염 질환에 지속적인 면역력을 갖게 되는 걸까? 이것들이 면역학에서 다루는 질문들이며, 우리는 세포와 분자 수준에서 감염에 대한 우리 몸의 방어를 이해하기 위해 면역학을 연구한다.
B 과학으로서의 면역학은 대개 18세기 후반 에드워드 제너(Edward Jenner)의 연구로 인해 그에게서 시작된 것으로 간주된다. 면역이라는 개념 ― 즉, 질병에서 살아남으면 나중에 더 큰 보호를 제공받는다는 개념 ― 은 고대 그리스 때부터 알려져 있었다. 종두법 ― 즉, 천연두 농포(膿疱) 물질을 흡입하거나 피부의 상처로 옮기는 것 ― 은 최소한 1400년대부터 중동과 중국에서 천연두를 막는 보호책으로 실행되어왔고 제너도 알고 있었다.
A 제너는 우두, 즉 종두증이라는 비교적 가벼운 질병이 치명적인 천연두에 대한 보호책을 주는 것 같다는 사실을 관찰했고, 1796년에 우두로 접종을 하면 접종을 받은 사람이 천연두에 걸리지 않는다는 것을 입증해보였다. 그의 과학적 증거는 예방접종자를 접종 2개월 후 감염성 있는 천연두 물질에 일부러 노출시키는 방법에 의지했다. 이 과학적 검증이 제너의 독창적인 공헌이었다.
C 제너는 이 과정을 백신접종이라 불렀다. 이 용어는 건강한 사람들에게 질병인자를 약화시켜 접종함으로써 해당 질환으로부터 보호를 제공하는 방법을 기술할 때 여전히 쓰이고 있다. 제너의 과감한 실험은 성공을 거두었으나 천연두 백신접종이 보편화되는 데는 거의 200년이 걸렸다. 이러한 발전으로 인해 세계보건기구는 1979년에 천연두 근절을 선언할 수 있었는데, 이는 필시 현대의학의 가장 위대한 승리라고 할 수 있다.

immunology n. 면역학   defense n. 방어   infection n. 감염   microorganism n. 미생물   immunity n. 면역   cellular a. 세포의   molecular a. 분자의   cowpox n. 우두   confer v. 제공하다   recipient n. 받은 사람, 수혜자   inoculate v. 접종하다   smallpox n. 천연두   pustule n. 농포   variolation n. 종두법   eradicate v. 근절하다

33 단락배열   ①

첫 문단이 면역학 일반에 대한 소개, 그다음이 B 문단의 면역학의 탄생 이야기, 그다음이 제너의 백신 접종 관련 역사인 A, 그다음이 제너의 백신접종의 의의인 C가 되는 것이 가장 자연스러운 순서다.

34 내용일치   ④

B 문단 마지막에 "Variolation ~ that disease and was known to Jenner."라고 되어 있으므로 ④가 본문의 내용과 일치한다. ① 종두법을 알고 있었으므로 천연두 농포의 존재도 알고 있었다. ② 더 약한 질병인 우두로 접종을 하면 접종을 받은 사람이 더 큰 질병인 천연두에 걸리지 않는다는 것을 입증해보였다고 했는데, 우두 접종이 종두법이다. ③ 백신 접종은 천연두를 막기 위한 것이다.

위 글의 내용과 일치하는 것을 고르시오.
① 에드워드 제너는 천연두 농포의 존재를 몰랐다.
② 천연두 발생은 종두법으로 막을 수 없다.
③ 우두는 백신 접종을 사용해서 막을 수 있다.
④ 에드워드 제너는 종두법이 과거에 실행되었다는 것을 알고 있었다.

35-36

올해 북쪽의 동지는 동부 표준시로 12월 21일 오전 5시 02분이다. 적도 남쪽에서는 이 동일한 시간이 비공식적으로는 여름의 시작이다. 하지와 동지는 전 세계적으로 동시에 일어나지만 이들의 현지 시간은 시간대마다 다르다. (드물게 보이는 우주 쇼에서 목성과 토성은 동지 때 거의 '붙는다.') 예로부터 하지와 동지는 춘분 및 추분과 함께 계절의 변화를 표시해주었다. 그러나 오늘날 기상학자들은 공식적으로는 계절을 구분하는 데 기온 기록을 이용한다. 그렇다면 정확히 하지/동지란 무엇이며 이들은 역사에서 어떻게 기념이 되었을까? 여러분은 이것만 알면 된다. 동지/하지가 발생하는 원인은 지구의 자전축이 지구의 태양 공전궤도에서 약 23.4도 기울어져 있기 때문이다. 이러한 기울기 때문에 지구에 계절이 바뀌는 것이고 북반구와 남반구가 한 해 동안 받는 햇빛의 양이 달라진다. 3월부터 9월까지는 북반구가 태양 쪽으로 더 기울어져 있어 봄과 여름이 된다. 9월부터 이듬해 3월까지는 북반구가 태양에서 먼 쪽으로 기울어지기 때문에 가을과 겨울이 된다. <지구의 자전축 기울기는 연중 4계절을 지배하는 데 있어 지구의 원에 가까운 공전 궤도보다 훨씬 더 큰 역할을 한다.> 남반구의 계절은 북반구와 반대다. 매년 두 번에 걸쳐 ― 하지와 동지 때 ― 지구의 축은 태양을 향해 가장 가깝게 기울어진다. 태양을 향해 가장 가깝게 기울어진 반구는 낮이 가장 길어지는 반면, 태양으로부터 가장 먼 쪽으로 기울어진 반구는 밤이 가장 길어진다. 북반구의 하지는 늘 대략 6월 21일에 오는데, 그 동안 남반구는 동지를 맞게 된다. 마찬가지로 북반구의 동지 동안 남반구는 하지를 맞이한다.

solstice n. 하지나 동지   equator n. 적도   ET n. 동부표준시(Eastern Time: 미국 동부와 캐나다, 멕시코의 일부에서 사용되는 표준시)   time zone 시간대   equinox n. 춘분이나 추분   axis n. 축   rotation n. 자전   orbit n. 공전궤도   tilt v. 기울어지다   axial tilt 축의 기울기   reverse v. 뒤바꾸다, 뒤집다   hemisphere n. 반구

35 글의 흐름상 적합하지 않은 문장 고르기   ③

동지와 하지의 메커니즘을 이야기하는 맥락에서 지구의 자전축 기울기가 지구의 공전 궤도보다 계절을 지배하는 데 더 큰 역할을 한다는 ©의 내용은 글 전체 내용과 무관하다.

36 내용추론 ③

자전축의 기울기 때문에 하지 때 북반구가 받는 햇빛의 양이 가장 많아지고 동지 때 남반구가 받는 햇빛의 양이 가장 많아지므로, 자전축의 기울기가 지구에 미치는 영향(햇빛의 양)은 하지와 동지 때 가장 커진다고 한 ③을 추론할 수 있다. ① 기상학자들은 요즘 기온 기록을 통해 계절을 구분한다. ② 지구의 축은 하지 때 북반구에서는 태양으로 가장 가깝게 기울고 남반구에서는 가장 멀게 기울며, 동지 때는 남반구에서 태양으로 가장 가깝게 북반구에서 가장 멀게 기울어진다. ④ 하지/동지는 북반구와 남반구에서 계절을 구분하는 중요한 지표다.

위 글을 통해 추론할 수 있는 것으로 가장 적합한 것을 고르시오.
① 기상학자들에게 동지/하지는 계절 변화를 표시할 때 결정적 지표이다.
② 춘분과 추분 때 지구의 축은 태양으로부터 가장 멀게 기울어진다.
③ 자전축의 기울기가 지구에 미치는 영향은 하지와 동지 때 가장 커진다.
④ 하지/동지는 북반구와 남반구 모두에서 간과되어왔다.

37-38

그것은 유전자 요법 연구자들이 오랫동안 예감해온 불길한 소식인데, 한 임상시험에서 '치료용 유전자를 지닌 바이러스'를 주입받은 혈우병 환자가 간 종양에 걸렸다는 것이다. 이에 미국 식품의약국은 문제의 임상시험을 중단시켰고, 그 연구를 지원한 네덜란드의 업체 유니큐어는 '바이러스 자체가 암을 초래했는지'의 여부를 조사하고 있다. 유전자요법 전문가들은 그럴 가능성은 낮다고 말한다. 환자에게 간암에 걸릴 위험을 증가시키는 기저질환이 있었다는 것이다. 그럼에도 불구하고, 과학자들은 수백 건의 또 다른 유전자 요법 시험에 사용되는 바이러스 전달 시스템(또는 벡터)인 아데노 부속 바이러스(AAV)의 역할을 배제하는 것이 대단히 중요하다고 말한다. "모든 사람들은 진상을 알고 싶어 합니다,"라고 유니큐어의 연구에 관계하지 않는 의사 겸 과학자인 데이비드 릴리크랩(David Lillicrap)은 말한다.

다양한 형태로 나타나는 혈액응고장애인 혈우병에 대한 유전자 요법은, 최근 유전자 요법 분야에서 발표된 성공작 중 하나이다. 유니큐어의 B형 혈우병 치료법은 가장 최근 실시된 임상시험에서 6개월 후 54명의 환자 중 52명이 제9인자를 더 이상 주입받을 필요가 없게 되어, 잘 듣는 치료법 중 하나인 것 같다. 그러나 최근에 유니큐어는 임상시험 참가자에 대한 현재 진행 중인 안전성 모니터링의 일환으로 행해진 복부초음파검사에서 2019년 10월 치료받은 환자에서 간 종양이 발견되어, FDA가 자사에 3건의 임상시험들의 보류를 강제하게 되었다고 밝혔다. 그 뉴스가 보도되자, 유니큐어는 물론이거니와 AAV 유전자 요법을 개발하고 있는 다른 업체들의 주가도 폭락했다.

그럼에도 불구하고, 바이러스가 암을 <초래했다>고 믿을 만한 근거는 있다. 유니큐어의 지적에 따르면, 환자는 고령이었고, 암의 위험을 증가시키는 간질환이 있었던 것이다. 그는 또한 25여 년 전에 B형과 C형 간염 바이러스에 감염된 적이 있었다. 이 바이러스들에의 만성적인 감염은 그 임상시험 참가자에게서 발견된 유형의 간암인 간세포암종 사례의 80%와 연관이 있는 것이다. 그러나 FDA와 또 다른 사람들은 AAV 벡터가 생쥐 연구에서 암을 초래한 적이 있기 때문에 우려하고 있다. AAV가 전달하는 DNA는 통상적으로 세포의 핵 속에서 자유롭게 떠다니는 고리를 형성한다. 그러나 갓 태어난 생쥐를 대상으로 한 연구에서는, AAV가 때때로 자신의 화물(DNA)을 수령자의 염색체 안으로 통합해 넣어 간암을 초래하는 것으로 밝혀졌다. 그리고 연구원들은 지난해, A형 혈우병에 대해 AAV로 치료받은 개 여러 마리가 염색체 영역 안에 신속한 세포증식을 촉발하는 것으로 보이는 외래 DNA를 갖고 있다고 보고했다.

그러나 이것은 그 개들이 유전자요법 치료를 받은 지 여러 해가 지난 일이었으며, 그 개들은 종양에 걸리지 않았다. 유니큐어의 그 환자는 비교적 최근에 유전자 요법 치료를 받았으므로, AAV가 암의 주요 원인이었다는 것은 "생각할 수 없는" 일이라고 릴리크랩은 말한다. 그래도 만약 그 환자가 간염바이러스 감염으로 인해 서서히 증식하는 간 종양을 보유하고 있었다면, AAV가 환자의 간세포 DNA에 삽입되어 간 종양의 증식을 촉진했을 수 있다고 그는 덧붙여 말한다.

troubling a. 난처한, 곤란한 gene n. 유전자 anticipate v. 예상하다 hemophilia n. 혈우병 inject v. 주사하다, 주입하다 liver tumor 간 종양 clinical trial 임상 실험 unlikely a. 불가능한, 개연성 없는 underlying a. 기저의, 근원적인 condition n. 질환 crucial a. 중요한 rule out 배제하다, 제외하다 blood-clotting a. 혈액을 응고시키는 abdominal a. 복부의 impose a hold 중단시키다 hepatocellular carcinoma 간세포암종 spur v. 자극하다, 박차를 가하다

37 문맥상 적절하지 않은 표현 고르기 ③

앞 단락에서 AAV 유전자요법을 받은 혈우병 환자에게 간종양이 발견되어 AAV 바이러스가 암의 원인이 아닌가 하고 의심 받을만한 상황이 설명된 후, Still이라는 역접 부사가 나오고, 뒤에는 환자의 암 원인이 나이나 다른 질환 때문이라고 했으므로 바이러스가 암을 '초래하지 않았다'는 말이 되어야 한다. 따라서 caused가 아니라 did not cause가 되어야 한다.

38 글의 요지 ①

유전자 요법으로 치료받은 혈우병 환자에게 간 종양이 생겨, 유전자 요법에 쓰이는 바이러스(AAV)가 원인이 아닌가 하는 논란이 일어났다는 내용이 글의 주제이다.

위 글의 요지로 가장 적합한 것을 고르시오.
① 유전자 요법으로 치료받은 자의 간 종양이 치료에 널리 쓰이는 바이러스에 대한 우려를 불러일으킨다.
② 유전자 요법에는 암을 유발할 수 있는 다양한 바이러스가 있다.
③ 바이러스의 만성 감염은 유전자 요법으로 치료받은 자의 간암 유형을 결정할 수 있다.
④ 유전자 요법을 시작하기 전에 종양의 세포 샘플을 분석하는 것이 중요하다.

39-40

지질학은 활기 넘치고 대중적이며 논란이 많은 학문으로, 수십 년 동안의 자연 연구가 1800년 무렵에 보다 더 일반적인 형태로 변화된 결과물이었다. 지질학의 관행은 우주론, 광물 조사, 자연사 수집, 성경 주해, 그리고 대륙 채굴 전통으로부터 새롭게 만들어졌다. 19세기 첫 30년 동안 다른 자연사 관련 학문들과 마찬가지로 지질학은 의사와 귀족으로부터 공학자들과 농부에 이르는 다양한 네트워크의 종사자들을 끌어들였다. 1807년에 창설된 런던 지질학회의 발간물에 예시되었듯이, 지층에 대한 강조 덕분에 이 다양한 종사자들은 실용적인 연구 프로그램과 공통의 목표를 갖게 되었다.

하지만 너무나 많은 사람들에게 개방될 때 지질학은 철학적으로 난잡하다는

평판을 얻을 위험이 있었다. 더 광범위한 쟁점에 대한 기저의 반발이 과도한 추론이나 종교적 회의론으로 분출될 수 있었다. 지층에 초점을 맞추었음에도 불구하고 지질학의 의미에 대한 공개적 논쟁은 신의 창조, 인간의 타락과 홍수에 관한 논쟁과 여전히 연관을 맺고 있었다. 이는 바이런(Byron)의 악명 높은 미(未)공연 희곡 <카인>에서 예증된 바이다. 과학의 발견들이 성서의 앞부분의 내용들을 반박하는 데 너무나 노골적으로 이용되는 상황에서 이러한 과학의 의미를 누가 해석해야 했는가? 영혼을 부정하는 유물론과 무신론을 초래하지 않는 생명의 역사에 관한 과학적 관점은 어떻게 제공되어야 했는가?

지질학은 옥스퍼드 대학에서 학생들을 불신앙자들에 맞서도록 무장시키기 위해 도입되었고, 다른 자연과학처럼 지질학 역시 학위로 이어지지 않는 교과 외 선택과목이었다. 라이엘(Lyell)은 윌리엄 버클랜드(William Buckland) 목사의 현란한 강의에 출석했다. 멸종된 괴물과 잃어버린 세계에 대한 버클랜드 목사의 대담한 재구성은 열광적인 추종을 낳았다. 버클랜드는 고전적 학문 및 농업적 효용과의 연계성을 강조했고, 많은 이들이 새로운 과학이 창세기의 모세의 이야기의 진실을 훼손할까 두려워했기 때문에 그는 지질학이 신의 설계와 세계의 대홍수의 증거를 보여준다고 주장했다. <그 결과는 수많은 시대를 거친 생명의 진보, 훨씬 더 기이한 물리적 조건에 완벽히 적응한 기이한 동물들, 그리고 이런 진보와 적응의 절정을 이룬 인류의 창조 등에 대한 낭만적 시각이었다.> 라이엘이 썼던 초창기 논문들은 그가 멸종 동물의 재구성과, 화석을 통한 지질 연대측정과, 생명 발달 역사에 대한 기술 등에 관해 버클랜드에게서 얼마나 많은 것을 배웠는지를 보여준다.

1820년대 초에는 이미 라이엘은 대학을 졸업하고 변호사가 될 준비를 할 수 있게 런던으로 이주해 있었다. 나쁜 시력과 문필가 집단에서 두각을 나타내고 싶은 야망 때문에, 그는 안정적인 직업을 버리고 있다는 아버지의 우려에도 불구하고 과학 쪽으로 직업을 바꾸었다. 지질학을 중심으로 자신의 정체성을 확립하면서 ― 동시에 이 일로 돈도 벌기를 바라면서 ― 라이엘은 새로운 일을 도모하고 있었다. 19세기 초 과학에서 전문적인 활동이라 불릴 수도 있는 대부분의 활동은 견본 판매, 도구 제작, 수집물 큐레이팅 그리고 싸구려 글쓰기 등, 낮은 지위의 활동이라고 간주되었다. 라이엘은, 수학자이자 자연철학자인 존 플레이페어(John Playfair)가 과학 평론을 통해 그렇게 했고 칼라일(Carlyle)과 맥컬리(Macaulay)가 유명한 에세이를 통해 그렇게 하고 있었듯이, 작가로서의 일을 신사에게 어울리는 직업으로 끌어올리고 싶어 했다.

confect v. 만들다 cosmological a. 우주론의 exegesis n. 해설, (성경 등의) 주해 discipline n. 학문 stratum n. 지층, 단층 speculative a. 추론의 promiscuity n. 난잡함 atheism n. 무신론 materialism n. 유물론 flamboyant a. 현란한 content v. 주장하다 barrister n. 법정 변호사, 법률가 hack a. 진부한, 돈으로 고용된 hack writing 돈을 받고 쓰는 저질의 글쓰기

39 문장삽입   ③

제시문은 생명의 진보와 적응이 되풀이된 끝에 인간이 창조된 것에 대한 낭만적 시각이 결과적으로 초래되었다는 내용인데, 셋째 단락에서 과학적 발견을 이용하여 성서를 공격하는 것에 맞선 버클랜드 목사의 강의와 주장이 언급되었으므로, 이런 엄밀히 과학적이지 않은 종교적인 낭만적 시각의 강의와 주장이 주제문의 원인이 될 수 있게 주제문은 ©에 들어가는 것이 적절하다.

40 내용추론

본문에서는 라이엘이 과학 저술 활동을 품위 있는 직업으로 만들고 싶어 했다는 이야기를 칼라일과 맥컬리의 노력에 비유해 표현했다. 그러나 ④는 본문과 달리, 라이엘이 과학 지식을 두 사람에게서 배웠다는 내용이므로 추론할 수 없는 진술이다.

위 글을 통해 추론할 수 없는 것으로 가장 적합한 것을 고르시오.
① 19세기 지질학은 사람들 사이에 종교적 갈등을 일으켰던 난잡한 생각들의 영향을 받았다.
② 목사인 윌리엄 버클랜드는 종교적 관점에서 화석과 지층에 대한 현란한 강의를 제공했다.
③ 과학 전문가들은 19세기 초 사회에서는 그다지 존경을 받지 못했다.
④ 라이엘은 법률 사무실에서의 품위 있는 직위를 포기하고 칼라일과 맥컬리에게서 가능한 한 많은 과학 지식을 배웠다.

2020 중앙대학교(일반·학사편입 A형)

01 ②	02 ①	03 ②	04 ④	05 ③	06 ①	07 ①	08 ③	09 ④	10 ②
11 ③	12 ④	13 ①	14 ③	15 ①	16 ④	17 ①	18 ③	19 ②	20 ④
21 ①	22 ③	23 ④	24 ④	25 ②	26 ②	27 ②	28 ③	29 ①	30 ③
31 ④	32 ①	33 ③	34 ①	35 ②	36 ④	37 ②	38 ④	39 ③	40 ②

01 동의어 ②

intransigent a. 고집스러운, 비타협적인(= flatfooted)   noncommittal a. 언질을 주지 않은, 애매한   squalid a. 지저분한   amicable a. 우호적인

나는 그 지배인이 왜 그렇게 비타협적인 입장을 유지했는지 모르겠어.

02 동의어 ①

tinderbox n. (위험한 사태의) 불씨, 일촉즉발의 위험한 장소(= powder keg)   inaugurate v. 취임하게 하다   black sheep 골칫덩어리, 말썽꾼   red herring 관심을 딴 데로 돌리는 것   barren tract 불모지

새로운 왕이 취임한 이후 그 지역 전체가 일촉즉발의 화약고가 되었다.

03 동의어 ②

addle v. 혼란스럽게 만들다(= muddle)   demesmerize v. ~의 최면상태를 풀다, 각성시키다   dulcify v. 누그러뜨리다   meddle v. 간섭하다

그의 마음을 혼란에 빠뜨렸던 것은 아마도 눈부신 햇살이었던 것 같다.

04 동의어 ④

shack n. 판잣집   corrugated iron 골함석, 파장 철판   rickety a. 무너질 듯한, 노후한, 낡은(= decrepit)   extravagant a. 사치스러운   slippery a. 미끄러운, 반들반들한   solid a. 고체의; 단단한

많은 집이 낡은 목재 골조에 골함석을 올린 판잣집들이다.

05 동의어 ③

bridle n. 굴레 v. 언짢게 하다(= offend)   relieve v. 안도시키다   sadden v. 슬프게 하다

내가 머무른다는 소식에 그녀가 언짢아한다는 것을 나는 알았다.

06 동의어 ①

scour v. 샅샅이 뒤지다(= comb)   swathe v. 감싸다, 뒤덮다   carve v. 새기다   rectify v. 바로잡다, 수정하다, 개정하다

일단 당신이 어떤 질문에 대답하고 싶은지 알고 나면, 그 질문에 답하는 데 도움이 될 만한 자료를 찾기 위해 그 책을 샅샅이 뒤져야 할 때이다.

07 동의어 ①

giddiness n. 현기증, 어지럼증(= dizziness)   Roaring Twenties 광란의 20년대(사람들이 활기와 자신감에 넘치던 미국의 1920~1929년 사이의 시기를 말함)   dissolve v. 분해[용해]되어 사라지다   bleakness n. 황폐함, 암담함   hamper v. 방해하다   rabidity n. 맹렬, 광기   equilibrium n. 평형, 균형   sparseness n. 희박함

'광란의 20년대'의 현기증이 대공황의 암울함 속으로 사라져갔을 때, 그는 알코올 중독과 맞서 싸웠고, 그것이 그의 집필을 방해했다.

08 생활영어 ③

③에서 A가 자신의 행위로 인해 누나에게 혼나는 것이 '자업자득이다, 인과응보다'라는 식으로 말하였는데 B가 그 말에 대해 '그래, 나라면 억울할 것 같다'고 말하는 것은 자연스럽지 않다.

poles apart 전혀 다른, 정반대인   high and dry 먹고 살길이 막막한, 속수무책으로 버려진, 빈털터리의   make the best of ~을 최대한 이용하다, (역경·불리한 조건 따위를) 어떻게든 견뎌내다   have it coming (자업자득으로) 당연한 응보를 받다   bitter a. 억울해 하는, 몹시 분한   take the load off 짐[부담]을 내려놓다

① A: 많은 이들이 샘(Sam)과 잭(Jack)이 많이 닮았다고들 하는데, 나는 이해가 안 돼.
  B: 나도 마찬가지야. 오히려 그 두 사람은 완전히 다른걸.
② A: 친구가 너를 빈털터리로 만들었다니 유감이야.
  B: 그래. 나는 이걸로 망가지진 않겠어. 어떻게든 견뎌낼 거야.
③ A: 누나가 내게 아주 화를 냈지만 그건 나의 자업자득인 것 같아.
  B: 그러게, 내가 너라면 정말 분할 거야.
④ A: 들어와요. 자리에 앉고 짐을 좀 내려놓아요.
  B: 감사합니다. 오늘 하루 종일 걸었거든요.

09 생활영어 ④

④에서 A가 '그 사람과 의견이 항상 일치한다'고 했는데, B가 '그 사람과 함께 일하기 힘들다'고 응답하는 것은 자연스럽지 않다.

spell out 상세히 설명하다 hit the spot 딱 그것이다 you're getting colder 정답으로부터 점점 더 멀어지고 있다 see eye to eye with ~와 견해가 완전히 일치하다

① A: 그 도시에서 레스토랑을 운영하는 게 얼마나 어려운지 당신은 모를 겁니다.
　 B: 저도 거기 가봤거든요. 자세히 설명 안 하셔도 압니다.
② A: 맛있는 핫 초콜릿 한 잔 어때요?
　 B: 오, 딱 좋겠는데요.
③ A: 이거 정답이야?
　 B: 아니, 점점 더 멀어지고 있어.
④ A: 나는 항상 그와 의견이 완전히 일치해.
　 B: 오, 그는 정말 함께 일하기 정말 힘들어.

10 복합관계대명사 whatever와 접속사 that의 구분 ②

복합관계대명사 whatever는 선행사를 포함하면서 그것을 제외한 나머지 부분은 불완전한 상태의 종속절(명사절)을 이끈다. 그런데 it 이하는 'it happen동사 that절'의 구문으로 완전한 상태이므로, ②whatever를 접속사 that으로 바꾸거나 삭제하는 것이 적절하다.

prose a. 산문적인, 지루한, 평범한 account n. 보고서, 설명 obsessed with ~에 집착하는 circumstantial a. 정황적인 apologetic a. 변명하는; 미안해하는

그 단조로운 보고서는 정황적 세부사항들에 집착할 뿐 아니라, 그 세부사항 또한 어떤 사람이 그 범인에게 걸려드는 일이 일어날 수 있음을 설명하면서, 극단적으로 변명할 뿐이다.

11 분사구문 ③

③ 앞에 완전한 절이 제시돼 있으므로, 그 뒤에는 접속사 없이 동사가 이어질 수 없다. 따라서 ③을 presenting으로 고쳐, ③ 이하를 분사구문으로 만드는 것이 적절하다.

compare A with B A와 B를 비교하다 attention-grabbing a. 눈길을 끄는, 주목하게 만드는

우리가 세상을 조금 다르게 인식할 수 있도록 돕는 과정에서, 시인들은 종종 우리가 쉽게 인식하는 어떤 것을 다른 것과 비교하면서, 주의를 강하게 끄는 놀라움을 우리에게 선사한다.

12 문의 구성 ④

문법적으로 잘못된 곳이 없는 문장이므로 ④가 정답이다. ① 명사 system 앞의 한정사이다. ② '다양한'이라는 표현으로 such 다음에 부정관사 a가 오는 올바른 순서이다. ③ have something at one's

disposal(무엇을 자기 마음대로 하다)이라는 관용표현에 쓰인 at이다.

material a. 물질적인 a range of 다양한

이전 역사상 어떤 체제에서도 현재 체제에서만큼 사람들이 편안한 물질적 삶을 영위한 적이 없고, 다양한 대안적 삶의 경험을 마음대로 한 적도 없었다고들 한다.

13 논리완성 ①

'(봄이 와도) 겨울잠에서 깨어나지 않고, 명성은 얻을 가치가 없는 것인 양 그것을 얻기 위한 노력도 하지 않는다'는 진술을 종합하면 그런 속성의 사람을 '게으름뱅이'라고 볼 수 있을 것이다.

eminence n. 명성 sluggard n. 게으른 사람 gopher n. 부지런한 사람; 불량소년 ratter n. 밀고자 elf n. 요정

겨울잠에서 깨어나지 않을 거라고 마을의 많은 어린이가 믿고 있는 그 게으름뱅이는 명성이 얻을 가치가 없는 것인 척하고, 그런 노력을 전적으로 거부하며, 자신을 철학자라고 부른다.

14 논리완성 ③

문맥상 '증거를 취합(종합)하라는 고위 경관들의 요청을 받았다'는 진술을 통해, '증거를 조합하여 하나의 이야기를 지어낼 것이다'는 흐름이 되는 것이 자연스러움을 알 수 있다. 따라서 빈칸에는 ③의 '지어내다, 조작하다'가 적절하다.

pull together (자료를) 취합하다 punctuate v. (말을) 강조하다; (말을) 중단시키다 appraise v. 평가하다 concoct v. 조합하다, (이야기·변명을) 지어내다, 날조하다 abscond v. 도주하다

테일러 조사에 낼 사우스요크셔 경찰의 이 증거를 취합하라는 고위 경관들의 요청을 받고, 우리는 리버풀 팬들이 모두 술에 취해있었고, 그들이 출입문을 부술지도 모른다는 두려움으로 인해 출입문들을 모두 개방했다는 이야기를 기꺼이 지어낼 것이다.

15 논리완성 ①

A no more ~ than B는 'B가 ~아니듯이, A도 ~아니다'이므로 물과 기름이 '어울리지 못하듯이, 사랑과 정치도 어울리지 않는다'는 의미가 되는 것이 적절하다.

rancid a. 변질된 congenial a. 어울리는, 마음이 통하는 callous a. 냉담한 congenital a. 선천적인 calefactory a. 열을 전도하는

사랑과 정치는, 특히 정치가 변질된 경우에는, 물과 기름이 어울리지 못하듯이 서로 어울리지 못한다.

16 논리완성 ④

'수술실 직원들에게 살균 및 피부 부위 처치법 등을 교육한다'는 맥락을 고려할 때, 빈칸의 내용 역시 '무균' 조작과 관련된 기술임을 추론할 수 있다.

initiative n. 계획, 구상 operating room 수술실 sterility n. 살균 acid a. 산성의 toxic a. 독성의 nitrous a. 질소의 aseptic a. 무균성의; (외과의) 방부 처리의

연구를 위해 그 연구원들은 무균 조작법, 살균, 그리고 피부 부위 처치 표준화에 대해 수술실 직원들에게 지속적으로 교육하는 것을 포함한 네 가지 계획을 시행했다.

17 논리완성 ①

문맥상 '지루한(dull)'과 개념적 동의어 관계에 있는 ①이 적절하다.

churn out 대량으로 생산하다 mouthpiece n. 대변인 turgid a. 복잡하고 따분한 vitriolic a. 독설에 찬 ablative a. 제거하는 blithe a. 태평스러운, 즐거운, 유쾌한

그 늙은 장군은 대단히 지루한 연설을 하곤 했다. 그는 군대 문제에 관한 복잡하고 따분한 이야기들을 엄청나게 해서 그 나라의 공식 대변인으로 간주될 수 있다.

18 논리완성 ③

'이동이 불편한 사람들이 이용할 수 있는 버스'라는 데서 버스 안에 휠체어를 둘 수 있는 '전용' 공간이 있음을 추론할 수 있다.

low-floor a. 저상(低床)의(바닥이 낮은) mobility n. 이동성 saloon n. 객실 desiccate v. 건조시키다 discharge v. 석방하다 dedicated a. 전용의 distributed a. 분포된, 광범위한

우리의 현대식 저상 버스들은 이동이 불편한 모든 사람이 쉽게 이용할 수 있으며, 버스의 낮은 곳에 휠체어 전용 공간을 제공한다.

19 논리완성 ②

예로 소개된 행위는 부적의 힘이 강해지도록 신체 속에 부적의 일부를 포함시켜 넣는 행위이므로, 일종의 '접붙이기'라고 볼 수 있다.

charm n. 매력; 부적 inculcation n. 설득, 주입 inoculation n. 접붙임; 접종 extirpation n. 근절, 박멸 innervation n. 신경분포

부적을 한층 더 효과적으로 만드는 방법들은 여러 가지가 있는데, 가장 흔한 것이 접붙임이다. 타날라 부족의 사냥꾼은 사냥을 성공시키고 싶을 때 자신의 입술을 가르고 그 안에 부적 혼합물을 넣는다.

20 논리완성 ④

'그녀의 언어가 만들어낸 간격들'이라는 진술에서 간격이 생략으로 생겨난 빈자리임을 생각할 때, 그녀의 시가 '생략' 기법을 사용함을 추론할 수 있다.

syntax n. 구문(론) ornamental a. 장식적인 archaic a. 낡은, 구식인 loquacious a. 말이 많은, 수다스러운 elliptical a. (문장에서 단어가) 생략된

그녀의 시는 반복적으로 주의해서 읽어야 한다. 그녀의 생략된 구문은 가끔 정상 패턴을 벗어난다. 그래서 독자들은 그녀의 언어가 만들어낸 간격들을 메워야 한다.

21 논리완성 ①

첫째, 둘째 유형의 우정은 '효용'과 '쾌락'이 있을 때 존재하고, 없어지면 스러질 것이 분명하므로, 그 우정은 '자기중심적이고 이기적인' 본질을 지닌다고 볼 수 있다.

egocentric a. 자기중심의, 이기적인 debonaire a. 사근사근한, 공손한 amorphous a. 무정형의, 확실한 형태가 없는 caviling a. 트집 잡기 좋아하는

"으뜸가는 우정"의 이상적 유형을 설명하면서, 아리스토텔레스(Aristotle)는 세 가지 우정을 제시하였다. 첫째와 둘째는 효용을 위한 우정과 쾌락을 위한 우정이다. 효용을 위해 우정을 쌓는 이들은 우정이 그들에게 유용하기 때문에 우정을 쌓는다. 마찬가지로, 쾌락을 위해 우정을 쌓는 이들은 우정이 그들에게 쾌락을 주기 때문에 우정을 쌓는다. 이러한 유형의 우정들의 자기중심적인 본질로 인해, 아리스토텔레스는 그것들을 불완전한 우정으로 간주했다. 이와는 대조적으로, 그는 셋째 유형의 우정을 완전한 것으로 간주했다. 완전한 우정은 미덕에 있어서 선하고 서로 닮은 이들의 우정이다.

22 논리완성 ③

두 가뭄을 포함해 지난 1200년 동안 있어온 가뭄들이 '놀라우리만치 공통적이고, 그 원인도 같은 것으로 보인다'는 진술을 통해 첫째 빈칸에는 두 가뭄도 '그리 다르지 않다'는 표현이 들어가야 함을 알 수 있다. 둘째 빈칸에는 그 두 가뭄의 '원인이 같다'는 진술을 통해 두 가뭄의 나란한 진행이 '단순한 우연이 아니다'라는 것을 추론할 수 있다.

grip v. 꽉 잡다; ~를 덮치다, 엄습하다 unrelenting a. 가차 없는, 수그러들 줄 모르는 drought n. 가뭄, 한발 verdant a. 신록의 wither v. 시들다 reservoir n. 저수지 tandem a. 나란한 abnormally ad. 이상하게, 이례적으로

10년 동안 칠레 중부는 끊임없는 가뭄에 시달려오고 있다. 강우량이 정상보다 30%나 적고, 파랗던 풍경은 시들었고, 저수지의 수위는 낮아졌으며, 10만 마리 이상의 농장가축들이 죽었다. 가뭄 기간이 너무 오래 이어져 연구자들은 그것을 "대가뭄"이라고 부르고 있는데, 가히 수백 년 전의 가뭄에 필적할 만하다. 이것은 8천 킬로미터 떨어진 캘리포니아에서 올해까지 10년째 이어지고 있는 가뭄과 그리 다르지 않다. 나이테의 기록을 분석해

과학자들은 나란히 진행되고 있는 이 가뭄이 우연의 일치 그 이상이라는 증거를 발견했다. 이러한 가뭄은 지난 1200년 동안 놀라우리만치 공통적이었는데, 그 원인도 흔히 같은 것으로 보인다. 즉 라니냐라고 알려진 동부 태평양 해역의 비정상적으로 차가운 상태가 그 원인이다.

① ~에 기인하다 — 재앙과 같은 강우량을 초래하다
② ~로 거슬러 올라가다 — 일정 기간 동안 계속되다
③ ~와 그리 다르지 않다 — 우연의 일치 그 이상이다
④ ~와 그다지 관련이 없다 — 역사적으로 유사한 패턴을 보이다

23 논리완성 ④

'우주의 신비를 완전히 이해하고 이용할 수 있다'는 과학자들의 믿음에 대해, 이에 비판적인 문학가들은 그것을 과학 혹은 과학자들의 '오만'이라고 여겼을 것이다. 그리고 그러한 문학가들에게 '과학으로 인해 도덕적 차원이나 신에 대한 필요성이 전혀 없는 자족적이고, 완전히 기계적인 체제가 출현할 것이다'라는 생각은 '두려움'을 불러일으켰으리라고 추론할 수 있다.

engender v. 낳다, 불러일으키다 resurrect v. 부활시키다 proponent n. 옹호자, 지지자 overreacher n. 지나치게 욕심을 내는 사람, 남을 속이는 사람 echo n. 메아리, 반향, 영향 dictum n. 금언 derive v. 끌어내다

알렉산더 포프(Alexander Pope), 조나단 스위프트(Jonathan Swift), 사무엘 버틀러(Samuel Butler) 그리고 사무엘 존슨(Samuel Johnson) 같은 주요 문학가들은 바로 그 새로운 과학의 성공으로 인해 초래되고 있다고 그들이 믿었던 도덕적 파탄에 대해 점점 더 비판적이게 되었다. 첫째, 파우스트(Faustus) 박사의 이미지를 부활시키면서, 그들은 과학자들이 인간들이 알기에 적합한 정도 이상을 발견하려고 시도한다고 생각했다. 둘째, 그들은 과학자들의 오만, 특히 인간은 결국 우주의 신비를 완전히 이해하고 이용할 수 있으리라고 가정하는 베이컨적 방법론의 옹호자들의 오만에 대해 간신히 억누르고 있는 분노를 공유하였다. 여기서도 또한, 지나친 욕심을 부리는 사람인 파우스트 박사의 영향이 엿보이는데, 특히 지식이 곧 힘이라는 베이컨의 금언에 함축된 의미에 있어서 그러하다. 과학자들에 대한 18세기 비판의 세 번째이며 본질적으로 새로운 요소는 과학이 결국에는 도덕적 차원이나 신에 대한 필요성이 전혀 없는 자족적이고 완전히 기계적인 체제를 출현시키는 데 성공할 것이라는 두려움이었다.

① 뻔뻔스러움 — 희망
② 우유부단 — 무의미한 말
③ 조급함 — 기대
④ 오만 — 두려움

24 논리완성 ④

해당 과목의 강의를 거의 듣지 못했으므로 필자는 교수가 아무리 '유창하게 줄줄' 개념들을 이야기해도, 그것들을 거의 '이해하지 못했다'고 추론하는 것이 타당하다.

consent v. 동의하다, 찬성하다 discourse v. 강연하다 potassium n. 칼륨 boron n. 붕소 sulphate n. 황산염 oxyd n. 옥시던트 disgusted a. 넌더리를 내는

나의 아버지는 내가 자연 철학 강의를 수강하기를 바란다는 소망을 표현하셨고, 나는 기꺼이 동의했다. 어떤 사고로 인해 나는 그 강의를 수강하지 못하다가 거의 끝날 때 마침내 수강하게 되었다. 그 강의는, 따라서 내가 가장 늦게 수강한 강의여서, 나로서는 거의 이해할 수 없었다. 교수는 칼륨과 붕소, 황산염과 옥시던트에 대해 가장 유창하게 강의했지만, 나는 그 용어들을 전혀 알 수 없었다. 나는 내 생각에 거의 똑같은 관심과 효용을 지닌 작가들인 플리니우스(Pliny)와 뷔퐁(Buffon)을 여전히 즐겁게 읽고 있었지만, 자연 과학에 대해서는 넌더리가 나버렸다.

① 흥미 — 가지다
② 지식 — 부르다
③ 관심 — ~의 탓으로 돌리다
④ 유창함 — 붙이다

25 논리완성 ②

필자는 자유시장 제도가 '모든 이가 자유시장 안에서 거래하고, 참여할 수 있는 중요한 평등권을 약속한다'고 했다. 그리고 두 나라를 예로 들어, 평등의 파괴(차별적인 관행)가 자유에 대한 침략의 형태를 띠었다고 하며 평등이 없으면 자유도 보장되지 못함을 말했으므로, 필자는 이러한 '평등권'이 '폄하(평가절하)되어서는 안 된다'고 주장할 것이다.

liberty n. 자유 equality n. 평등; 균등 transact v. 처리하다; 거래하다 discrimination n. 차별, 차별 대우 exclusion n. 배제 incursion n. (갑작스러운) 침입, 급습 laud v. 칭찬하다, 찬미하다 disparage v. 폄하하다, 얕보다 embellish v. 장식하다, 꾸미다 defalcate v. 위탁금을 유용하다, 횡령하다

자유시장 제도는 자유뿐만 아니라 중요한 종류의 평등도 약속하는 것 같다. 자유시장 내의 모든 이들에게 시장방식 안에서 거래하고 참여할 평등한 권리가 부여되기 때문이다. 이러한 형태의 평등은 폄하되어서는 안 된다. 예를 들어, 인종 차별이나 성차별은 종종 시장 영역에서 특정 부류의 사람들을 배제하는 것으로 이루어져 왔다. 남아프리카공화국과 미국 두 국가 모두에서, 차별적 관행들은 종종 자유로운 고용 시장에 대한 갑작스러운 침략의 형태를 띠었다.

26 논리완성 ②

물건에 특정한 가치가 있어서 가격이 결정되는 것이라면 구매자와 판매자가 생각하는 가격이 일관되게 2배의 차이가 날 수 없다고 생각할 수 있다. 결국 '소유 여부가 물건의 가치를 결정하고, 그것이 판매자와 구매자 사이의 일관된 가격 차이(2배)의 원인이다'는 것이 본문의 요지이다. 그러므로, 빈칸 바로 앞 문장 '내가 갖고 있지 않다면, 그것을 꼭 사야 한다고 생각하지는 않는다'는 내용을 재진술한 정답을 고른다. 그것은 앞서 확인했듯이 '물건에 어떤 특정한 가치를 부여하는 것은 아니다'는 의미이다.

insignia n. (계급·소속 등을 나타내는) 휘장 emboss v. 돋을새김하다 replication n. 응답; 복사, 모사 urgent a. 긴급한, 절박한 assign v. 할당하다

한 가지 단순한 실험을 생각해보자. 한 학급 절반의 학생들에게 학교 휘장이 양각으로 새겨져 있는 커피 머그잔을 준다. 머그잔을 받지 못한 학생들에게 옆 사람의 머그잔을 살펴보라고 한다. 머그잔을 가진 학생들에게는 머그잔을 판매할 것을, 없는 학생들에게는 그것을 구매할 것을 권한다. 그들은 "각각의 가격에 대해, 당신은 (당신의 머그잔을 포기할/구매할) 의사가 있는지 없는지 보여 달라"라는 뜻의 질문에 답하는 방식으로 판매하거나 구매한다. 그 결과, 머그잔을 가진 학생들이 그들의 머그잔을 포기하는 대가로 그 머그잔을 사려는 학생들보다 거의 2배를 요구하였다. 수천 개의 머그잔을 사용해 이 실험을 수십 번씩 재현했지만, 그 결과는 거의 항상 똑같았다. 일단 내가 머그잔을 소유하면, 나는 그것을 포기하고 싶지 않다. 그러나 내가 갖고 있지 않다면, 그것을 꼭 사야 한다는 생각은 없다. 이는 곧 사람들이 물건에 특정한 가치를 부여하는 것은 아니라는 것이다. 사람들은 뭔가를 포기해야 할 때, 그것을 획득함으로써 생기는 쾌락보다 더 많은 상실감을 맛보는 것이다.

① 사람들이 특정한 물건을 포기하기를 덜 꺼린다
② 사람들이 물건에 특정한 가치를 부여하는 것은 아니다
③ 사람들이 그들의 선택에 대해 의심하는 경향이 있다
④ 사람들이 스스로 선택하려는 일반적 경향이 강하다

27　내용추론　　　　　　　　　　　③

"근로 동기 부족이 지루함이나 낮은 임금 때문이 아니라, 낮은 설비, 열악한 관리 및 나쁜 조직, 중과세 때문이다"라는 셋째 단락의 내용을 종합할 때 ③의 진술은 잘못된 추론이다.

ambition n. 포부, 의욕, 야심　substantial a. 상당한　motivation n. 동기부여　boredom n. 지루함, 따분함　inefficiency n. 비효율

새로운 조사 결과는 대부분의 사람들이 열심히 일하고 싶은 동기가 없다는 것을 보여준다.
조사 결과에 따르면 정규직 근로자 대부분은 현재보다 더 열심히 일하기를 원치 않으며 여분의 돈을 더 벌기보다 여가를 누리는 데 관심이 더 많다고 한다. 이는 조사 대상의 51%가 돈을 더 벌기 위해 더 긴 시간 일하기를 원하지 않는다고 응답했다는 사실로 알 수 있다. 과반수인 56%의 근로자들은 현재보다 더 효율적으로 일할 수는 없다고 응답했고, 열 명 중 네 명이 조금 넘는 사람들만 그렇게 할 수 있을 것 같다고 응답하였다. 근로자 절반 이상이 부유해지려는 의욕이 없으며, 45%는 자신에게는 아예 어떤 의욕도 없다고 간주하였다. 이는 상당수의 근로자들이 지금보다 더 열심히 일할 수 있지만, 더 열심히 일하려는 동기나 의욕이 거의 없으며, 설사 더 많은 급여를 받더라도 더 열심히 일하려고도 하지 않는다는 것을 시사한다.
그런데, 이러한 동기 부족이 지루함이나 낮은 임금 때문은 아니라는 심각한 증거가 있다. 예를 들어, 오직 5%의 근로자들만이 그들의 업무가 지루하다거나, 그들의 일을 싫어했고, 겨우 10%만이 노력을 들이지 않는 이유로 낮은 임금을 꼽았다. 이와는 대조적으로 더 많은 비율의 근로자들이 낮은 설비를 이유로 꼽았고, 열 명 중 세 명은 열악한 관리나 나쁜 조직을 비효율의 원인으로 지목하였다. 그러나 가장 큰 비율의 근로자들은 무거운 과세를 원인으로 꼽았다.
위 글을 통해 추론할 수 있는 것으로 가장 적절하지 않은 것을 고르시오.
① 근로 의욕 결핍의 주요 원인은 직무 그 자체에 대한 불만보다는 외부적 요인들에서 발견된다.
② 공장의 근로조건을 향상시키고 조직을 효율화하는 데 더 많은 노력을 기울여야 한다.

③ 근로 환경 개선보다는 새로운 금전적 보상을 도입하는 것이 시급해 보인다.
④ 근로자들의 근로 동기를 개선하기 위해서는 임금 인상보다 세금 감면이 더 효과적일 것 같다.

28　문맥상 적절하지 않은 표현 고르기　　　③

능력에 관해서는 특정 과업에 대한 성과를 어떤 표준과 비교한다고 한 다음, 1마일을 달리는 속도를 같은 연령의 달리기 선수의 평균 시간과 비교한다고 예를 들고 있다. 이는 개인의 능력을 '객관적인' 기준에 의해 평가하는 것이다. 그리고 역접의 접속부사 However가 왔으므로, 개인의 의견과 태도에 대한 평가는 능력의 평가와는 반대되는 '주관적인' 기준을 가지게 될 것이다. 따라서 ⓒ 양립 불가능한 기준(incompatible reference)을 '주관적인 기준(no objective reference)'으로 바로잡는 것이 적절하다.

cognitive dissonance 인지적 부조화(두 가지 모순되는 신념이나 태도를 동시에 취함으로써 가지게 되는 심리적 갈등)　reference n. 참조; 기준　with reference to ~을 참고하여　anchor n. 닻; (마음의) 의지할 힘이 되는 것　compatible a. 모순되지 않는, 양립 가능한　proposition n. 제안, 주장

1950년대, 페스팅어(Festinger)는 사회적 비교와 인지 부조화에 관한 자신의 이론들을 제안하면서, 타인은 인지 부조화를 감소시키는 역할은 물론, 견해와 욕구를 발달시키는 데 상당한 역할을 한다고 주장하였다. 이 이론들은, 사람들이 자신의 견해, 신념, 태도를 평가하기 위해 그들의 환경 속에 존재하는 타인들을 관찰한다는 사실에 초점을 맞춘다. 이 과정을 통해 우리는 우리 자신과 유사한 타인들로 구성된 적절한 비교집단의 견해 및 태도를 참고하여 평가할 수 있다. 능력에 관해서라면, 특정 과업에 대한 성과를 어떤 표준과 비교하는 것이다(예를 들어, 1마일을 달리는 속도를 같은 연령의 달리기 선수의 평균 시간과 비교하는 것이다). 그러나, 자신의 견해나 태도에 대한 평가는 <양립 불가능한 기준>을 가지므로 선택한 비교집단이 제시하는 기준에만 관련된 정보를 산출한다. 기본적으로, 연구자들은 개인은 자신과 유사한 타인들과의 비교를 통해 자신의 견해, 신념, 태도를 평가한다고 결론짓고, 이러한 연구 결과를 부분적인 근거로 삼아 사회적 지지는 사회적 비교 과정에서 도출되는 것이라고 주장하였다. 구체적으로 말해, 사회적 비교와 관련된 과정은 사회적 지지라는 유익한 행위의 토대를 제공할 수 있다는 것이다.

29　단락배열　　　　　　　　　　　①

첫 단락에서 벨이 혁명적 운동들을 옹호했다고 언급한 후, Ⓑ에서 이런 옹호를 위해 벨이 사용한 전략인 예술이라는 용어의 입법적 사용, 즉 무엇은 예술이고 무엇은 예술이 아니라는 예술의 정의에 입각한 전략을 설명하고, ⒜에서 그런 벨의 이론이 갖고 있는 예술의 정의가 극단적인 점과 형태를 지나치게 중시하는 점을 비판적으로 지적한 다음, ⒞에서 그래도 벨의 이론은 중요하다고 인정하는 것이 자연스러운 순서이다.

apologist n. 변호자, 옹호자, 변명자　postimpressionism n. 후기 인상파　incompetence n. 무능력　wilful a. 고의적인, 의도적인　distortion n. 왜곡, 찌그러뜨리기　Cubism n. 입체파　uninhibited a. 거리낌 없는　squiggle n. 구불구불한 선　splash n. 분무　pigment n. 그림물감

legislative a. 입법의 entitle v. 자격을 부여하다 aesthetician n. 미학자 wholesale a. 대대적인 injunction n. 명령; 권고 lunatic fringe 소수 과격파 aesthetics n. 미학 refute v. 논박[반박]하다 at every turn 언제나 come to terms with ~와 타협하다, 체념하고 받아들이다, 감수하다

클라이브 벨(Clive Bell)은 무능해서가 아니라, 원리에 입각해 "자연 모방"의 낡은 이상을 포기했던, 후기 인상파 회화 및 조각의 혁명적 운동들에 대한 금세기 초의 주요한 옹호자들 가운데 하나였다. 이 운동들은 입체파에서처럼 일상적 체험의 대상들을 의도적으로 "변형시키는 것"에서부터, 몬드리안에게서처럼 그 대상들을 없애는 것으로, 그리고 오늘날의 "행위 미술"과 "추상적 표현주의" 속에서 거리낌 없이 휘갈기고 물감을 흩뿌리는 것으로 나아갔다.
B 벨의 전략은 "예술"이라는 용어를 입법적으로 사용하는 것이었다. 즉, 흔히 생각해온 것처럼 캔버스 위에 이야기하고 묘사하는 것이 예술인 것은 전혀 아니라는 것이다. 어떤 회화나 조각이 선, 덩어리, 색채라는 요소들을 조직적으로 구성하는 것만이, 다시 말해 벨이 "중요한 형태"라 부르는 것만이 그 회화나 조각을 "예술작품"이라 불릴 자격이 있게 해준다는 것이다.
A 벨의 이론이 미학자들 사이에 널리 받아들여지지 않아 왔다고 말하는 것이 온당하다. "예술"의 정의에서 표현을 완전히 배제하는 것은 극단적이라고 생각되고 — 내가 앞서 지적했듯이, 이것이 "단지 정의"의 문제라고 생각하는 것은 요점을 놓치는 것이다 — 우리가 회화 속에 묘사된 사람이나 사건을 "꿰뚫어 보아" 결국 형태를 보아야 한다는 벨의 권고는 너무 비경제적이다.
C 벨의 형식주의는 극단적이지만, 그냥 무시해도 되는 그런 소수 과격파의 이론은 아니다. 최근 미학과 비평에 대해 폭넓게 읽어본다면, 벨이 거의 언제나 "반박되고" 있음을 알 수 있다. 그를 믿지 않으려는 자도 체념하고 그를 받아들여야 한다.

---

30 글의 요지   ③

본문의 요지는 '과학에 실험실을 돌려주고, 실험실들이 더 많아지도록 북돋아야 한다. 미래가 과학 실험실에 있기 때문이다'는 것으로 요약할 수 있는데, 이를 가장 적절하게 나타낸 것은 ③이다. 한편, ①에서 언급한 '생명, 다산, 힘'은 과학의 산물을 가리키지만 '과학' 그 자체를 언급하지는 않으므로 ①은 글의 요지로 부족하다. 또한, ②의 '지성소', ④의 '전쟁터와 군인'은 비유로 사용되고 있는 보조 개념들이므로 글의 요지를 담기에는 적절하지 않다.

correlative a. 상관관계가 있는 physical science 물상과학(생명과학의 반대개념) stricken with ~에 시달리는 barrenness n. 불모, 불임 fecundity n. 다산; 풍요, 비옥 deduction n. 연역적 추론에 의한 결론 confounded a. 어리둥절한 telegraphy n. 전신 anaesthesia n. 마취 daguerreotype n. 은판 사진술 be jealous of ~을 선망하다, 몹시 마음을 쓰다, 바라다 implore v. 간청하다

실험실과 발견은 상관관계가 깊은 말들이다. 실험실을 억압하면, 물상과학은 메말라 죽게 될 것이다. 그것은 진보와 미래의 과학이기보다는 무기력한 정보에 불과해져 버리고 말 것이다. 물상과학에 실험실을 돌려주라. 그러면 생명, 다산 그리고 힘이 다시 출현할 것이다. 실험실을 떠나 있는 물리학자와 화학자들은 전쟁터에서 무장해제당한 군인일 뿐이다. 이러한 원리에 따른 결론은 분명하다. 인류에 유용한 정복들이 당신을 감동시킨다면, 전기 전신, 마취, 은판 사진술과 다른 많은 경탄스러운 발견들의 경이로움 앞에 어안이 벙벙하다면, 그리고 이런 경이로움에 이바지한 당신 조국의

몫에 몹시 마음을 쓴다면, '실험실'이라고 뜻깊게 명명된 지성소들에 관심을 가져주기를 나는 간절히 바란다. 부디 실험실들이 많아지고, 완성되기를 요청하라. 실험실들이야말로 미래와 부와 안락함의 전당들이다. 여기서 인류는 더 크게, 더 잘, 더 강하게 성장할 것이다.

위 글의 요지로 가장 적절한 것을 고르시오.
① 생명, 다산, 힘은 실험실 없이는 불가능하다.
② 실험실은 지성소이다.
③ 과학의 미래는 실험실에 달려 있다.
④ 물리학자와 화학자는 전쟁터의 군인과 거의 비슷하다.

31-32

스페인 사막 개미(카타글리피스 벨록스)는 앞으로 걸어갈 때 "경로 통합"이라는 전략을 사용한다. 그들은 그들이 구불구불한 길을 걸어가며 몸을 틀고 돌린 느낌과 그들의 개미집에서 몇 발자국 떨어졌는지를 기억해서, 이것을 이용해 집으로 돌아가는 최단 경로를 계산한다. 그들은 또한 태양의 각도에 의지해 그들의 방위를 파악하고, 지나치는 풍경을 둘러보면서 그들의 귀환 경로에 도움이 될 만한 특정 지형지물들을 기억한다.
그러나 그들이 돌아가는 동안에 자신들이 어디로 가고 있는지를 어떻게 아는지는 그리 분명하지 않다. 개미들이 때때로 먹이를 내려놓고 몸을 돌려 지나온 길을 돌아보고 — 돌아보기라 불리는 행동 — 그런 다음 다시 먹이를 집어 들고 돌아가는 모습이 목격되기는 했지만, 이 개미들이 그러한 경로 통합 기술을 일반적으로 사용하는지 여부는 확실하지 않다. 개미들이 돌아가는 동안에 시각적으로 뭔가를 인식하는지 여부를 알아내기 위해, 슈바르츠(Schwarz)와 그의 연구진은 사막의 개미집으로부터 먹이통까지 이미 걸어가 보았기에 자신이 어디에 있는지 알고 있는 (다시 말해, 이미 경로 통합 정보를 갖고 있는) 개미들을 선별했다. 그들은 그 개미들을 개미들이 좋아하는 커다란 쿠키 조각과 함께 개미집으로부터 얼마간 떨어진 곳에 두었다.
이 개미들이 과자 조각을 끌고 개미집으로 돌아가기 시작하자, 연구자들은 경로를 따라 양 옆으로 검은 비닐봉지나 타르방수포들을 갖다 놓아 이상한 산처럼 보이게 하여 개미들의 주변 풍경에 이따금씩 변화를 주곤 했다. 그러한 새로운 지형지물과 맞닥뜨렸을 때, 개미들은 전체 8미터 경로에서 겨우 3.2 미터만 걸은 후 돌아보기를 했고, 반면에, 친숙한 경로로 가는 개미는 돌아보기를 하지 않고 거의 6미터를 갈 수 있었다. 이러한 관찰을 통해 개미들은 돌아갈 때 주변 환경을 인식해가고 있었으며, 그것들을 이용해 나아가기도 하고, 언제 돌아보기를 할지 판단하고 있었다는 사실이 밝혀진다.
예상한 대로, 그들의 위치를 이미 알고 있던 개미들은 풍경과 상관없이 훨씬 더 잘 해냈다. 그 개미들은 더 먼 거리를 걸어간 후에 돌아보기를 할 수 있었고, 과자를 개미집으로 가져오는 일을 성취해낸 개미들의 수도 더 많았다. 소수의 "아주 멍청한" 개미들은 길을 잃었지만, 놀랍게도 다른 개미들은 예전에 자신이 걷는 길을 경로 통합을 사용하여 찾아본 적이 없었을 때조차도 개미집으로 돌아가는 길을 찾아낼 수 있었는데, 이는 그들이 단지 주변 환경에 대한 시각적 기억과, 어쩌면 태양의 각도만을 사용해왔음에 틀림없다는 것을 의미한다.

integration n. 통합 bearings n. 방위 peek v. 살짝 들여다보다 trudge v. 터벅터벅 걷다 drag v. (힘들여) 끌고 가다 mimic v. 모방하다, 흉내 내다 tarp n. 타르 칠을 한 방수포 take in 받아들이다, 이해하다, ~을 (시각적으로) 알아차리다, 눈여겨보다, 잘 관찰하다 clueless a. 단서 없는, 아주 멍청한

31 내용추론 ④

셋째 단락에서 친숙한 길을 갈 경우에 거의 6미터 가서 돌아보기를 한 반면에 개미집으로부터 얼마간 떨어진 곳에 두고 새로운 지형지물로 주변 풍경을 바꾼 경우에는 불과 3.2미터 가서 돌아보기를 했다고 했는데, 이것은 돌아보기의 빈도가 더 잦아진 것을 말하므로 ④의 진술은 타당한 추론이다. '주변 환경의 시각적 기억을 이용하고 있음이 분명하다'고 하였으므로 ①은 잘못된 진술이다. '돌아가는 동안에 자신들의 위치를 어떻게 아는지는 그리 분명하지 않다'고 하였으므로 ②는 타당하지 않다. ③은 이 글에 나온 연구 내용과 무관한 내용의 진술이다.

위 글을 통해 추론할 수 있는 것으로 가장 적절한 것을 고르시오.
① 스페인 사막 개미는 후각을 이용해 경로를 기억한다.
② 많은 연구자들은 개미들이 돌아갈 때 어떤 길 찾기 기술을 사용하는지를 명료하게 밝혔다.
③ 연구진은 개미들이 어떻게 그들의 작은 턱으로 먹이를 물고 높이 들고 있을 수 있는지 알기 위해 작은 과자를 주었다.
④ 개미의 주변 풍경을 바꾸는 것은 개미들의 돌아보기 빈도에 현저히 영향을 미친다.

32 빈칸완성 ①

둘째 단락에서 슈바르츠와 그의 연구진이 선별한 개미는 자신이 어디에 있는지 알고 있는 (이미 경로 통합 정보를 갖고 있는) 개미들이었고 이 개미들에 대한 관찰 결과를 셋째 단락 마지막 문장에서 요약하는데, 풍경의 변화를 줄 경우 돌아보기(주변 환경을 시각적으로 인식하기)를 더 자주 하는 차이가 있을 뿐 이 개미들은 풍경과는 관계없이 주변 환경에 대한 인식 작용을 해가며 돌아가는 길을 찾아간다는 것이다. 그리고 빈칸 다음 문장에서 이 개미들이 과자를 개미집으로 가져오는 일을 더 많이 성취했다고 했으므로 빈칸에는 ①이 적절하다.

빈칸에 들어가기에 가장 적절한 것을 고르시오.
① 그들의 위치를 이미 알고 있던 개미들은 풍경과 상관없이 훨씬 더 잘 해냈다
② 개미들은 천적들로부터 그들의 먹이를 억세게 지켰다
③ 개미들은 친숙한 환경 속에서도 길을 찾는 데 어려움을 겪었다
④ 개미들은 동료들과 함께 과자를 발견하는 데 도움이 될 만한 단서를 찾는 데 열성적이었다

33-34

사랑과 같은 개념이 언어마다 어떻게 차이를 보이는지 알아내기 위해, 문화 심리학자인 조슈아 코넌드 잭슨(Joshua Conrad Jackson)은 통계를 활용하는 새로운 접근법을 시도하였다. 그는 CLICS(Database of Cross- Linguistic Colexifications)를 이끄는 컴퓨터 언어학자 요한-마티스 리스트(Johann-Mattis List)와 팀을 이루었다. CLICS는 거의 3천 개에 달하는 언어 속 개념들과 그 개념을 표현하는 어휘들 간의 관계를 목록화하기 위해 현장 언어학자들과 인류학자들의 데이터를 이용한다. <사람들은 일반적으로 사랑과 같이, 어떤 감정에 대한 보편적으로 수용되는 개념은 함축적으로, 그리고 명시적으로 모든 언어에 존재한다고 믿었다.> 중요하게도, CLICS는 "dull"처럼 한 가지 개념 이상을 표현하는 어휘들을 취하고는 데이터베이스에 있는 모든 언어에서

이와 같은 개념들을 표현하는 다른 어휘들을 보여줄 수 있다.
2년 넘게, 잭슨과 리스트는 통계학자, 심리학자, 언어학자로 구성된 팀을 이끌면서 이런 류(類)로는 지금껏 최대의 연구로 CLICS의 데이터를 분석했다. 그들은 24개의 감정 개념들부터 시작했고 그 개념들이 20개 어족 2474개 언어의 다양한 어휘들과 어떻게 관계 맺고 있는지 보여주는 지도를 제작하기 위해 다양한 통계 기법들을 사용했다. 두 개념이 더 많은 어휘를 공통으로 가질수록, 그들의 관계는 더 가까웠다. 예를 들어, 사랑과 연민이라는 두 개념은 모두 "알로하"라는 미묘한 하와이어 어휘로 표현된다. ("연민"과 "사랑" 간의 관계는 오스트로네시아 어족에서 특별히 강력한 것처럼 보였다.)
데이터를 모은 후 연구진은 이러한 연관 관계를 21개 네트워크 속에 가시화시켰는데, 20개 어족 각각마다 하나의 네트워크, 그리고 발견된 모든 것을 하나의 보편적 네트워크로 통합해 넣은 하나의 네트워크, 도합 21개 네트워크였다. 연구자들은 네트워크를 분석한 결과, 감정적 개념들의 연관 관계가 어족 간에 예상보다 훨씬 더 많이 다르다는 사실을 알게 되었다. 이 과정을 색깔 — 문화적 고유성이 상대적으로 높은 것으로 이미 알려진 — 과 연관된 13개의 개념에 대해 반복해보았고, 감정 개념들이 어족마다 세 배에 달하는 편차가능성을 보인다는 사실을 발견하였다. 예를 들어, 페르시아어에서 "ænduh"는 슬픔과 유감을 동시에 표현하는 반면, 다르구아 언어에서 슬픔을 뜻하는 "dard"는 유감이 아니라 불안을 나타낸다. 더구나, 지리적으로 근접한 어족들일수록 멀리 떨어진 어족들에 비해 근접한 네트워크들을 더 많이 가지는 것으로 볼 때, 문화 — 공통된 경험을 통해서든 공통된 혈통을 통해서든 — 가 이러한 용어 발달의 원인일 가능성을 시사한다.

linguist n. 언어학자 anthropologist n. 인류학자 catalog v. 목록을 작성하다 implicitly ad. 함축적으로 explicitly ad. 명백하게, 명시적으로 Austronesian a. 오스트로네시아의 aggregate v. 모으다 relatively ad. 상대적[비교적]으로 grief n. 슬픔, 비탄 regret n. 유감; 후회 geographically ad. 지리(학)적으로 ancestry n. 혈통

33 내용일치 ③

셋째 단락에서 '감정 개념들이 어족마다 세 배에 달하는 편차가능성을 보인다'고 하였으므로 ③은 본문의 내용과 일치한다. 첫 단락에서 'CLICS는 거의 3천 개에 달하는 언어 속 개념들과 그 개념을 표현하는 어휘들 간의 관계를 목록화하기 위해 현장 언어학자들의 데이터를 이용한다'는 것이지 ①에서처럼 '3천 개 이상의 언어에 관한 현장 언어학자들의 데이터'라는 의미가 아니다. 둘째 단락에서 '다양한 통계 기법들을 사용했다'고 하였으므로 ②는 잘못된 진술이다. 셋째 단락에서 '지리적으로 근접한 어족들일수록 멀리 떨어진 어족들에 비해 근접한 네트워크들을 더 많이 가진다'고 하였으므로 ④는 잘못된 진술이다.

위 글의 내용과 일치하는 것을 고르시오.
① 리스트는 3천 개 이상의 언어에 관한 현장 언어학자들의 데이터를 포함하는 CLICS를 관리한다.
② 하나의 통계 기법을 사용해, 연구진은 감정 개념들이 다양한 언어들 속에서 다른 어휘들과 어떻게 연관되었는지를 보여준다.
③ 감정 개념들은 어족마다 그 의미가 아주 많이 다르다.
④ 지리적 거리는 언어 네트워크 간의 동질성을 형성하는 원인이 아니다.

34 글의 흐름상 적절하지 않은 문장 고르기   ①

CLICS라는 연구 단체를 소개하는 구체적 진술의 흐름을 끊고, CLICS와 직접적인 관련이 없는 내용의 Ⓐ는 글의 흐름상 적절하지 않다.

35-36

Ⓑ 정치적 안정을 정의하려는 시도는 정치와 정치 구조의 개념을 명확히 하는 것으로 시작해야 한다. 정치적 행위란 사회를 위한 결정을 내릴 권력을 분배하는 데 영향을 미치는 사회 구성원에 의한 행위를 말한다. 정치적 행위는 어디에나 존재한다. 사회 구성원들은 사회의 법에 복종하거나 불복종하여 권력 계층 체제를 지지하거나 훼손하는 한, 정치적으로 행동하게 된다. 법에 복종하는 것이 선거에서 경쟁하는 것만큼이나 정치적 행위가 된다.

Ⓐ 왜냐하면, 의도했든 안 했든, 법에 대한 복종의 영향은 법은 어떤 것이어야 하며 법은 어떻게 집행되어야 하는가에 대해 결정하는 사람들의 권위를 지지하는 결과를 낳기 때문이다. 이 권위를 지지하는 것은 사회를 위한 결정을 내릴 권력을 분배하는 것의 양상들을 유지하는 데 도움을 주는 것이다. 마찬가지로, 모든 법 위반도 역시 정치적 행위가 되는데, 이는 모든 법 위반이 사실상 기존의 성립된 권위에 대한 저항이기 때문이다. 그것은 사회를 위한 결정을 내릴 권력을 분배하는 기존 패턴의 유지를 위협한다. 만약 법을 위반하는 사건이 계속해서 증가한다면, 정치적 권위는 결국 위축된다. 그것은 자명한 이치이다.

Ⓒ 우리는 분명 정치적인 특정한 행위를 정치적이지 않은 행위와 구별 짓는 통상적인 의미로 정치적이라는 것의 정의를 내리지 않았다. 또 그러한 정의는 내릴 생각도 없는데, 정치적이라는 것을 그런 식으로 기술하는 것은 오해를 불러일으키기 때문이다. 엄밀히 말해, 본질적으로 비정치적인 인간 행위는 없으며 심지어 머리를 길게 기르는 것만큼이나 단순한 행위조차도 본질적으로 비정치적인 행위인 것은 아니다. 이것이 사실인 이유는 어떤 행위의 "정치적임"은 그 행위에 내재된 속성이 아니라, 그 행위를 연구하는 맥락과 그 행위가 발생하는 맥락에 따라 정해지는 그 행위에 대한 특성 규정이기 때문이다.

Ⓓ 예를 들어, 우리는 일반적으로 머리를 길게 기르는 것을 정치적 행위의 한 형태로 간주하지 않을 것이다. 그러나 청교도적인 독재자라면 이러한 행위를 타락한 것으로 판단하고 그에 따라 모든 사람들에게 머리를 짧게 자르라고 명령할지도 모른다. 그러한 포고령이 널리 강력하게 공표된 직후에, 그 독재자로부터 국가 기념식에 참석해달라는 초청을 받은 모든 사람들이 머리를 길게 기르고 온다고 가정해보라. 그런 경우에 우리는 이 사람들이 정치적 불복종이라는 매우 과감한 행동을 저지르고 있다는 결론을 당연히 내릴 것이다.

obedience n. 복종, 순종   uphold v. (법·원칙 등을) 유지시키다, 지지하다 enforce v. 집행하다   ipso facto ad. 사실상   defiance n. 저항, 반항 incidence n. 발생 정도   atrophy n. 위축   axiomatic a. 자명한   clarify v. 분명하게 하다, 해명하다   ubiquitous a. 어디에나 존재하는, 편재하는 stratification n. 계층, 성층   demarcate v. 경계를 정하다, 구별 짓다 delineate v. 기술하다   intrinsically ad. 본질적으로   puritanical a. 청교도적인   despot n. 독재자   decree n. 포고, 명령   legitimately ad. 합법적으로, 정당하게

35 단락배열   ②

정치와 정치적 구조 개념에 기초한 정치적 안정에 대한 정의라는 이 글

의 주제문으로 시작하는 Ⓑ가 제일 먼저 오고, Ⓑ에서 법에의 복종과 불복종이 정치적 행위가 된다고 했는데 그 이유를 설명한 Ⓐ가 온 다음, 지금까지 언급된 '정치적 행위'의 '정치적'이라는 특성이 행위의 본질적 속성이 아니라 맥락(상황)에 따라 정해지는 특성임을 말한 Ⓒ가 온 다음, 그 이유를 머리를 길게 기르는 행위를 예로 들어 설명한 Ⓓ가 오는 것이 논리적 흐름에 맞는 순서이다.

36 글의 주제   ④

글의 첫째 문장 "정치적 안정을 정의하려는 시도는 정치와 정치 구조의 개념을 명확히 하는 것으로 시작해야 한다"에 이 글의 주제가 잘 드러나 있다.

위 글의 주제로 가장 적합한 것을 고르시오.
① 조직 사회 내의 개인행동과 집단행동의 심리적 영향
② 정치적 선거와 복종의 개념을 아는 것
③ 사회 안정화에 대한 문화 권력의 공헌
④ 정치와 정치 구조 간의 관계에서 정치적 안정을 정의하기

37-38

모든 형식, 모든 문화, 모든 시대의 예술의 역사에서 여성이 예술에 참여한 증거는 중국의 도자기와 조각 또는 비단 직조와 회화와 같은 고대 전통으로부터 현재의 무수한 예술적 표현 형태에 이르기까지 부족함이 없다. 그러나 전통 예술사는 여성들이 언제나 예술을 창조해왔다는 사실을 우리로 하여금 체계적으로 알지 못하게 해왔다. 20세기 후반에 페미니즘이 등장하고서야 비로소 예술사의 여성 예술가들에 대한 완전한 무시가 시정되었고, 여성이 이룩한 예술에 대한 편견적 시각들이 허물어지게 되었다. 사람들의 논의 속에서 여성들의 예술은 '예술'과 구별하기 위해 '여성들의 예술'로 경멸적으로 분류되었는데, '예술'은 앞에 아무 형용사 수식이 없음에도 불구하고 배타적으로 백인 남성들의 규범과 동일시되었다. 1960년대 이후 모든 시대, 다양한 문화권의 모든 시각 예술 영역에 걸친 여성들의 역사를 다룬 서적들이 많이 출간되었다. 예술가로서의 여성들을 위한 증거는 압도적으로 많지만, 예술사에 여성들을 복권시키려는 시도는 커다란 역사 편찬적인, 정치적인, 이론적인 문제들을 제기했다. 예술사가 하나의 학문 분야로 온전히 자리 잡은 20세기에 와서야 여성 예술가들이 예술의 역사 기록에서 조직적으로 말소된 것으로 밝혀졌다. <이는 왜 이런 일이 벌어졌는가라는 문제를 제기하고, 예술가로서의 여성들의 경험을 설명하고 그들의 작품을 쉽게 이해할 수 있게 해줄 예술의 그 서로 다른 여러 역사들을 기존의 예술사가 수용할 수 있느냐라는 또 다른 문제를 제기한다.> 그러므로, 역사적 예술 실천 분야로서의 예술의 역사와 선택적 방법으로 이 분야를 연구해온 조직화된 학문으로서의 예술사를 구별해야 할 필요가 있다.

redress v. 시정하다, 바로잡다   undermine v. ~를 서서히 약화시키다 stereotyped a. 틀에 박힌, 진부한, 고식적인   derogatively ad. 경멸적으로   adjectival a. 형용사의, 형용사적인   exclusively ad. 배타적으로; 독점적으로   canon n. 규범, 표준   historiographical a. 역사 편찬의 consolidate v. 강화하다, 통합하다   efface v. 지우다, 삭제하다, 말소하다   accommodate v. 수용하다   legible a. 읽을 수 있는

37 글의 제목 ②

이 글은 예술의 역사에서 여성의 예술이 어떻게 취급되어 왔고 어떤 문제가 있는지를 논하고 있다.

위 글의 제목으로 가장 적합한 것을 고르시오.
① 20세기 초 예술에서의 여성 권리의 출현
② 예술의 역사에서의 여성과 여성 예술
③ 여성 예술의 이론과 실천
④ 여성의 예술 참여의 영향

38 문장삽입 ④

주어진 문장은 내용적으로 두 문제로 이루어져 있다. 첫 부분은 '왜 이런 일이 벌어졌는가?'라는 문제인데, 그 일이란 ⒟ 바로 앞에 기술된 '여성 예술가들이 예술의 역사 기록에서 조직적으로 말소된 것'을 가리킨다. 둘째 문제는 '기존의 예술사가 여성 예술가들의 경험과 작품을 설명하고 이해시켜줄 여러 예술의 역사들을 수용할 수 있는가?'라는 문제로서, ⒟ 바로 다음에 기술된 필자의 제안, 즉 '역사적 예술 실천 분야로서의 예술의 역사와 조직화된 학문으로서의 예술사를 구별하자'는 주장으로 이어지므로 주어진 문장은 ⒟에 들어가는 것이 적절하다.

39-40

대부분의 비평가들, 특히 식자층을 대변하는 비평가들은 1950년대 대중문화를 개탄하였다. 그리고 개탄할 만한 것들은 넘쳐났다. 할리우드의 대작들, "공포" 만화들, 머리를 울리는 굉음의 로큰롤 음악 등, 통속적인 내용물들이 우위를 차지한 것에 유일한 보상적 미덕이 있었다면, 그것이 일시적이라는 점이었다. 텔레비전이 비난을 온통 뒤집어썼는데, 텔레비전의 내용을 논하면서 심지어 중간급 칼럼니스트였던 해리엇 반 호른(Harriet Van Horne)조차 문화적 파멸을 개탄했다. "우리 대중들은 읽고 쓸 줄 아는 능력이 시시각각으로 약해지고 있다. 책을 읽고 다른 사람의 생각을 생각해보는 오래된 습관은 스러져가고, TV가 그들의 시간을 빨아들일 것이다. 21세기 대중들은 사팔눈에 휘어진 등으로 어둠 속에 있기를 좋아할 것이 틀림없다."

실제로 문화적 위험이 존재했음은 의심의 여지가 없다. 경제 호황과 대중 매체의 시대에, 문화는 마치 치약처럼 무서운 속도로 생산되고 소비되었다. 이러한 가치 없는 압력은 제품의 질을 낮추는 경향이 있었다. 그러나 상황은 비관론자들의 주장만큼 그리 암울하지만은 않았다. 우선, 많이 남용되던 미디어들이 당시 꽤 책임 있는 태도를 보였다. 1956년, NBC(National Broadcasting Company)는 50만 달러를 들여 셰익스피어의 『리처드 3세』를 원작으로 한 로렌스 올리비에(Laurence Olivier)의 영화를 방영했다. 5천만 명이 시청했고, 그중 절반 정도는 장장 3시간 동안 끝까지 시청했다. 『Life』지는 1952년 어니스트 헤밍웨이(Ernest Hemingway)의 신작 소설 『노인과 바다』를 전재함으로써 수백만의 독자들을 즐겁게 하거나 자극했다.

문화적 황무지에 또 다른 오아시스들도 있었다. 회화 분야에서, 잭슨 폴록(Jackson Pollock)이 이끌던 혁신가 그룹은 전 세계 예술의 수도를 파리에서 뉴욕으로 옮겨왔다. 모트 살(Mort Sahl)처럼 신랄한 풍자가들이 공급하던 지식인 유머는 작은 클럽을 벗어나, 방송의 버라이어티 쇼를 통해 더 큰 대중들에게 도달하기 시작했다. 구경만하고 사지 못하던 문화적 소외계층을 끌어들이기 위해 문고본 출판사들은 저렴한 가격 (0.25불에서 1.35불)으로 수백만 부의 표준 고전 작품들을 보급하였다. 클래식 음악은 놀라운 국민적 관심을 받게 되었다. 1950년대 중반에 미국의 교향악단은 1940년 이후 80퍼센트 증가하여 약 200개에 달했고, 콘서트들은 같은 기간에 150 퍼센트 증가한 2,500개 도시에서 이어졌다. 사실, 음악은 미국의 문화적 오아시스들이 문화적 황무지 자체보다 더 커질지도 모른다는 것을 입증하는 데 큰 역할을 하였다. 1955년에 약 3천5백만 명의 사람들이 클래식 음악 공연을 관람했는데, 이는 그해 메이저리그 야구 경기 관람객들 숫자의 2배 이상이었다.

highbrow a. 식자층의, 교양 있는 deplore v. 한탄하다 preponderance n. 우위, 우세 redeeming a. (결점을) 벌충하는 transience n. 덧없음, 일시적임 fare n. 공연물, 프로내용, 콘텐츠 whipping boy (왕자의 학우로) 왕자를 대신하여 매맞는 소년, 희생양 contemplate v. 숙고하다 middlebrow a. 중간급의 squint-eyed a. 사팔눈의 hunchbacked a. 꼽추의 dismal a. 암울한 regale v. 맘껏 즐기게 하다 egghead n. 인텔리, 지식인 purvey v. 공급하다 sharp-tongued a. 입이 험한, 말이 신랄한, 독설을 내뱉는 satirist n. 풍자가 propagate v. 전파하다, 번식시키다 ride a wave of ~의 지지를 받다, ~의 혜택을 누리다 go a long way toward ~에 크게 도움 되다

39 빈칸완성 ③

빈칸 Ⓐ 다음에 있는 '책을 읽고 다른 사람의 생각을 생각해보는 오래된 습관은 스러져 간다'는 진술을 고려할 때 literate가 적절하고, 빈칸 Ⓑ 앞에 있는 '무서운 속도'라는 표현에서 relentless가 적절함을 알 수 있다. 참고로, relentless pressure는 '엄청난 압력', '극심한 압력' 등의 의미로 자주 사용된다.

빈칸 Ⓐ와 Ⓑ에 들어가기에 가장 적합한 것을 고르시오.
① 완고한 — 시의 적절한
② 사려 깊은 — 촉진하는
③ 읽고 쓸 줄 아는 — 가치 없는
④ 충동적인 — 끈질긴

40 내용추론 ②

'1950년대 대중문화에서 개탄할 만한 것들은 넘쳐났다', '상황은 비관론자들의 주장만큼 그리 암울하지만은 않았다', '문화적 황무지에 또 다른 오아시스들도 있었다' 등의 진술에 비추어 볼 때, ②는 타당한 추론이다.

위 글을 통해 추론할 수 있는 것으로 가장 적합한 것을 고르시오.
① 문학과 지성계에서 전위 예술에 대한 논의가 훨씬 더 많았으므로, 1950년대의 주요한 분위기는 비관주의였다.
② 대중문화의 타락에도 불구하고, 1950년대 문화는 그다지 암담하지 않았다.
③ 1950년대에, 다수의 사람들은 로큰롤과 같은 새롭고 논쟁적인 음악 양식에서 그들의 위안처를 찾았다.
④ 텔레비전과 싸구려 잡지의 인기가 높아짐에 따라, 영화는 관객을 잃었다.

MEMO